S. FISCHER

SIMON SAHNER, geboren 1989, ist freier Autor, Literatur- und Kulturwissenschaftler und Mitherausgeber des feuilletonistischen Online-Magazins *54books*. 2023 erschien sein Buch *Beim Lösen der Knoten – Nachdenken über Krebs*. Simon Sahner lebt in Freiburg.

DANIEL STÄHR, geboren 1990, ist Ökonom und Essayist. Er ist wissenschaftlicher Mitarbeiter an der FernUniversität Hagen, wo er zum Thema »Narrative Economics« promoviert. Seit 2022 erscheint seine Kolumne *Geldgeschichten* bei *54books*. Daniel Stähr lebt in Frankfurt am Main.

SIMON SAHNER
DANIEL STÄHR

DIE SPRACHE DES KAPITALISMUS

S. FISCHER

MIX
Papier | Fördert gute Waldnutzung
FSC® C014496
www.fsc.org

Erschienen bei S. FISCHER
2. Auflage 2024

Satz: Denise Sterr, Dornbirn
Druck und Bindung: GGP Media GmbH, Pößneck
978-3-10-397593-2

Inhaltsverzeichnis

KAPITEL 1

Preise steigen nicht … – was wir unter der Sprache des Kapitalismus verstehen

»Es gibt Erklärungen. Es gab sie schon immer; für jedes Menschheitsproblem gibt es eine bekannte Lösung – passend, plausibel, und falsch.«[1]

Henry Louis Mencken

Am 12. Juni 2005 hielt Steve Jobs, damals CEO von Apple, eine Rede bei der Graduiertenfeier der Universität Stanford. Die sogenannte *Commencement Speech*, bei der berühmte Persönlichkeiten den Absolvent*innen inspirierende Gedanken mit auf den weiteren Lebensweg geben, hat an US-amerikanischen Universitäten Tradition. Viele dieser Reden finden weit über das ursprüngliche Publikum hinaus Verbreitung. So auch die von Steve Jobs. Drei Geschichten, so begann er, wolle er erzählen, nur drei Geschichten aus seinem Leben: »Das ist alles. Kein großes Ding.«[2] Auch wenn er tatsächlich nur drei Geschichten erzählte, stimmte das natürlich nicht wirklich. Geschichten sind immer ein »großes Ding«, gerade in einem solchen Kontext. Und Steve Jobs erzählte sie zeitlebens meisterhaft. Seine Produktpräsentationen im schwarzen Rollkragenpullover gerieten regelmäßig zur Predigt, in der er an die ganz großen Narrative der Menschheitsgeschichte anknüpfte. Gerade als der Apple-CEO vor zukunftsfreudigen Absolvent*innen einer renommierten Universität über die Herausforderungen und Chancen des Lebens sprach, waren seine Geschichten Erzählungen über das Leben als Firmengründer, als Tech-Prophet und als Selfmademan. In seiner Rede berichtete Jobs zunächst, dass er sein Studium abgebrochen hat, sich eine Zeitlang mit Pfandflaschensammeln durchkämpfen musste und ihn genau das auf den richtigen Weg führte. In der zweiten Story erzählte er von der Gründung der Firma Apple, davon, dass er dadurch früh gefunden habe, was er liebt, es verloren habe und wiederbekam. Die dritte Geschichte handelte von der Vergänglichkeit des Lebens, von seiner Krebserkrankung, von der er damals dachte, er habe sie überwunden. Inspirierend ist das ohne Frage. Aber Erzählungen handeln oft von mehr, als es auf den ersten Blick scheint. Steve Jobs' Geschichten sind auch Geschichten des Kapitalismus. Denn Jobs spricht die Sprache des Kapitalismus.

Als Sprache des Kapitalismus bezeichnen wir bestimmte Sprachbilder und Metaphern, Redewendungen und Phrasen, Mythen und Erzählungen sowie einzelne Begriffe, mit denen ökonomische Zusammenhänge beschrieben und erzählt werden. Diese Sprache ist im Laufe der vergangenen Jahrhunderte in unser Denken, unser Erzählen und unser Sprechen eingedrungen, so dass sie längst auch unser Privatleben und unsere Beziehungen erfasst hat – sie ist Teil unseres Alltags. Es ist eine Sprache, die der Kapitalismus hervorgebracht und weiterentwickelt hat und die unter anderem unsere Vorstellung davon, was es heißt zu wirtschaften, enorm beeinflusst. Sie durchdringt alle Bereiche unseres Zusammenlebens: unser Arbeits- und Privatleben, unsere individuellen Entscheidungen und nicht zuletzt die großen gesellschaftlichen Fragen und Debatten. Das zeigt sich, wenn wir eine Altersvorsorge abschließen oder ein Auto kaufen ebenso wie im politischen Umgang mit Krisen. Es ist eine Sprache, die wir automatisch sprechen und verstehen, wenn wir im Kapitalismus sozialisiert worden sind oder lange in ihm gelebt haben. Es ist eine Sprache, die wir oft nicht wahrnehmen und über die wir nicht mehr nachdenken müssen, weil sie für uns zur Alltagssprache geworden ist.

In ihr werden sprachliche Bilder entworfen, Metaphern geschmiedet, Geschichten erzählt und Mythen weitergetragen.

Ein besonders wirkmächtiger Mythos, den Jobs auch in seiner Rede pflegt, ist die berühmte Erzählung vom Tellerwäscher, der zum Millionär wurde. Zentral in seinen drei Geschichten ist das, was er erreicht, nachdem er als Studienabbrecher und Pfandsammler in der Garage seiner Eltern Apple gegründet hat. Gelungen ist ihm dies, so behauptet er, aus eigener Kraft – kein Sozialstaat, keine finanzielle Förderung, nicht einmal die Unterstützung anderer Menschen spielen in der Erzählung seines Aufstiegs eine zentrale Rolle. Folgt man diesem Narrativ, hat Jobs es letztlich allein geschafft, durch Leistung und Innovation vom Bordstein zur Skyline aufzusteigen – der kapitalistische Traum (und der US-amerikanische). Es gibt unzählige solcher Selbsterzählungen von Gewinner*innen innerhalb des kapitalistischen Systems. Die meisten davon sind unvollständig und verbergen Entscheidendes, viele sind schlicht und ergreifend falsch. Warum sind sie dennoch so erfolgreich?

Sprache stand und steht seit einigen Jahren immer wieder auf dem Prüfstand. Wir haben, angestoßen durch die Arbeit vieler Aktivist*innen, unsere Sprache auf sehr viele Untiefen hin abgesucht. Es wird darüber debattiert, wo in unserer Sprache sexistische, rassistische, queerfeindliche und/oder ableistische – kurz: diskriminierende – Sichtweisen und Vorstellungen eingegraben sind. Manchmal so tief, dass vor allem privilegierte Menschen ohne Diskriminierungserfahrungen sie jahrzehnte- und jahrhundertelang nicht erkannt haben, nicht erkennen wollten oder sie vielleicht auch einfach bewusst ignoriert haben. Das Problem an dieser Art von sprachlichen Mustern ist ihre Macht, Realitäten nicht nur zu beschreiben, sondern sie auch zu schaffen. Das simpelste und vielleicht meistdiskutierteste Beispiel dafür ist das generische Maskulinum und sein Gegenteil, die inklusiv gendernde Sprache. Wenn wir immer nur von *Ärzten* und *Krankenschwestern* sprechen statt von *Ärzt*innen* und *Pflegekräften*, sind Menschen in weißen Kitteln und hoher Position in Krankenhäusern in unserer Vorstellung männlich und Menschen, die Pflegearbeit leisten, weiblich. Diese Vorstellungen beeinflussen unser Denken und Handeln.

Das Bewusstsein für die diskriminierende Wirkung von Sprache wurde in den vergangenen Jahren also endlich großflächig geweckt. Bis heute wird ausgehandelt, wie wir damit umgehen. Neben diesen wichtigen Debatten, in die wir uns nicht hineindrängen wollen, braucht es eine weitere. Wir müssen darüber sprechen, wie der Kapitalismus in unserer Sprache wirkt.

Wir wollen den sprachlichen Mustern und Spuren nachgehen, die der Kapitalismus hervorgebracht hat und die ihn gleichzeitig stützen. Wie funktioniert die Sprache des Kapitalismus? Welche Begriffe werden verwendet, in welchen Metaphern wird gesprochen, und an welche Sprachbilder haben wir uns gewöhnt? Welche Akteur*innen bedienen sich dieser Sprache in besonderem Maße und profitieren von ihr? Was erzählen sie über Kapitalismus, welchen rhetorischen Strategien folgen ihre Narrative, und wie beeinflussen diese Strategien ihr Auftreten in der Öffentlichkeit?

Wir sprechen in einer Sprache über unser Wirtschaftssystem, die die Funktionsweise ökonomischer Prozesse verschleiert, Handlungsmöglichkeiten unsichtbar macht und dadurch bestehende Machtstrukturen festigt. In den folgenden Kapiteln werden wir anhand zahlreicher Beispiele zeigen, wie wir durch diesen Sprachgebrauch in eine passive Position gedrängt werden. Gleichzeitig erzeugt dieses Sprechen falsche oder irreführende Vorstellungen davon, wie unser Wirtschaftssystem und seine Abläufe funktionieren. Das führt dazu, dass wir unsere eigene Rolle in diesem System falsch einschätzen. Um ein Beispiel zu nennen, auf das wir noch öfter zurückkommen werden, weil es so prägnant wie einfach zu verstehen ist: Wir sind es gewohnt, davon zu sprechen und zu hören, dass Preise – zum Beispiel für Gas im Herbst 2022 oder für Lebensmittel durch die Inflation – *steigen*. Fakt ist aber, dass Preise *erhöht werden* oder – im Fall der Finanzmärkte – *durch* menschengemachte Algorithmen steigen. Was sie nicht tun, ist einfach *von sich aus* zu steigen, um dann mit Mühe und Not davon abgehalten zu werden, damit wir uns im Winter das Heizen und den Glühwein leisten können. Ein kleiner Unterschied mit großer Wirkung. Wenn wir davon sprechen, dass Preise steigen, wird verschleiert, dass es Gründe dafür gibt und jemand oder etwas die Verantwortung trägt. *Steigende Preise* verbergen im Gegensatz zu *Preisen, die erhöht werden*, dass es Menschen gibt, die davon profitieren und vielleicht sogar ein Interesse daran haben, dass Konsument*innen sich nicht fragen, wer für die hohen Preise verantwortlich ist. Heutzutage reicht es vielen Medien nicht mehr, Preise steigen zu lassen. Nein, inzwischen explodieren die Preise sogar.

Selbst die Tagesschau hat in den vergangenen Jahren in ihrer Berichterstattung über die Preise für Zucker, Baumaterialien oder Gas Preisexplosionen heraufbeschworen.[3] Und im Sommer 2022 stellte sie ganz lapidar fest: Preisexplosionen überall.[4]

Das heißt nicht, dass diese Sprache immer bewusst verwendet wird oder dass sie Teil einer Verschwörung ist, um ahnungslose Bürger*innen hinters Licht zu führen. Wir unterstellen nicht allen Personen, die in diesen Mustern kommunizieren, dass sie raffgierige und unsoziale Kapitalist*innen seien, die unschuldige Verbraucher*innen unwissend halten wollen. Im Gegenteil: Wir alle sprechen die Sprache des Kapitalismus, erzählen seine Geschichten und merken es teilweise nicht einmal. Umso wichtiger ist es, dass wir lernen, die Sprache des Kapitalismus zu verstehen.

Ein weiterer zentraler Aspekt ist, dass Systeme Strukturen entwickeln, die dazu dienen, das jeweilige System zu erhalten. Man könnte diese Strukturen als Stützpfeiler betrachten, auf denen das System steht und die es stabil halten. Nicht jede dieser Säulen ist in gleicher Weise tragend, aber wenn eine davon zu bröckeln beginnt oder porös wird, wird das System nach und nach instabil und muss sich verändern, um weiter bestehen zu können. Manchmal bricht es dann auch zusammen. Systeme werden immer dann zu Veränderungen gezwungen, wenn Menschen, die mit oder in diesem System leben, ihre Perspektive und ihren Umgang damit verändern – und das geschieht häufig durch Sprache.

Das System des Patriarchats beginnt beispielsweise seit

einigen Jahren mehr und mehr zu bröckeln und wird sich dadurch vielleicht in nicht allzu ferner Zukunft aufgelöst haben. Der Grund dafür ist nicht zuletzt ein stärkeres Bewusstsein für die Sprache, die jene patriarchalen Strukturen gefestigt hat. Das rassistische System, auf dem unsere westliche Gesellschaft über Jahrhunderte aufgebaut wurde, wird hoffentlich ebenfalls immer schwächer werden. Den größten Anteil daran hat die Aufklärungsarbeit von aktivistisch arbeitenden Schwarzen Menschen und People of Color (PoC), die immer wieder auf die rassistischen Erzählungen und Sprachbilder in unserer Alltagssprache aufmerksam machen. Das Lied der »Drei Chinesen mit dem Kontrabass«, das auf der rassistischen Vorstellung basiert, Menschen aus Asien sprächen *seltsam*, wird deswegen wahrscheinlich bald aus den meisten Kitas verschwunden sein.

Und wie mit Blick auf das Patriarchat und rassistische Strukturen die Frage gestellt werden muss, wem Sprache dient und welche Ideologien sich hinter ihr verbergen, gilt das auch für den Kapitalismus. Das zeigt sich mit geradezu dramatischer Relevanz, wenn es um den Umgang mit der Klimakatastrophe geht. Es gehört inzwischen zum guten Ton und zur Marketingstrategie großer Unternehmen und wirtschaftsfreundlicher Politiker*innen, sich selbst als führende Klimaschützer*innen zu inszenieren. Und das funktioniert besonders gut durch Sprache und ihre Bilder. Der ehemalige Gesundheitsminister Jens Spahn hat die CDU Ende Januar 2023 zur »wahren Klimaschutzpartei«[5] erklärt, und die SPD warb 2021 im Bundestagswahlkampf mit dem Slogan »Kanzler für Klimaschutz« für Olaf Scholz.[6] Finanzminister Christian Lindner und die FDP sprechen immer wieder von »Technologieoffenheit«[7], mit der der Klimaschutz anzugehen sei, und RWE ernennt sich mit dem Buzzword »Growing Green« zum »weltweit führenden Anbieter im Bereich Erneuerbare Energien«.[8] Was hier wirkt, ist vor allem Sprache, und das in erster Linie als grüne Kulisse, hinter der weiterhin das Streben nach Profiten und Wachstum lauert.

Die Idee des »Growing Green« oder »Green Growth« – eines grünen Wachstums – ist nicht nur aufgrund der Alliteration sprachlich reizvoll, sondern vermittelt auch das wohlige Gefühl, es könne trotz Klimakatastrophe immer so weitergehen, wenn es nur grün weitergeht. Die Kohlekraftwerke, die RWE betreibt und die Milliardengewinne sichern, sowie die Bilder aus Lützerath, die im Frühjahr 2023 gezeigt haben, wie man bei RWE über Klimaschützer*innen denkt, deuten aber eher auf ein anderes Konzept hin, das man »Growing Grey« nennen könnte.

Der Ausdruck »Technologieoffenheit«, den die FDP oft verwendet, soll wiederum suggerieren, dass stetes ökonomisches Wachstum und die scheinbar grenzenlose Innovationskraft des Kapitalismus die eigentlichen Antriebskräfte des Klimaschutzes sein könnten. Begriffe wie »Offenheit«, das »Erkunden« alternativer Mobilitätskonzepte und Floskeln der Art von »Ein Denken, das nach vorne gerichtet ist und nicht im Status quo verharrt«[9] spannen sprachlich-assoziative Netze: Sie vermitteln, dass die Suche nach Möglichkeiten, ökonomisches Wachstum und Klimaschutz zu verbinden, von Offenheit, Neugier und Innovation geprägt sei. Vor allem liberale Sprecher*innen erwecken so den Eindruck, dass sich die größten Herausforderungen der Menschheit von alleine auflösen, wenn die Politik die Märkte nur machen lässt und sich mit Vorschriften und Richtlinien möglichst zurückhält. Dass sich die größten Innovationen der Menschheitsgeschichte allerdings zuverlässig aus staatlich finanzierter Forschung ergeben und politische Institutionen als aktiv handelnde Akteure benötigen, wird so verschleiert.[10] Ein solcher Sprachgebrauch liefert insbesondere Politiker*innen ein Alibi, selbst nichts unternehmen zu müssen, um die Klimakatastrophe aufzuhalten. Bei den Wähler*innen entsteht dazu der Eindruck, dass alles schon irgendwie gutgehen wird, wenn wir nur »offen genug« bleiben. Diese Art des Sprechens muss in Frage gestellt werden.

Sprache, die nicht hinterfragt, analysiert und verändert wird, stabilisiert Systeme, die oft wenigen Menschen sehr viele Vorteile und vielen Menschen noch mehr Nachteile bringen. Das gilt auch für die Sprache des Kapitalismus. Indem wir die Sprache, in der das System Kapitalismus spricht und sich selbst erzählt, in Frage stellen, wollen wir ein Bewusstsein dafür schaffen, wie Sprache und Erzählungen zur Funktionsweise des Kapitalismus beitragen. Wir wollen zeigen, dass diese Art des Sprechens ein Grund dafür ist, dass wir nicht öfter nach dem »Warum« fragen oder gar überlegen, was man anders machen könnte. Wir wollen zeigen, wie man das Sprechen über Kapitalismus verändern kann, und so an einer Säule des Systems Kapitalismus sägen. Denn ein anderes Sprechen über ökonomische Zusammenhänge ist nicht nur möglich, sondern kann auch ein anderes und gerechteres Zusammenleben bewirken. Wie auch immer wir diese Form des Zusammenlebens am Ende als System nennen.

Beim Schreiben dieses Buches gab es immer wieder Momente, in denen wir feststellen mussten, dass wir selbst in die sprachliche Falle des Kapitalismus getappt sind, obwohl wir eigentlich gerade dabei waren, sie zu analysieren und zu kritisieren. Das liegt daran, dass der Kapitalismus nicht einfach nur ein Wirtschaftssystem ist. Er ist ein essenzieller Teil unserer aller Leben. Er durchdringt unseren Alltag, unsere Kommunikation, unsere Beziehungen, unsere Freizeit und selbstverständlich auch unseren Berufsalltag. Das fängt bereits bei der Aufteilung unseres Tages in freie Zeit und Arbeit an. Dahinter steckt der Gegensatz von Zeit, die zu unserer freien Verfügung steht, und Zeit, in der wir etwas tun, was wir eigentlich nicht tun wollen, aber tun müssen, um an Geld zu kommen: Arbeit für ein Unternehmen oder eine Institution. Die Freizeit ist zusätzlich dazu vorgesehen, um uns für die anstehende Arbeit zu erholen. Genau genommen ist Freizeit also nur bedingt freie Zeit: Wir müssen darauf achten, sie so zu nutzen, dass wir am nächsten Tag oder einige Zeit später wieder in der Lage sind, Lohnarbeit zu verrichten. Und so ist die Frage nach der gerechten Verteilung von Freizeit, im Sinne von Zeit, über die Menschen wirklich eigenständig frei entscheiden können, nicht weniger relevant als die nach der gerechten Verteilung von Vermögen.[11]

Der Kapitalismus durchdringt alle Bereiche unseres Lebens, er macht selbst vor jener Zeit nicht halt, die uns am privatesten erscheint: der Zeit, in der wir schlafen. Wer viel schläft, hat weniger Zeit, produktiv zu sein, als derjenige, der wenig schläft. Aber wer zu wenig schläft, ist nicht in der Lage, das zu leisten, was seine Lohnarbeit von ihm fordert. Auch wann wir schlafen, ist den Abläufen einer kapitalistisch strukturierten Lebens- und Arbeitsweise untergeordnet. Würde jeder Mensch zu den Zeiten schlafen, die für ihn am gesündesten und passendsten sind, auch je nach Jahreszeit, wäre ein Arbeitsalltag, wie er in vielen Unternehmen und Institutionen herrscht, undenkbar. Wir haben unseren Schlaf an das Produktivitätsdiktat des Kapitalismus angepasst.

Sogar unsere Vorstellung von Romantik und Liebe, die vermeintlich letzte Festung der Privatheit, ist durchzogen von kapitalistischen Strukturen. Die Soziologin Eva Illouz hat dargelegt, wie eng Romantik und Konsum miteinander verwoben sind und wie sehr der Kapitalismus auf den Bereich Einfluss genommen hat, der in unserer Vorstellung der intimste Teil unseres Lebens ist und dessen Idealbild allein von unseren Wünschen und Bedürfnissen bestimmt werden soll. So stellt Illouz fest: »Die moderne romantische Liebe ist alles andere als ein vor dem Marktplatz sicherer ›Hafen‹, sondern vielmehr eine Praxis, die aufs engste mit der politischen Ökonomie des Spätkapitalismus verbunden ist.« Alle, die schon einmal gestresst nach einem passenden Geschenk für eine geliebte Person gesucht haben, wissen sofort, was hier gemeint ist.[12]

Kapitalismus ist überall, wir arbeiten, schlafen und lieben kapitalistisch – und wir sprechen kapitalistisch. Angesichts der Tatsache, dass kapitalistische Strukturen tief verwurzelt im Alltagsleben der meisten Menschen sind, ist es daher kaum verwunderlich, dass sich eine Sprache des Kapitalismus entwickelt hat, die diese Strukturen nicht nur abbildet, sondern sie auch festigt und damit einen Beitrag dazu leistet, dass der Kapitalismus als System erhalten bleibt. Das Perfide an dieser Sprache ist, dass wir sie in vielen Fällen verwenden, ohne dass wir damit aktiv das kapitalistische System festigen oder auch nur erhalten wollen. Wer im Gespräch am Frühstückstisch sagt, dass die Preise für Gas mal wieder *gestiegen* sind, und deswegen Sorge hat, sich das Heizen im Winter nicht leisten zu können, tut das nicht, um den Kapitalismus zu stärken. Zwar verwenden manche Menschen diese Sprache bewusst, aber die meisten benutzen sie, ohne es zu bemerken, aus dem einfachen Grund, dass der Kapitalismus unseren Alltag und unser Denken strukturiert und dominiert. Deswegen wird dieses Buch den Kapitalismus auch nicht hier und jetzt abschaffen, das ist für den Moment – selbst wenn das vielleicht so klingt – erst einmal nicht unser Ziel. Das wäre nicht nur vermessen und naiv, sondern auch gefährlich. Ein System, das so fest in unserer Lebensrealität verankert ist, dass es sich sogar in der Sprache unseres Alltags festgesetzt hat, ohne dass wir es bemerken, kann nicht von heute auf morgen verschwinden.

Durch eine Analyse der Sprache des Kapitalismus wollen wir den Blick auf unsere ökonomische Realität schärfen, um so ein besseres Verständnis dafür zu schaffen, wie Kapitalismus heutzutage funktioniert und unseren Alltag als Bewohner*innen eines reichen europäischen Landes beeinflusst. Nur so können kritische Denkprozesse in Gang gesetzt und ökonomische Zustände, die uns selbstverständlich erscheinen, in Frage gestellt werden. Es ist nämlich vollkommen offensichtlich, dass der Kapitalismus, so wie er zurzeit funktioniert, keine gerechten Lebensumstände geschaffen hat, unter denen eine lebenswerte Zukunft für alle Menschen denkbar wäre. Diese Feststellung haben vor uns schon viele andere gemacht,[13] und genau wie wir sahen sich diese Menschen mit einem beliebten Gegenargument konfrontiert: So schlimm kann der Kapitalismus ja nicht sein, wenn er dazu geführt hat, dass es den meisten Menschen in Deutschland, Europa und den USA heute wesentlich besser geht als noch vor hundert Jahren.

Dagegen können mehrere Argumente ins Feld geführt werden. Zum einen ist die Behauptung, dass der Lebensstandard vieler Menschen in einem Wirtschafts- und/oder Gesellschaftssystem gestiegen sei, kein tragfähiges Argument für das jeweilige System. Mit dem gleichen Argument begründete beispielsweise der US-amerikanische Anwalt und Sozialtheoretiker George Fitzhugh im 19. Jahrhundert seine Befürwortung der Sklaverei in den Südstaaten. Er behauptete, dass der Lebensstandard der versklavten Menschen höher sei als der vieler Arbeiter*innen in freien Gesellschaften, in denen die Menschen in kapitalistischen Strukturen arbeiten mussten, um überleben zu können.[14] Sich allein auf den gestiegenen Lebensstandard als Maßstab für die Qualität eines Systems zu berufen ist schlicht und ergreifend unsinnig. Zum Zweiten hat sich eine zentrale Grundannahme des Kapitalismus – jeder Mensch kann durch Leistung und Anstrengung zu Wohlstand gelangen – als falsch erwiesen. Die krasse Einkommensdifferenz zwischen Angestellten und Vorstandsvorsitzenden in zahlreichen Unternehmen, die in keiner Weise durch die jeweilige Arbeitsleistung gerechtfertigt werden kann, ist dafür ein klares Indiz. Die dem Kapitalismus inhärente Ungerechtigkeit wird insbesondere dann offensichtlich, wenn wir den Blick nicht nur auf Europa und Nordamerika richten. Der heutige Wohlstand in vielen westlichen Nationen lastet auf den Schultern insbesonderer afrikanischer und lateinamerikanischer Länder. Die Tatsache, dass viele dieser Länder auch Jahrzehnte nachdem sie unabhängig geworden sind, noch immer in wirtschaftlichen, sozialen und politischen Schwierigkeiten stecken, ist eine direkte Folge des Kapitalismus. Und drittens waren die Zeiten, in denen das kapitalistische System den größten Zuwachs an Lebensqualität geliefert hat, von stärkerer Regulierung und höheren Steuern geprägt. Wie der französische Ökonom Thomas Piketty gezeigt hat, waren unter anderem die hohe Besteuerung von Unternehmensgewinnen und sehr hohen Einkommen, der Ausbau des Sozialstaates und die Organisation von Arbeiter*innen in Europa und Nordamerika in den 1950er bis 1970er Jahren zu einem großen Teil dafür verantwortlich, dass viele Menschen von dem wirtschaftlichen Aufschwung dieser Zeit profitierten.[15] Alle menschlichen Fortschritte und Innovationen ausschließlich einem Wirtschaftssystem zuzuschreiben, ist am Ende nicht nur unredlich, sondern schlicht und ergreifend wenig überzeugend.

Doch selbst wenn man dem Ideal des fairen kapitalistischen Wettbewerbs vertrauen würde, kann der Kapitalismus kein zukunftsfähiges System sein. Ulrike Herrmann hat in ihrem Buch *Das Ende des Kapitalismus* überzeugend dargelegt, warum ein auf permanentes Wachstum ausgerichtetes System wie der Kapitalismus nicht vereinbar mit der auf lange Sicht überlebensnotwendigen Eindämmung der Klimakatastrophe ist.[16]

Warum wird also nicht längst an Alternativen gearbeitet? Warum ist es nicht das erste Ziel der Politik, den aktuellen Kapitalismus zu überwinden? Der Kapitalismus erscheint alternativlos. Dabei ist dieses System menschheitsgeschichtlich gesehen noch nicht einmal seinen Kinderschuhen entwachsen. Wieso gehen also sehr viele Menschen davon aus, dass der Kapitalismus niemals wieder verschwinden wird oder sich nicht so sehr verändern könnte, dass wir nicht mehr von »Kapitalismus« sprechen?

Der Kapitalismus hat im großen »Kampf der Systeme« des 20. Jahrhunderts in der allgemeinen Wahrnehmung unbestritten gewonnen oder wenigstens überlebt. Mit dem Ende der Sowjetunion sind in den 1990er Jahren auch die meisten anderen sozialistischen Staaten verschwunden.[17] China bezeichnet sich zwar bis heute als sozialistisch, ist aber zweifellos einer der mächtigsten Akteure auf dem kapitalistischen Weltmarkt. Expert*innen sprechen im Fall Chinas heute von Staatskapitalismus. Die kapitalistisch organisierten Demokratien des sogenannten Westens, die sich teilweise erst nach dem Zweiten Weltkrieg gebildet haben, bestehen hingegen bis heute.

Entscheidend ist vor allem, wie wir über diese Entwicklung und das Ende des Kalten Krieges sprechen. Wenn es um die Konfrontation zwischen kapitalistischen und sozialistischen Staaten im 20. Jahrhundert geht, ist bis heute oft vom »Kampf der Systeme« die Rede.[18] Damit ist gemeint, dass die Welt in dieser Zeit in die konkurrierenden Ideologien des Kapitalismus und des Kommunismus aufgeteilt gewesen sei. Hinter dem Ausdruck steht eine folgenschwere Erzählung: Sie handelt von Gewalt und Zerstörung, von Wohlstand und Armut, von Freiheit und Diktatur. Sie umfasst zahlreiche Kriege und hat weitere kleinere Narrative von Held*innen hervorgebracht; vielleicht ist es die größte Erzählung seit dem Ende des Zweiten Weltkriegs. Sie berichtet aber in erster Linie von einem Wettstreit zwischen Kapitalismus und Kommunismus. Die Idee eines Wettstreits besteht darin, dass es am Ende einen Sieger gibt. Und das schien mit dem Zerfall der Sowjetunion der Kapitalismus zu sein.

Zur gleichen Zeit, genauer gesagt im Jahr 1992, erschien das bis heute weltbekannte Buch *Das Ende der Geschichte* des US-amerikanischen Politikwissenschaftlers Francis Fukuyama, das auf einem Artikel basierte, den der Autor bereits 1989 in der Zeitschrift *The National Interest* veröffentlichte. Darin stellte er die These auf, dass die Menschheitsgeschichte auf ein Ziel zulaufe und dass dieses Ziel mit dem Sieg der liberalen Demokratien über die totalitären Staaten faschistischer und kommunistischer Ideologie so gut wie erreicht sei.[19] Das politische System der liberalen Demokratien schließt hier auch die freie Marktwirtschaft, also den Kapitalismus, mit ein.

»Kampf der Systeme«, »Das Ende der Geschichte« – es sind solche prägnanten Floskeln, die verdecken, dass Fukuyama nicht naiv war und auch bei ihm der offenbar siegreiche Kapitalismus nicht das Ende der Geschichte und aller Alternativen darstellt. Aber oft überleben vor allem die groben Thesen die Diskurszyklen und nicht die eingehenden Analysen, die dahinterstehen. Im Fall Fukuyamas wurde allerdings seine Analyse ebenso wie seine These schon in den 1990er Jahren einer ausführlichen Kritik unterzogen. Inzwischen ist klar, dass ein Ende der Geschichte, wie immer es vielleicht einmal aussehen mag, um 1990 mitnichten erreicht war. Entscheidend ist vielmehr, dass sich diese Redewendung festgesetzt hat und eine Erzählung bildet, deren Botschaft darin besteht, dass der Kapitalismus und seine freie Marktwirtschaft die einzig praktikable und umsetzbare Wirtschaftsform darstellen. Schließlich haben sie ja den Wettkampf gewonnen.

Die Vorstellung eines siegreichen Kapitalismus im entscheidenden, die Geschichte beendenden Wettstreit ist einer der Gründe, warum wir uns eine Alternative zu unserem derzeitigen Wirtschaftssystem kaum vorstellen können. Wenn schließlich doch einmal auf ein mögliches Ende des Kapitalismus verwiesen wird, kommt deswegen häufig der Vorwurf, dass man sich wohl die sozialistischen Systeme des 20. Jahrhunderts zurückwünsche. Es ist einer der größten Erfolge des Kapitalismus, dass er sein eigenes Ende unvorstellbar gemacht hat und als Alternative nur existierende Systeme zulässt, die keinen Bestand hatten. Dabei sind wir uns sicher, dass ein postkapitalistisches System, wie auch immer es aussehen mag, wenig mit den in der Vergangenheit existierenden sozialistischen Systemen zu tun haben wird.

All diese Erzählungen, die der Kapitalismus hervorbringt, müssen immer wieder in Frage gestellt werden. Zum einen, weil sich neue Entwicklungen und Erkenntnisse ergeben, die ihre Gültigkeit in Zweifel ziehen könnten. Zum anderen aber auch, weil manche dieser Erzählungen schlicht nicht korrekt sind. Beispielsweise erläutert der Anthropologe David Graeber in seinem 2011 erschienenen Buch *Schulden – Die ersten 5000 Jahre*, warum die lange etablierte Erklärung dafür, wie das System »Geld« entstanden sei und wie zuvor Handel getrieben wurde, nicht stimmte. Die klassische Tauschgesellschaft, in der die Menschen eines Dorfes in einem langwierigen und mühsamen Akt von Haus zu Haus ziehen, um jemand zu finden, der Eier gegen Brot, oder das Reparieren des Hauses gegen ein neues Hemd tauscht, existierte nie. Diese Behauptung ist ein beliebtes Strohmann-Argument in den Wirtschaftswissenschaften, um die Einführung von Geld zu begründen – eine vollkommen fiktionale Erklärung.[20] Das Beispiel wirft ein faszinierendes Licht darauf, wie sich Theorien in unsere alltägliche Vorstellung davon, wie etwas funktioniert, einschleichen und dann als Fakt gelten. Nicht weil sie richtig sind oder uns durch Abstraktion hilfreiches Wissen vermitteln, sondern einfach, weil sie sich so gut erzählen lassen.

Das gilt nicht nur für Erzählungen des Kapitalismus. Unsere Kultur ist voller Behauptungen, die jahrzehnte- oder jahrhundertelang als unumstößliche Wahrheiten angesehen wurden, aus dem einfachen Grund, dass sie bestimmte Dinge auf eine leicht verständliche Weise erklären und somit für Ordnung sorgen. Dazu gehört die Vorstellung, dass es ausschließlich ein binäres Geschlechtersystem gibt, das genau zwei Geschlechtskategorien kennt, genauso wie die Tatsache, dass selbst manche Mediziner*innen noch vor wenigen Jahrzehnten behaupteten, Krebs sei eine Krankheit, die unter anderem durch unterdrückte Emotionen entstehen könne. Der sprachliche Umgang mit Krebs und anderen Krankheiten ist übrigens ein Bereich, in dem ein solches Vorhaben, wie wir es hier anstellen wollen, schon einmal umgesetzt wurde. Ende der 1970er Jahre beschrieb die US-amerikanische Essayistin Susan Sontag in ihrem Buch *Krankheit als Metapher*, wie relevant Sprache und Erzählungen für unsere Wahrnehmung und unseren Umgang mit Krankheiten – insbesondere Tuberkulose und Krebs – sind. Dabei stieß sie auf zahlreiche Behauptungen über Krebs, zum Beispiel, dass es »im allgemeinen eine anhaltende Gefühlsunterdrückung, die die Krankheit verursacht«[21], gäbe. Diese und andere Vorstellungen beruhten vor allem auf moralischen und gesellschaftlichen Mythen, die jedoch keinerlei Grundlage in medizinischen Fakten hatten. Solche Behauptungen gibt es in nahezu allen Bereichen, auch in der Wirtschaft. Sie müssen in Zweifel gezogen und dekonstruiert werden, um eine Perspektive zu fördern, die möglichst frei von als Fakten getarnten Ideologien ist.

Diese Erzählungen und die Sprache, aus der sie bestehen, zu analysieren, ist keine kleine Herausforderung, und keiner von uns beiden könnte sie ohne den anderen angehen. Deswegen kam es nach einer Diskussion an einem Sommerabend zu dieser vielleicht ungewöhnlichen Zusammenarbeit zwischen einem Geistes- und Kulturwissenschaftler und einem Ökonomen. Beide Disziplinen können für sich genommen nur einen Teil der Schwierigkeiten meistern, die dieses Unterfangen mit sich bringt. Die Geistes- und Kulturwissenschaften liefern Methoden und das Wissen, um die Auswirkungen von Sprache, Narrativen und ihren Folgen sowie kulturhistorischen Zusammenhängen zu erläutern. Damit lässt sich beispielsweise erklären, wie Metaphern funktionieren, warum sie in der zwischenmenschlichen Kommunikation nützlich sind und welche rhetorischen Aufgaben sie erfüllen. Mit Hilfe dieses wissenschaftlichen Hintergrunds kann nachvollzogen werden, wie Erzählungen entstehen, wie sie sich verbreiten und welche Folgen sie für unseren Zugang zur Welt haben. Um das alles aber auf die Sprache des Kapitalismus zu beziehen, braucht es das Wissen und das Verständnis von ökonomischen Zusammenhängen und Wirtschaftsgeschichte, die die Ökonomik liefern kann. Denn erst dadurch werden die Hintergründe und Zusammenhänge klar, die der Sprache des Kapitalismus zugrunde liegen. Gemeinsam, so hoffen wir, können wir dieser Sprache auf den Grund gehen und zu einem besseren Verständnis ihrer Auswirkung auf unseren Alltag kommen.

KAPITEL 2

Der kranke Mann und der Tsunami – Metaphern bestimmen unser Verständnis ökonomischer Phänomene

»Die Ökonomik *ist* metaphorisch. Dennoch haben auch die Skeptiker nicht ganz unrecht. Nicht *alle* ökonomischen Metaphern sind wichtig. Wir können nicht einfach sagen ›eine Metapher ist eine Metapher ist eine Metapher‹. Einige Metaphern sind von Bedeutung, manche nicht.«[1]

Arjo Klamer und Thomas C. Leonard

Drei Beispiele aus der jüngeren Vergangenheit:

Erstens: Angesichts hoher Arbeitslosenzahlen und geringer ökonomischer Wachstumsraten galt Deutschland in den 1990er und frühen 2000er Jahren medial als »der kranke Mann Europas«. Mit der Verbesserung seiner wirtschaftlichen Kennziffern konnte dieser angeschlagene Mann das Krankenhaus verlassen, und andere nahmen seinen Platz ein. Italien, Spanien, Großbritannien oder Schweden – es gibt kaum ein Land Europas, das nicht schon einmal zum kranken Mann erklärt wurde. Als sich die wirtschaftliche Lage Deutschlands nach der Coronapandemie und dem Krieg in der Ukraine seit 2022 wieder verschlechterte, ging es schnurstracks zurück ins Krankenhaus. Nicht nur die Wirtschaftszeitung *The Economist* fragte im August 2023: Ist Deutschland wieder einmal »der kranke Mann Europas«?[2]

Zweitens: Infolge der hohen Gaspreise rufe der Verband der kommunalen Unternehmen nach einem »Rettungsschirm«, schrieb im September 2022 der *Spiegel*.[3] Solche Rettungsschirme werden immer wieder lautstark für verschiedene Institutionen gefordert, zuletzt etwa für Krankenhäuser oder die hauseigenen Banken der deutschen Automobilhersteller.[4] Während der europäischen Staatsschuldenkrise wurden Rettungsschirme nicht nur für einzelne Unternehmen, sondern sogar für ganze Staaten gespannt.[5]

Drittens: Ebenfalls 2022 stellt der Energieökonom Lion Hirth angesichts immer höherer Energiepreise alarmiert fest, dass uns ein »Tsunami« bevorstünde. Mehr als ein Jahrzehnt vor ihm verkündete bereits der Internationale Währungsfonds (IWF), dass es sich bei der Finanzkrise 2008 um einen »perfekten Sturm« gehandelt habe.[6]

Kranke Männer allerorten, Rettungsschirme, perfekte Stürme und Tsunamis – metaphorisch geht es hoch her, wenn Medien, Expert*innen und anderweitig Beteiligte über wirtschaftliche Fragen debattieren. Fast könnte man meinen, die Finanzwelt sei nicht nur im übertragenen Sinne eine eigene Biosphäre. (Schon wieder eine Metapher.) Metaphern spielen in unserer alltäglichen Kommunikation und insbesondere in der Vermittlung von Nachrichten eine entscheidende Rolle. Das trifft ganz besonders auch auf Vorgänge im ökonomischen Bereich zu. Die Sprache des Kapitalismus ist eine Sprache, die stark mit metaphorischen Sprachbildern arbeitet. Das liegt nicht zuletzt daran, dass wirtschaftliche Vorgänge häufig sehr abstrakt sind. Sichtbar sind meistens nur die Folgen von Finanzkrisen, hohen Preisen oder riskanten Spekulationen. Die Ereignisse selbst kann man häufig nur anhand von Zahlen beobachten. Deswegen sind Metaphern eine hilfreiche Strategie der Sprache des Kapitalismus, komplexe Abläufe so zu verpacken, dass sie vermeintlich leicht verständlich werden.

Genau das ist auch die eigentliche Funktion von Metaphern. Sie verwandeln Vorgänge oder Dinge, die schwer zu beschreiben sind oder die wir nicht sehen können, in griffige Bilder, statt uns mit abstrakten Zahlen und unübersichtlichen Datenmengen allein zu lassen. Ihr eigentlicher Sinn und Zweck besteht darin, ein besseres Verständnis für etwas zu vermitteln. Das ist der Idealfall. Das Problem mit sprachlichen Bildern ist oft, dass wir uns an sie gewöhnen und irgendwann aufhören, sie in Frage zu stellen. Wir sind uns manchmal gar nicht bewusst, was genau wir gerade sagen und welche Konsequenzen Metaphern haben können.

Deswegen ist in der Sprachwissenschaft auch von sogenannten *toten Metaphern* die Rede, sprachliche Bilder, die derart in unseren alltäglichen Gebrauch übergegangen sind, dass wir ihren Ursprung als Metaphern beinahe vergessen haben. An ihnen kann man erkennen, wie essenziell Metaphern für unseren Umgang mit Sprache sind: Ein Fluss liegt in seinem *Flussbett*, der Baum trägt eine *Krone*, Schuhe haben eine *Zunge*. Im Deutschen existiert kein anderes Wort als *Tischbein* für das, was die Platte der meisten Tische etwa 75 Zentimeter über dem Boden hält. Dabei haben genau genommen nur Lebewesen Beine. Ein Tisch hat ein Bein lediglich im übertragenen Sinn, es handelt sich um eine Metapher. Dennoch fehlt den meisten von uns wahrscheinlich die sprachliche Phantasie, sich einen anderen Begriff für diesen Gegenstand vorzustellen. Während es kaum eine Rolle spielt, wie wir etwas bezeichnen, das dafür sorgt, dass wir nicht alles auf dem Boden ablegen müssen, haben Metaphern in der Finanzwelt reale Konsequenzen. In der Sprache des Kapitalismus bezeichnen sie weniger Ereignisse oder Dinge, für die es keine anderen Begriffe gibt, sondern dienen dazu, die Aufmerksamkeit auf eine bestimmte Facette eines Phänomens oder einer Situation zu lenken – oder von ihr abzulenken. Hier tritt die rhetorische Funktion von Metaphern besonders zutage: Sie sind ein starkes Instrument, um die Zuhörenden von den eigenen Interessen zu überzeugen oder die Wahrnehmung bestimmter Umstände zu beeinflussen. Das reicht von einzelnen Begriffen, wie der Bezeichnung einer herausfordernden ökonomischen Situation als »Tsunami«, bis hin zu ganzen Erzählungen, die für etwas anderes stehen, wie die Geschichten von Steve Jobs, die man als Allegorien bezeichnet, also Metaphern, die mehr als nur ein Begriff sind, der etwas umschreibt. Metaphern sind damit ein zentrales Element der Sprache des Kapitalismus. In dieser Sprache hat sich ein eigener metaphorischer Wortschatz entwickelt, der unser Verständnis davon, wie unsere Wirtschaft funktioniert, prägt.

Die Metaphern, von denen im Folgenden die Rede sein wird, sind im linguistischen Sinne nicht tot, sie sind geradezu quicklebendig. Und doch haben wir uns so sehr an einige dieser gängigen Sprachbilder gewöhnt, dass wir auf den ersten Blick nicht mehr erkennen, wie sie wirken und welche Folgen sie haben. Schauen wir uns eine der bereits erwähnten Metaphern mal genauer an.

Das Bild des »Tsunamis« dürfte bei den meisten Menschen wohl eine starke emotionale Reaktion hervorrufen. Die oft durch Erdbeben ausgelösten Flutwellen, die mit ungeheurer Wucht auf Land treffen und alles mitreißen, was sich in ihrem Weg befindet, stellen eine der unberechenbarsten Gefahren dar, denen der Mensch und seine Errungenschaften durch die Natur ausgesetzt sind. Die Wassermassen, die scheinbar ohne jede Vorwarnung am Horizont auftauchen und sich rasant auf Strand und Küstenstädte zubewegen, sind nicht nur aufgrund ihrer tatsächlichen Zerstörungskraft erschreckend. Sie erinnern uns auch an Mythen versunkener Städte wie das antike Atlantis und im christlich-jüdischen Kontext gar an die alles verschlingende Sintflut. Ein Tsunami rührt an eine der menschlichen Urängste: der Angst davor, vom Meer verschluckt zu werden.

Besonders geprägt wurde diese Angst in den vergangenen zwei Jahrzehnten durch zwei Tsunamis, denen weltweit extreme Aufmerksamkeit zuteilwurde und die nicht nur großes menschliches Leid erzeugt, sondern auch unsere Zukunft verändert haben. Am 26. Dezember 2004 ereignete sich im Indischen Ozean das zum damaligen Zeitpunkt drittstärkste Erdbeben, seit es Aufzeichnungen gibt. Die dadurch ausgelösten, gigantischen Flutwellen trafen zahlreiche Küstenabschnitte, unter anderem in Thailand und Indonesien. Über 200 000 Menschen kamen bei der Katastrophe ums Leben, mehr als eine Million wurden obdachlos. Videoaufnahmen von arglosen Personen, die am Strand von einer riesigen Welle überrascht wurden, gingen um die Welt. Die Faszination für das Naturschauspiel, die man den Menschen am Strand zunächst ansieht, wird in kürzester Zeit zu Unsicherheit. Die Kameras beginnen zu wackeln, die Menschen versuchen wegzurennen. Panik bricht aus. Die Welle stürzt auf den Strand und reißt alles mit sich. Die Bilder solcher Katastrophen setzen sich im kollektiven Gedächtnis fest. Bilder, die auch bei der zweiten großen Tsunami-Katastrophe des 21. Jahrhunderts entstanden sind. Am 11. März 2011 verursachte ein Erdbeben in Japan einen Tsunami. Videos und Fotos zeigen zerstörte Städte und Flutwellen, die mit gewaltiger Kraft auf das Land prallen. Die Wassermassen trafen außerdem das Atomkraftwerk in Fukushima und führten zu einer nuklearen Katastrophe, die im Endeffekt den Ausstieg Deutschlands aus der Atomenergie besiegeln sollte. Die Bilder der im Wasser stehenden Kühltürme sind auch heute noch allen präsent, die damals die Nachrichten im Fernsehen verfolgt haben.

Wenn der Ökonom Lion Hirth ankündigt, uns stünde angesichts der wirtschaftlichen Lage ein Tsunami bevor, wenn die Vorsitzende der Mittelschichts- und Wirtschaftsunion Gitta Connemann warnt, die Unternehmen würden von einem »Energie-Tsunami getroffen«[7], und der Verbraucherschützer Udo Sieverding mahnt, den »Mietern droht ein Tsunami«[8], dann weckt das bei vielen Menschen die Erinnerungen an die schrecklichen Bilder aus den Jahren 2004 und 2011. Gewollt oder ungewollt. Die Tsunami-Metapher belegt eindrucksvoll, was sich in zahlreichen Fällen zeigt: Metaphern sind nicht neutral. Sie dienen nicht nur der bildlichen Vereinfachung eines komplexen Sachverhalts, sondern sind sprachliche Instrumente, um die Wahrnehmung des Publikums zu beeinflussen. Was alle drei genannten Verwendungen des Tsunami-Bildes gemeinsam haben, ist die Warnung vor einem katastrophalen, ökonomischen Ereignis, das mit zerstörerischer Kraft verheerende Folgen mit sich bringen wird. Wie Wellen, die durch unvorstellbar mächtige Bewegungen am unzugänglichen Meeresgrund entstehen, haben sich die Energiepreise aufgetürmt und sind über arglosen Verbraucher*innen und Unternehmen zusammengebrochen. Hilflos, so die mitgelieferte Erzählung, seien wir alle diesen unbeherrschbaren Mächten ausgesetzt. Wir können allenfalls hoffen, dass die gewählten Politiker*innen

Schutzmaßnahmen ergreifen und, um im Bild der Metapher zu bleiben, Hilfspakete als Sandsäcke aufschichten, um den Aufprall abzuwehren und unsere Wirtschaft zu retten.

Die Verwendung dieser Metapher hat also Einfluss darauf, wie wir die Situation wahrnehmen. Erdbeben und dadurch ausgelöste Tsunamis sind nicht zu verhindern, auch wenn wir wissen, wie sie entstehen, und inzwischen bis zu einem gewissen Grad vorhersagen können, wann eine solche Katastrophe eintreten wird. Doch dabei handelt es sich immer nur um Warnungen mit wenigen Minuten, im Idealfall wenigen Stunden, Vorlaufzeit. Wird dieser Umstand – wie in unserem Beispiel – auf die rasante Erhöhung von Energiepreisen angewandt, vermittelt das den Eindruck, die Preise, die wir für unseren Verbrauch zahlen müssen, seien in ihren Entwicklungen genauso willkürlich, unvermeidbar und plötzlich wie Erdbeben und Tsunamis. Als könnten wir absolut nichts dagegen tun und würden erst Augenblicke vorher davon erfahren, viel zu spät jedenfalls, um ernsthafte Vorkehrungen zu treffen. Es entsteht der Eindruck, Preiserhöhungen seien katastrophale Naturphänomene, die ähnlich ablaufen wie Erdbeben und Tsunamis. Preise, davon war bereits die Rede, steigen aber nicht einfach, sie werden erhöht – auch die für Energie. Und selbst wenn uns Endverbraucher*innen diese Preiserhöhungen, die von Energieproduzenten beschlossen werden, wie Natur- und Wetterphänomene erscheinen können, sind sie genau das nicht. Heute Morgen hat es geregnet, jetzt scheint die Sonne, nachher steigen die Preise für Gas – so funktioniert dieses System nicht.

Bei dem Sprachbild der »steigenden Preise« handelt es sich übrigens keineswegs um ein spezifisches Phänomen der deutschen Sprache. Ob im Englischen (»the prices are rising«), im Spanischen (»los precios suben«), im Französischen (»les prix augmentent«) oder auch in außereuropäischen Sprachen wie beispielsweise im Chinesischen (»涨价 [zhǎng jià]«): Überall wird die Erhöhung von Preisen mit einer vergleichbaren Metapher ausgedrückt. Deutlicher wird das, wenn wir uns vor Augen führen, dass die Verben »steigen«, »rise«, »subir«, »augmenter« und »zhǎng« in ihren jeweiligen Sprachen auch das Ansteigen von Wasser beschreiben – in einem nicht metaphorischen Sinne. Das ist kein Zufall, wie der Linguist George Lakoff in *The Political Mind* zeigt.[9] Diese Art der Metapher hilft uns dabei, abstrakte Dinge besser zu begreifen, die wir in der Realität nicht physisch beobachten können. Meistens erfolgt das unbewusst und ist eine entscheidende Hilfe, alltägliche Vorgänge zu strukturieren und uns so einfacher durch unser Leben zu bewegen. Dem liegen neurologische Verbindungen zugrunde, die in unserer Kindheit entstehen. Als Kinder haben wir keine Vorstellung davon, was Preise sind. Bis wir selbst lernen, mit Geld umzugehen, müssen wir uns damit nicht auseinandersetzen. Wir können allerdings beobachten, wie beispielsweise der Pegel in unserer Badewanne steigt, wenn mehr Wasser hineinfließt. Auf diese Weise verbindet unser Gehirn das Konzept »Quantität« mit dem Konzept der »Vertikalität«. Das führt dazu, dass wir uns Preise als etwas Steigendes vorstellen.

Es gibt also eine Erklärung dafür, dass wir das Konzept der »steigenden Preise« von Kindheit an als etwas wahrnehmen, das von sich aus aktiv passiert – das bedeutet aber nicht, dass wir nicht in der Lage sind, sprachlich genauer zu werden. Der Ausdruck »Preise werden erhöht« nutzt genau die gleiche Verbindung von »Quantität« und »Vertikalität«, markiert aber gleichzeitig, dass es eine Instanz geben muss, die für diesen »Anstieg« der Preise verantwortlich ist.

Wenn von Preisexplosionen gesprochen wird, wird diese Metapher auf die Spitze getrieben. Hier verbindet sich die Vorstellung von steigenden Preisen mit der Drastik von Naturkatastrophen. Wenn es erst einmal zu einer Explosion gekommen ist, dann können wir nichts mehr dagegen unternehmen. Explosionen lassen sich schließlich nicht rückgängig machen. Uns bleibt nichts anderes übrig, als die Trümmer zusammenzuräumen und mit dem Neuaufbau zu beginnen. Wie fundamental falsch diese Metapher in Zusammenhang mit Preisen ist, werden wir in Kapitel 4 zeigen.

Das Auge des Sturms

Naturkatastrophen und Wetterereignisse spielen in der Sprache des Kapitalismus eine entscheidende Rolle. Sie sind, anders als das Bild der »steigenden Preise«, situative Metaphern und sollen ganz konkrete Ereignisse besser verständlich machen, die ansonsten hinter Zahlenkolonnen und Fachbegriffen verschwinden würden. Was so jedoch verborgen bleibt, sind die konkreten Hintergründe, der Anlass für eine bestimmte Metapher. Was für Ausmaße das annehmen kann, zeigen verschiedene

Äußerungen von Jamie Dimon, CEO der Investmentbank JPMorgan Chase, im Verlauf des Jahres 2022. Dimon sah im April 2022 »Sturmwolken« am wirtschaftlichen Horizont aufziehen und verkündete, die Wirtschaft sei zwar stark, aber es sehe eben nicht gut aus. Etwa zwei Monate später musste sich Dimon in seiner metaphorischen Wettervorhersage korrigieren: Keine »Sturmwolken« zögen herauf, sondern gar »ein Hurrikan«. Die Anleger*innen warnte er zudem: »Machen Sie sich bereit. JPMorgan macht sich bereit.« Auch wenn es aktuell noch »sonnig« sei, »der Wirbelsturm ist da draußen und kommt auf uns zu«. Unsicher war sich Dimon lediglich, ob da ein kleiner Sturm käme oder doch »Supersturm Sandy«.[10] Man könnte meinen, Dimon habe während seiner Prognosen vor einer Wetterkarte gestanden und sei danach mit seinen Kolleg*innen von der JPMorgan losgezogen, um Sandsäcke vor der Bank aufzutürmen und die Fenster und Türen zu vernageln. Das hat er natürlich nicht getan. Schließlich hatte Dimon nur eine Metapher an die andere gereiht, um seiner Prognose für die Zukunft der Finanzwelt die nötige Dramatik zu verleihen. Seine Zuhörer*innen werden sich dieser Bedeutungsübertragung durchaus im Klaren gewesen sein. Niemand im Saal wird angenommen haben, dass Dimon wirklich vor einem Hurrikan warnt. Es geht an dieser Stelle – das muss auch einmal gesagt sein – nicht darum, Menschen als naiv und begriffsstutzig darzustellen. Die meisten verstehen genau, wie Metaphern funktionieren, und wissen, dass es sich um eine bildhafte Sprache mit bestimmter Funktion handelt. Das ändert aber nichts daran, dass Metaphern eine Wirkung haben, sonst könnte man sich diese Sprachbilder sparen. Wer, wie Dimon, von einem »Hurrikan« spricht, will Drastik vermitteln und noch einiges anderes bei seinen Zuhörer*innen erreichen. Es genügt nicht, vor herausfordernden Zeiten zu warnen, stattdessen muss in den verbalen Katastrophen-Modus geschaltet werden.

Auf die Kund*innen dürften Dimons Beschreibungen entsprechend gewirkt haben. Ihnen kamen bei seinen Worten aller Wahrscheinlichkeit nach auch die Bilder des Hurrikans »Sandy« in den Sinn, der im Winter 2012 das US-amerikanische Festland getroffen und zu großen Zerstörungen und Dutzenden Toten vor allem in und um New York City geführt hatte. Dimons Metaphern haben einen doppelten Effekt, der einiges darüber aussagt, wie die Sprache des Kapitalismus mit solchen Bildern arbeitet und was das für Folgen hat. Der erste ist der gleiche wie im Fall des Tsunami: Die Krisen und Herausforderungen, mit denen sich JPMorgan und der Rest der Hochfinanz auseinandersetzen müssen, erscheinen als Naturkatastrophen und Wetterphänomene. Niemand kann sie verhindern, sie sind erklär-, aber nicht vermeidbar, sie brechen über uns herein und hinterlassen eine Spur der Verwüstung. Der andere Effekt offenbart, wie Entscheidungsträger*innen im Kapitalismus sich selbst und ihre Unternehmen, vor allem Banken, in der Öffentlichkeit darstellen wollen. Eine Analyse metaphorischer Sprache lässt oft Schlüsse darüber zu, was die Redner*innen mit den gewählten Worten erreichen möchten. Die Wortwahl des CEOs erinnert dementsprechend nicht von ungefähr an die Reden von Politiker*innen, die ihre Bevölkerung vor einer Naturkatastrophe warnen. »Machen Sie sich bereit. JPMorgan macht sich bereit.« Der intendierte Subtext ist hier nicht zu überhören: Dimon und seine JPMorgan haben mit diesen scheinbar naturkatastrophenähnlichen Entwicklungen nichts zu tun, sie tragen keine Verantwortung. Im Gegenteil handele es sich – so der Tenor – um Katastrophen und Bedrohungen, denen alle im gleichen Maße ausgesetzt wären. Die Investmentbank werde gemeinsam mit allen anderen die Vorkehrungen treffen, die nötig sind, um die Schäden so gering wie möglich zu halten. Ganz so, als wäre JPMorgan kein mächtiger Akteur des modernen Finanzkapitalismus, sondern ein kleiner Strandkiosk, auf den ein Sturm zukommt. So gibt Dimon sich und seinem Unternehmen bereits im Voraus ein Alibi und folgt einem bekannten Schema der Finanzwelt: Erfolge sind selbst gemacht, Misserfolge sind fremdbestimmt. Leiden die Portfolios von JPMorgan, trifft die Bank und ihren CEO keine Schuld, aber kommen sie unbeschadet aus dem Sturm heraus, dann liegt das an der umsichtigen Vorbereitung Dimons.

Metaphorische Sprache wird oft genutzt, um bei Zuhörer*innen und Leser*innen Erzählungen oder Bilder aufzurufen, die im kollektiven Gedächtnis abgespeichert sind und bestimmte Emotionen und Reaktionen auslösen sollen. Wenn Dimon von einem »Hurrikan« spricht und sogar den Namen »Sandy« erwähnt oder wenn Lion Hirth von einem »Tsunami« redet, dann geht es nicht nur um die Bedeutungsübertragung der Begriffe »Wirbelsturm« und »Flutwelle«, sondern vor allem um assoziative Kontexte, die mit diesen Ausdrücken verbunden werden: die Tsunami-Katastrophen 2004 und 2011, der Hurrikan »Sandy« oder – auch wenn Dimon ihn nicht erwähnt hat – der Sturm »Katrina«, der große Teile der Stadt New Orleans zerstört hat.

Dimon und Hirth zapfen mit ihren Metaphern einen kollektiven Wissensschatz an, den man auch als Speicher des theoretischen Anwendungsbereichs eines Begriffs bezeichnet. Die Idee, die hinter diesem zugegeben sperrigen Ausdruck steht, ist relativ einfach: Jeder Begriff trägt nicht nur seine tatsächliche Bedeutung mit sich, sondern ein ganzes Sammelsurium an Assoziationen, Emotionen, Erfahrungen und Gedanken. Der Hurrikan von Dimon löst somit bei den Zuhörer*innen nicht einfach Gedanken an einen heftigen Sturm aus, sondern ruft »[a]lles Wissen, Meinen, Ahnen und Fühlen [auf], das der Sprachteilnehmer mit der Vorstellung eines« Hurrikans verbindet.[11] Ob der JPMorgan-CEO das will, ist erst einmal egal, es passiert einfach. Menschen, die sich an den Hurrikan »Sandy« erinnern können, werden bei seiner Erwähnung an Emotionen und Bilder denken, die sie mit der Katastrophe aus dem Winter 2012 verbinden.

Wenn Metaphern die Oberhand gewinnen

Worin liegt nun der konkrete Schaden solcher Metaphern? Auf für das globale Wirtschaftssystem gefährliche Situationen aufmerksam zu machen, auch mit einer emotionalisierenden Sprache, ist an sich ja erst einmal nichts Schlechtes. Man könnte sogar argumentieren, dass auf diese Weise die Sinne der Öffentlichkeit für eine sich anbahnende Notlage geschärft werden. Drastische Sprache verleitet Menschen dazu, zuzuhören. Das Problem ist, dass Metaphern, wie sie im Sprechen über ökonomische Phänomene häufig verwendet werden, vor allem drei Funktionen erfüllen, die am Ende massiven Schaden anrichten können.

Wie wir bereits kurz erläutert haben, sollen Metaphern in diesem Kontext erstens oft dabei helfen, die Verantwortung für konkrete Situationen von einzelnen Personen und Institutionen wegzuschieben. So immunisieren sich Akteure der modernen Finanzmärkte gegen Kritik, denn sie sind den »Stürmen«, »Tsunamis« und »Erdbeben« der globalen Finanzsysteme angeblich genauso schutzlos ausgeliefert wie der Rest von uns. Die zweite Funktion solcher Metaphern besteht darin, Eingriffe in die Sozialsysteme oder andere unpopuläre Politikentscheidungen sprachlich vorzubereiten und zu rechtfertigen. Wenn Deutschland als »kranker Mann« Europas bezeichnet wird, dann setzt dieses Bild schon voraus, dass der deutsche Staat eine Behandlung braucht, um wieder *gesund* zu werden. Krank zu sein ist außerdem ein Zustand, der – einer Naturkatastrophe nicht unähnlich – kaum zu verhindern ist und auch oft keine vermeidbare Ursache hat. Menschen werden krank. Die Medizin arbeitet zwar seit Jahrtausenden daran, den Ausbruch von Krankheiten zu verhindern oder den Menschen, ist er einmal krank geworden, zu heilen, gänzlich besiegen wird sie Krankheiten aber wohl nie. Das hat uns nicht zuletzt die Coronapandemie gelehrt. Wenn wir also Staaten, die sich in einer ökonomischen Krise befinden, als *krank* bezeichnen, fördert das eine vergleichbare Sichtweise, wie metaphorisch von Naturkatastrophen zu sprechen. Wir deuten an, dass niemand Schuld trägt und es sich bei der Situation um etwas handelt, das nicht zu verhindern war.

Gleichzeitig trägt die Metapher des »kranken Mannes« auch historischen Ballast mit sich. Seinen Ursprung hat der Begriff im 19. Jahrhundert, als das Osmanische Reich langsam zu zerbrechen begann und man gemeinhin vom »kranken Mann am Bosporus« sprach. Dieser Kontext machte schon damals das semantische Potenzial der Metapher deutlich. Denn wer krank ist, kann auch ansteckend sein. Tatsächlich gibt es – unabhängig von der Metapher des »kranken Mannes« – den Begriff der sogenannten *Financial Contagion* (»finanzielle Ansteckung«), der beschreibt, wie mehrere eng miteinander verbundene, wirtschaftliche Institutionen in Schwierigkeiten geraten können, wenn eine von ihnen Probleme hat.

Schon vor über hundert Jahren beinhaltete die Bezeichnung »kranker Mann« nicht nur, dass sich die Einwohner*innen des »kranken« Landes um den ökonomischen Patienten sorgten. Vielmehr befürchtete man vor allem im Ausland, dass die Instabilität des Staates auf andere Länder übergreifen könnte – es bestand akute Ansteckungsgefahr. Die Behandlung des Patienten ist in diesem Sinne also eine Frage des Allgemeinwohls. Und medizinische Behandlungen können eben auch mal schmerzhaft sein oder eklig schmecken, solange sie am Ende helfen. Der Zweck heiligt jedes Mittel. Die Agenda 2010, die Deutschland mit der Einführung von Hartz IV zu einem europäischen Niedriglohnland gemacht hat, war bereits in den 1990er Jahren im Bild des »kranken Mannes Europas« angelegt. Das Heilmittel war in diesem Fall ein für Deutschland beispielloser Sozialabbau, der die deutsche Wachstumsgeschichte der vergangenen zwei Jahrzehnte auf dem Rücken von Menschen mit geringem Einkommen ermöglicht hat. Die Medizin musste nicht schmecken, sie sollte einfach helfen, den kranken Mann zu heilen.

Der dritten Funktion, die Metaphern in der Sprache des Kapitalismus erfüllen, werden wir im Laufe des Buchs immer wieder begegnen: Metaphern verschleiern Handlungsalternativen und etablieren den Kapitalismus als natürlichen Grundzustand der Wirtschaft. Wenn ich krank werde, muss ich bestimmte Maßnahmen ergreifen, um wieder gesund zu werden. Wenn ich mich einem Tsunami gegenübersehe, dann bleibt mir nichts anderes übrig, als Schutzvorkehrungen zu treffen, um mich und mein Hab und Gut in Sicherheit zu bringen. Nur lassen sich die »Tsunamis« an den Finanzmärkten nicht mit diesen Naturereignissen vergleichen. Es ist eben nicht so, dass wir nichts anderes tun können, als uns in Sicherheit zu bringen. Ganz im Gegenteil: Die »Tsunamis« der Finanzwelt lassen sich verhältnismäßig einfach aufhalten. Wenn wir Angst vor einer »Flut« an Preiserhöhungen haben, hat die Regierung die Möglichkeit, durch Preisobergrenzen zu reagieren. Dadurch wird aus dem vermeintlichen Tsunami eine harmlose Welle. So ist es im Jahr 2022 geschehen, als die deutsche Bundesregierung im Zuge der Energiekrise, die durch den russischen Angriffskrieg in der Ukraine ausgelöst wurde, vorübergehend die Preise für Gas und Energie gedeckelt hat. Diese Alternativen sind natürlich mit gewissen ökonomischen Kosten verbunden. Es bräuchte also eine Debatte darüber, wie Gesellschaften diese Kosten verteilen wollen. Wie wir später sehen, verhindert die Sprache des Kapitalismus aber oft auch diese Diskussion, weil sie eine sprachliche Alternativlosigkeit suggeriert. Wichtig ist an dieser Stelle nur: Es gibt im modernen Finanzkapitalismus immer Handlungsoptionen, egal, was Metaphern uns weismachen wollen.

Wir wollen gar nichts vereinfachen. Der moderne Kapitalismus ist hochkomplex und unvorhersehbar. Milliarden von Menschen treffen zu jedem Zeitpunkt eine unvorstellbar große Zahl an Entscheidungen, die im Zusammenspiel Konsequenzen nach sich ziehen. Aber genau deswegen ist es falsch, durch Sprache den Eindruck zu erwecken, es gäbe nur eine Handlungsoption als Reaktion auf ein vermeintlich unvorhersehbares und unaufhaltsames Naturereignis. In jeder Situation stehen Gesellschaften, vertreten durch ihre Regierungen, eine Vielzahl an Möglichkeiten zur Verfügung.

Die bisherigen Beispiele haben gezeigt, welche Vorstellungen und Suggestionen sich hinter bekannten Sprachbildern und Metaphern der Sprache des Kapitalismus verbergen. Dass diese Metaphern genutzt werden, ist aber noch kein Beweis für ihre Wirkung, die muss rückblickend an konkreten Situationen aufgezeigt werden. Wie verheerend die Sprache des Kapitalismus sein kann, lässt sich an einem Ereignis aus der jüngeren Vergangenheit veranschaulichen, das bis heute in fast allen Lebensbereichen nachwirkt: die globale Finanzkrise von 2007/2008.

Rettung aus dem perfekten Sturm

Schauen wir noch einmal zurück. Auslöser der globalen Finanzkrise waren Entwicklungen auf dem US-amerikanischen Immobilienmarkt. Über die Details wurde schon oft gesprochen. Uns beschäftigen vor allem die verheerenden Sprachbilder, mit denen bis heute über die Ereignisse gesprochen wird. Was also war geschehen?

In den Jahrzehnten vor der Finanzkrise bemühte sich die US-amerikanische Politik, den Zugang zu privatem Wohneigentum durch verschiedene Programme zu vereinfachen. Den Wunsch vom Eigenheim als zentraler Bestandteil des *American Dream* sollten sich möglichst viele Menschen erfüllen können. Um das zu ermöglichen, wurden Rahmenbedingungen geschaffen, die es Banken ermöglichten, Kredite an potenzielle Hauskäufer*innen zu vergeben, selbst wenn diese eigentlich keine Sicherheiten garantieren konnten. Gepaart mit anderen Faktoren wie niedrigen Zinsen entstand so ein Klima, in dem es leichter wurde, einen Kredit für einen Hauskauf zu erhalten, auch wenn man nicht sicher war, das Geld jemals zurückzahlen zu können.

Bei den vergebenen Hypothekenkrediten handelte es sich um Kredite, bei denen das gekaufte Haus gleichzeitig als Sicherheit diente. Konnten die Menschen ihre Raten nicht mehr begleichen, hatte die Bank das Recht, das Haus zu verkaufen oder zwangszuversteigern. Die Banken gingen damals davon aus, dass man ein gekauftes Haus nach ein paar Jahren grundsätzlich zu einem höheren Preis weiterverkaufen könnte. In den Jahrzehnten vor der Krise entsprach das auch der Preisentwicklung, die auf dem Markt zu beobachten war. Heute wissen wir, dass das weniger mit dem tatsächlich steigenden Wert der Häuser zu tun hatte, sondern vor allem dieser psychologischen Fehleinschätzung des »ewig steigenden Werts der Häuser« geschuldet war. Man ging also von Voraussetzungen aus, die auf einem Eindruck beruhten, den man selbst erzeugt hatte – ein klassischer Zirkelschluss. Das Risiko für die Banken erschien minimal.

Im Nachhinein muss man sagen: eine fragile Konstruktion. Ins Wanken geriet dieses System Mitte der 2000er Jahre. Nach Zinserhöhungen der US-amerikanischen Zentralbank Fed fiel es immer mehr Menschen schwer, ihre Kredite, deren Zinsen direkt an den Leitzins der Zentralbank gekoppelt waren, zurückzuzahlen. Hunderttausende mussten dadurch ihre Häuser aufgeben, und immer weniger Menschen wollten diese Häuser kaufen. Die Banken blieben auf den ausgefallenen Krediten sitzen, weil ihre zentrale Sicherheit – das Haus – rapide an Wert verlor. Gäbe es die internationalen Finanzmärkte nicht, wäre die Geschichte an dieser Stelle vorbei gewesen. Es hätte wahrscheinlich eine Bankenkrise in den USA gegeben, der Rest der Welt wäre davon unberührt geblieben.

Weil die Banken in den USA ihre Kreditforderungen jedoch an Finanzinstitutionen überall auf dem Globus weiterverkauften, wurde aus einem Problem auf dem US-amerikanischen Immobilienmarkt eine weltweite Wirtschaftskrise. Dazu wurden Zigtausende Kredite zu einzelnen Finanzprodukten zusammengefasst, den sogenannten *Mortgage-Backed Securities* (MBS, dt.: »hypothekenbesicherte Wertpapiere«). Die Banken konnten also Kredite, bei denen es besonders unwahrscheinlich war, dass die Schuldner*innen sie zurückzahlen würden, mit anderen, deren Ausfallrisiko gering war, in ein Paket stecken. Die risikobehafteten Kredite hätte niemand gekauft, jetzt aber waren sie versteckt in einem Bündel mit vermeintlich sicheren Alternativen. Die faulen Äpfel lagen vergraben unter den glänzenden frischen Früchten (Achtung: Metapher). Das nennt man *Risikodiversifizierung*. Die Logik dahinter scheint erst einmal einleuchtend: Selbst wenn ein oder zwei Kredite in einem Bündel ausfallen, kann es immer noch Gewinn bringen. Zusätzlichen Schwung erhielt diese Maßnahme durch die großen Ratingagenturen, die den Hypothekenbündeln reihenweise Top-Ratings gaben und dadurch den Eindruck erweckten, die Inhalte seien so divers, dass es beinahe unmöglich wäre, Verluste zu machen. So wurden diese Bündel global gehandelt, weiter geteilt und neu zusammengefasst, bis niemand mehr wusste, was genau sich in diesen Produkten eigentlich befand. Als immer mehr Menschen ihre Schulden nicht mehr begleichen konnten, fielen auch die gebündelten Hypotheken zusehends aus und erhöhten so den Druck auf die internationalen Finanzmärkte. Banken versuchten daraufhin, die MBS massenweise loszuwerden, was den Wertverlust dieser Finanzprodukte zusätzlich beschleunigte. Wenn alle verkaufen wollen, aber niemand mehr kaufen will, leuchtet es ein, dass man nicht mehr so hohe Preise für das Produkt verlangen kann – ein Teufelskreis.

Mit der Insolvenz der großen Investmentbank Lehman Brothers am 15. September 2008 erreichte diese Entwicklung ihren Höhepunkt. Was folgte, war ein steigendes Misstrauen zwischen den Akteuren der Finanzmärkte. Banken hörten auf, Geld zu verleihen, sowohl untereinander als auch an Privatpersonen oder Unternehmen, aus der Furcht heraus, dass auch diese Kredite nicht beglichen werden könnten. So entstand aus einer Krise auf dem US-Immobilienmarkt eine globale Wirtschaftskrise, ausgelöst durch die Entscheidungen von tausenden Personen in Machtpositionen, basierend auf falschen Annahmen über die Zukunft. Und jetzt können wir mit der Sprache des Kapitalismus weitermachen. Relevant für uns ist nämlich, wie über diese Vorgänge und dahinterstehenden Entscheidungen öffentlich gesprochen wurde.

Für die wohl markanteste Metapher zur Beschreibung der globalen Finanzkrise ist Olivier Blanchard verantwortlich. Der damalige Chefökonom des Internationalen Währungsfonds bezeichnete die Gründe, die zu der Krise geführt haben, als »perfect storm«[12]. Ein Hurrikan oder ein Tsunami waren in diesem Fall nicht ausreichend, es musste schon der *perfekte* Sturm sein. Dieses Bild wurde daraufhin vor allem im englischsprachigen Raum von zahlreichen Institutionen wie der Weltbank und Medien wie *CNN*, der *New York Times* oder der *Washington Post* aufgegriffen. Bei einem »perfekten Sturm« handelt es sich eigentlich um einen jahrhundertealten meteorologischen Begriff, der erst vor knapp 25 Jahren durch das Buch *The Perfect Storm* von Sebastian Junger bekannt wurde, das später mit George Clooney in der Hauptrolle verfilmt wurde.[13] Dieses Wetterphänomen entsteht nur unter ganz bestimmten Voraussetzungen, wenn kalte Luft aus einem Tiefdruckgebiet, warme Luft aus einem Hochdruckgebiet und die feuchte Luft eines Tropensturms oder Hurrikans aufeinandertreffen. Menschen sind der Entstehung und den Auswirkungen eines solchen Sturms hilflos ausgeliefert. Er lässt sich nicht verhindern, und wenn er dann da ist, geht es nur darum, sich in Sicherheit zu bringen. Erinnert Sie das an etwas?

Auf den ersten Blick scheint die Metapher zu passen: Es waren tatsächlich verschiedene und nur selten gleichzeitig auftretende Umstände, die dazu führten, dass eine Krise auf dem US-Immobilienmarkt fast die gesamte Weltwirtschaft in den Abgrund stürzte. Hier zeigt sich, dass Metaphern nie ganz falsch sind, sonst würden sie nicht funktionieren. Allerdings kann uns ihre beste Eigenschaft zum Verhängnis werden: Metaphern verbildlichen und vereinfachen Zusammenhänge und können dadurch in die Irre führen. Denn auch die Rede vom perfekten Sturm vermittelt den Eindruck, dass die einzelnen Akteure diesem zerstörerischen Naturphänomen hilflos ausgeliefert waren und nur mehr reagieren konnten. Wer von einer Naturkatastrophe getroffen wird, ist natürlich ein Opfer und schuldlos an seiner Situation. Aber war Lehman Brothers ein Opfer äußerer Umstände, für die die Bank am Ende nichts konnte? Man mag argumentieren, dass Lehman Brothers keine Schuld daran trug, dass Hypothekenkredite reihenweise ausfielen und die Investmentbank schlussendlich in die Insolvenz zwangen. Aber wieso hatte sie überhaupt in so riskante Geschäfte investiert, dass bereits relativ geringe Wertverluste ihres Portfolios das gesamte Unternehmen in Gefahr bringen konnten?

Anders als die Metapher vom perfekten Sturm nahelegt, wurde die globale Finanzkrise durch eine Reihe aktiver Entscheidungen ausgelöst: Die US-Banken haben sich dazu entschieden, Kund*innen Geld zu leihen, von dem sie nicht sicher sein konnten, dass sie es zurückbekommen würden. Die Zentralbank hat die Leitzinsen erhöht. Die Ratingagenturen haben sich dazu entschlossen, die MBS mit ihrem besten Rating zu beurteilen. Und die Banken und anderen Finanzmarktakteure haben die Entscheidung getroffen, diese Produkte zu kaufen, um ihre Gewinne zu maximieren. Von zufälligen, unvorhersehbaren Entwicklungen kann also nicht die Rede sein. Kein Glied dieser Kette mag alleine verantwortlich sein, aber jedes trug einen entscheidenden Teil dazu bei, ohne den es niemals so weit gekommen wäre. Ebenso beruht jede dieser Entscheidungen entweder auf fatalen Fehleinschätzungen, auf der Missachtung von Verantwortung oder auf Gier. Die Metapher des perfekten Sturms spricht die Akteure allerdings von jeglicher Verantwortung für diese Entscheidungen frei, stellt sie als hilflose Opfer dar und bereitet sprachlich das Feld für das, was folgen sollte: Die Metapher wurde erweitert und ihr assoziativer Spielraum ausgeschöpft, um bestimmte politische Entscheidungen zu rechtfertigen.

Denn was tut man, wenn jemand auf hoher See durch einen Sturm in Not gerät? Man schickt ein Rettungsteam los. So haben Regierungen weltweit zahlreiche »Rettungsschirme« gespannt (ein Begriff, der vor allem im deutschen Sprachgebrauch zu finden ist),[14] »Hilfspakete« geschnürt und »Rettungsprogramme« aufgelegt – in erster Linie, um die angeschlagenen Banken und Hedgefonds zu unterstützen und zu verhindern, dass das globale Finanzsystem endgültig in sich zusammenstürzt. Kurz gesagt: Man hat das getan, was normalerweise bei einer Naturkatastrophe zu tun ist, nur dass es in diesem Fall darum ging, diejenigen zu »retten«, die die Katastrophe verursacht hatten. Wer in der Sprache des Kapitalismus jedoch nicht auftaucht, sind die Menschen, die tatsächlich keine Schuld an der Situation trugen und aufgrund der wirtschaftlichen Folgen in existenzielle Not gerieten. Selbst diejenigen, die einen Hypothekenkredit aufgenommen haben, obwohl sie über keine ausreichenden Sicherheiten verfügten, trifft weniger Schuld. In den meisten Fällen haben Einzelpersonen nicht die Möglichkeit oder das Wissen, um die künftigen Preisentwicklungen des Immobilienmarktes zu überwachen, und sind angewiesen auf eine möglichst kompetente und faire Beratung der Finanzinstitute. Ganz im Gegensatz zu einer Multimilliarden-Dollar-Bank wie Lehman Brothers, deren Kernaufgabe es ist, sich detailliert mit dem Marktgeschehen auseinanderzusetzen. Genauso wenig, wie die tatsächlichen Opfer der Finanzkrise in der Metapher des »perfekten Sturms« mitgemeint waren, haben sie später auch keine auf sie zugeschnittenen Rettungspakete erhalten. Wer nicht in Seenot ist, braucht keinen Rettungsring. Am Ende der globalen Finanzkrise profitierten nur ihre Verursacher, und wieder einmal griff die alte Regel: Gewinne werden privatisiert, Verluste sozialisiert.

Es ist ungemein wichtig zu verstehen, wie die globale Finanzkrise entstanden ist und wie politisch damit umgegangen wurde, denn diese größte ökonomische Krise der Welt seit den 1930er Jahren hat vieles von dem bestimmt, was in den vergangenen fünfzehn Jahren passiert ist. Die europäische Schuldenkrise, der Aufstieg des Rechtspopulismus und der Brexit – all diese Ereignisse lassen sich direkt oder indirekt auf die Finanzkrise zurückführen. Anfang der 2010er Jahre schien es kurz so, als ob aus der Katastrophe doch noch etwas Gutes entstehen könnte: Als es darum ging, Schlüsse aus den Ereignissen zu ziehen, gab es Momente, in denen es so wirkte, als seien tiefgreifende Reformen und Eingriffe in die Finanzmärkte möglich, um diese stabiler zu gestalten. Diese Hoffnung hat sich, das können wir heute zweifelsfrei festhalten, nicht erfüllt. Das liegt auch an der Sprache des Kapitalismus, die den Blick für notwendige Schritte trübt, die verhindern könnten, dass Finanzmarktakteure unkalkulierbare Risiken eingehen, die im Zweifel von der gesamten Gesellschaft ausgebadet werden müssen. Im Gegenteil, die Sprache des Kapitalismus bietet Anreize für dieses Verhalten.

Wie groß ist zu groß?

Das lässt sich an keinem Sprachbild besser zeigen als an dem »too big to fail«-Mythos. »Too big to fail« beschreibt (vor allem, aber nicht ausschließlich) Finanzinstitute, die so groß und so stark miteinander vernetzt sind, dass ihre Insolvenz das gesamte Finanzsystem ins Wanken bringen würde – sie sind »zu groß, um zu scheitern«. Das traf angeblich auf einige Banken zu, die im Zuge der globalen Finanzkrise »gerettet« werden mussten. Der Ausdruck wurde auch schon vorher medial genutzt, ist aber gerade im deutschsprachigen Raum erst nach 2008 in das feste Vokabular der Berichterstattung eingegangen. Er beschreibt einen scheinbar unverrückbaren Status quo. Schon der eigentliche Wortsinn ist äußerst problematisch. Das fängt damit an, dass es nicht heißt »too big to let them fail«, was ehrlicher wäre. Denn schließlich sind 2008 genau die Finanzinstitute gescheitert, die dazu angeblich zu groß waren, *they failed*, und mussten deshalb »gerettet« werden. Man ließ sie also nicht scheitern, obwohl sie faktisch gescheitert waren: Diese Bank oder jener Investmentfonds ist zu groß, als dass wir sie insolvent gehen lassen könnten. Wir müssen sie retten, bevor etwas noch Schlimmeres passiert – koste es, was es wolle! Dieses Konzept ist aus einigen Gründen falsch und brandgefährlich.

Zentral ist vor allem, dass es keine objektive, überprüfbare Schwelle gibt, von der an ein Unternehmen so groß ist, dass wir es nicht mehr pleitegehen lassen können. Die Idee, dass etwas »too big to fail« wäre, hat keine (wirtschafts-)wissenschaftliche Basis.[15] Dennoch wird sie Jahr für Jahr in unzähligen Artikeln völlig unkritisch aufgegriffen. In den vergangenen zehn Jahren wurden allein in den fünf einflussreichsten US-Tageszeitungen 23 000 Artikel gedruckt, die den Ausdruck »too big to fail« enthalten – das sind sechs Artikel pro Tag.[16]

Ein weiteres Problem ist, dass die Phrase Unternehmen einen Anreiz liefert, so groß und einflussreich zu werden, dass keine Regierung der Welt sie einfach bankrottgehen lassen wird. Denn auch wenn es aus volkswirtschaftlicher Sicht keine Begründung dafür gibt, dass etwas tatsächlich »too big to fail« wäre, verhalten sich Regierungen so, als wäre das der Fall – und Unternehmen wissen das. Das hat nicht nur die globale Finanzkrise gezeigt. Die Hilfszahlungen, die zahlreiche deutsche Autohersteller während jeder Krise erhalten (zuletzt im Zuge der Coronahilfsprogramme 2020/2021), versinnbildlichen die Angst der deutschen Regierung davor, dass ein zentraler Wirtschaftszweig in Schwierigkeiten geraten könnte. Dass Unternehmen nicht zu Unrecht davon ausgehen, es sei eine absolut rationale Entscheidung, so groß zu werden, dass sie den »too big to fail«-Status in der öffentlichen Wahrnehmung erreichen, wird von der Sprache des Kapitalismus entscheidend begünstigt. So ist garantiert, dass selbst bei eigener Misswirtschaft der Staat und damit die Gesellschaft einspringen wird, um sie zu retten. »Too big to fail« ist die rücksichtslose Methode, um das »Gewinne privatisieren, Verluste sozialisieren«-Ziel zu erreichen.

Dabei ist die Schlussfolgerung, die vor allem politische Akteure aus diesem Status ziehen, einigermaßen merkwürdig. Wenn es so etwas wie »too big to fail« wirklich gäbe, dann sollte die politische Marschroute eigentlich sein, diese Unternehmen entweder frühzeitig zu zerschlagen oder sie unter staatliche Kontrolle zu bringen. Denn ein privatwirtschaftliches Unternehmen, das in der Lage ist, ganze Wirtschafts- oder Finanzsysteme zu Fall zu bringen, kann nicht im Interesse der Gesellschaft sein. Eigentlich müsste dieser Slogan also ein Warnschild und kein Anreiz sein.

Beide Sprachbilder, sowohl der »perfekte Sturm« als auch »too big to fail«, trugen ihren Teil dazu bei, dass Konsequenzen im Nachgang der Krise von 2008 ausgeblieben sind. Vor allem aber führten sie dazu, dass wir die Entscheidungen zur Rettung notleidender Finanzinstitute akzeptierten, weil vermittelt wurde, sie seien logisch, unumgänglich und die einzige Lösung zur Überwindung der Situation. Die Regulierungsverschärfungen blieben angesichts der Dimension der Krise marginal. In den Jahren, die folgten, sahen wir stattdessen, wie sich vor allem die politische Rechte in den USA für die erneute Deregulierung der Finanzmärkte einsetzte. So unterzeichnete Donald Trump im Mai 2018 ein Gesetz, das viele Banken von Regulierungspflichten ausnahm.[17] Als im Frühjahr 2023 der Kollaps der Silicon Valley Bank zur größten Bankenkrise seit der globalen Finanzkrise führte, gaben republikanische Politiker*innen aber nicht den Deregulierungen durch ihre Partei die Schuld daran, sondern vermeintlicher Identitätspolitik. Sie labelten die Silicon Valley Bank und anderen betroffenen Banken kurzerhand als »too woke to fail«[18].

Bei beiden Beispielen (»perfekter Sturm« und »too big to fail«) handelt es sich nicht um Relikte aus den 2000er Jahren, auch heute werden sie bei jeder sich bietenden Gelegenheit bemüht. Das Jahr 2022 wurde mit Blick auf die Kombination aus den Nachwehen der Coronapandemie, dem russischen Angriffskrieg auf die Ukraine und den daraus resultierenden ökonomischen Folgen wie der Rekordinflation in Europa von vielen Medien als »perfekter Sturm« bezeichnet. Und als der deutsche Gasimporteur Uniper 2022 im Zuge des Krieges vor der Insolvenz stand, schrieben zahlreiche deutsche Medien, der Konzern sei »too big to fail«.[19] Immerhin wiederholte die Bundesregierung im September 2022 nicht die Fehler aus der globalen Finanzkrise, sondern verstaatlichte das Unternehmen direkt. Zumindest ein kleiner Hoffnungsschimmer, dass Veränderungen der Wirkung und Folgen von Sprachbildern möglich sind.

Natürlich kann man aus dem, was wir in diesem Kapitel beschrieben haben, herauslesen, dass diese Sprachbilder vor allem den Institutionen und Unternehmen der Finanzwirtschaft dienen. Schließlich sind sie es, deren Rettung mit diesen Metaphern begründet wird. Sie selbst machen von ihnen Gebrauch, um Verantwortung von sich zu weisen. Gleichzeitig argumentieren auch Politiker*innen mit ihnen, um unpopuläre Entscheidungen zu rechtfertigen. Daraus wollen wir aber explizit nicht ableiten, dass sich hinter der Verwendung von Metaphern wie dem »perfekten Sturm« eine konzertierte Aktion der Finanzwirtschaft verbirgt, die uns sprachlich manipulieren will. Solche Verschwörungserzählungen erzeugen zwar eine kurzzeitig angenehme »Wir gegen die da oben«-Stimmung, sind aber meistens populistische und verkürzte Darstellungen hochkomplexer Zusammenhänge. Auch in den Medien werden sich viele der Wirkung dieser Sprachbilder nicht direkt bewusst sein. Und seien wir ehrlich, auch wir verwenden diese Begriffe, selbst wenn wir nicht in die entsprechenden Vorgänge eingreifen können. Das Problem an dieser kapitalistischen Sprache ist das gleiche, wie es auch bei sexistischer und rassistischer Sprache auftritt: Sie wird von vielen unbewusst und ungewollt reproduziert.

Die Metaphern der Sprache des Kapitalismus entstehen also nicht von einer geheimen Macht zentral geplant, sondern aus der Perspektive heraus, die wir alle und insbesondere diejenigen, die in dieser Wirtschaftsordnung Einfluss haben, zum Kapitalismus einnehmen. Sie dienen in erster Linie dazu, ein System zu erhalten, das man bei genauerer Betrachtung in Frage stellen müsste. Alle

Metaphern, die wir bisher in diesem Kapitel beschrieben haben, lenken unsere Aufmerksamkeit weg von der Frage, was wir als Gesellschaft tun könnten, damit die Situationen, die durch die Metaphern beschrieben werden, gar nicht erst entstehen. Natürlich haben Unternehmen wie JPMorgan Chase ein Interesse daran, dass wir uns als Gesellschaft diese Frage nicht stellen. Das Unternehmen existiert schließlich nur, weil es einen Finanzkapitalismus gibt. Deswegen stellt sich CEO Dimon auch nicht vor seine Anteilseigner*innen und erklärt ihnen detailgenau, wie sein Unternehmen selbst in diese wirtschaftlich prekäre Lage verstrickt ist, die sich scheinbar hurrikangleich auf sie zubewegt. Dann würde er ja offenlegen, dass sie vielleicht am Ende selbst Schuld an der Misere tragen.

Genauso ist die Sprache aber auch ein selbst auferlegtes Ablenkungsmanöver einer Gesellschaft und ihrer Wirtschaftskultur, die sich nicht ernsthaft damit auseinandersetzen möchte, wo das vermeintlich alternativlose System zentrale Schwachpunkte hat und wie man diese Art zu wirtschaften grundsätzlich ändern könnte.

Ein Unternehmen als »too big to fail« zu bezeichnen, ist der sprachliche Ausdruck der Weigerung, sich mit der Frage zu beschäftigen, ob ein System, in dem Unternehmen so groß und mächtig werden können, noch funktioniert und was eine Alternative wäre. Eine wirtschaftliche Krise als Tsunami oder Hurrikan zu beschreiben, setzt voraus, dass das System, in dem diese Krise entstehen konnte, vergleichbar alternativlos ist, wie die Natur und ihre Gesetze. Erst wenn der Kapitalismus so natürlich erscheint wie das Wetter, kann eine Krise dieses Systems als Naturkatastrophe beschrieben werden. Es beruht auf physikalischen Grundsätzen, dass ein Erdbeben zu Schwingungen führt, die an der entsprechenden Stelle einen Tsunami auslösen können. Genauso wie es mit natürlichen biologischen Vorgängen zu tun hat, dass Lebewesen krank werden. Wenn also ein Staat »krank« wird, wenn er in wirtschaftliche Schwierigkeiten gerät, dann ist die logische Lösung dafür nicht, dass man die Wirtschaftsordnung des Staates ändert, sondern dass man ihn heilt. Genauso wie man einen kranken Menschen nicht von Grund auf ändert, sondern den Körper gesund macht, ihn im Idealfall in den Ausgangszustand zurückversetzt. Die Metaphern der Sprache des Kapitalismus legen sich wie ein Schleier vor unsere Augen und verstellen den Blick auf die eigentlich entscheidende Frage: Wo sind die fundamentalen Schwachstellen unseres Wirtschaftssystems, und wie müssten wir es grundlegend verändern?

KAPITEL 3

Ein Arbeitgeber fragt nach Arbeit – Sprachbilder festigen Machtstrukturen

»Ökonomisch ausgedrückt, geht das Wachstum zurück und die Inflation steigt an. Menschlich ausgedrückt, gehen die Einkommen der Leute zurück und ihr Leiden steigt an.«[1]

Kristalina Georgieva,
Direktorin des Internationalen Währungsfonds

»Über Geld spricht man nicht, man hat es« – diese Haltung prägte in Deutschland über weite Teile des 20. Jahrhunderts das kollektive Verhältnis zu Einkommen, Vermögen und Reichtum. Glaubt man zahllosen Videos auf TikTok, Instagram und YouTube, gilt das auch heute noch. Dennoch trat die Millionenerbin und Reichtumskritikerin Marlene Engelhorn im Juni 2023 unter dem Motto »Über Geld spricht man doch« bei der Digitalitätskonferenz re:publica auf. Auch auf dem Privatsender Kabel 1 läuft seit 2022 eine Sendung unter dem gleichen Titel, in der Menschen über ihre Vermögens- und Einkommensverhältnisse berichten. Aber sollte man nun über Geld sprechen oder nicht? Tatsächlich wird in Deutschland häufiger ein Geheimnis um Gehälter und Vermögen gemacht als in anderen Ländern. Versuchen Sie beispielsweise einmal, gesicherte Angaben darüber zu finden, wie viel man in einer bestimmten Branche oder gar einem bestimmten Unternehmen als Berufsanfänger*in verdient. Nicht umsonst ist eine der gefürchtetsten Fragen in einem Bewerbungsprozess die nach den Gehaltsvorstellungen. Eine solche Geheimniskrämerei um Geld ist nicht in allen Ländern üblich. In Schweden zum Beispiel sind Gehälter, Schulden und Steuern öffentlich einsehbar. In den Vereinigten Staaten wiederum geht man – so die landläufige Meinung – grundsätzlich offener mit Reichtum um, ist stolzer auf das angehäufte Geld, als wir es in Deutschland oder in Europa sind.[2] Das bedeutet aber nicht, dass in Deutschland nicht über Geld gesprochen wird. In allen drei genannten Ländern wird viel über Geld gesprochen, nur eben in unterschiedlicher Weise. Das ist entscheidend.

Sind Sie reich?

Wahrscheinlich würden die meisten von Ihnen diese Frage mit *Nein* beantworten. Würden Sie behaupten, Sie sind arm? Oder gehören Sie zu dieser diffusen Gruppe, die wir »Mittelschicht« nennen? Was bedeutet das eigentlich, Mittelschicht? Im November 2018 behauptete Friedrich Merz, kurz bevor er damals die Wahl zum Bundesvorsitzenden der CDU verlor, er gehöre zur »gehobenen Mittelschicht«[3]. Das sorgte verständlicherweise für Widerspruch und Empörung. Wo fängt Reichtum an, wenn ein Millionär, der wie Friedrich Merz zwei Privatflugzeuge besitzt, noch nicht zur Oberschicht zählt?

Mit seiner fragwürdigen Selbsteinordnung in die Mittelschicht ist Merz nicht allein. Laut einer Studie der Universität Konstanz beurteilt ein Großteil der Deutschen die eigene Position auf der Einkommens- und der Vermögensskala falsch – die meisten positionieren sich irgendwo in der Mitte, obwohl sie darüber oder darunter liegen.[4] Insbesondere Menschen, deren Einkommen und/oder Vermögen oberhalb der Mitte angesiedelt ist, schätzen die eigene ökonomische Stellung gerne schlechter ein, als sie tatsächlich ist. Dabei spielt insbesondere eine verzerrte Sicht auf unsere Umgebung eine Rolle. Wir Menschen neigen dazu, die eigene Situation auf andere zu übertragen: Das, was ich als Lohn erhalte, werden die meisten anderen sicherlich auch so ungefähr bekommen. Anders gesagt: Wenn es um die finanzielle Situation geht, sehen wir uns alle gerne als Durchschnitt an. Warum Friedrich Merz Durchschnitt sein möchte oder zumindest als solcher wahrgenommen werden will, auch wenn er sich mit relativ großer Sicherheit bewusst ist, dass sein Leben vom deutschen Durchschnitt abweicht, ist naheliegend. Als hochrangiger Politiker einer Volkspartei mit Regierungsambitionen ist es für ihn besser, wenn nicht der Eindruck entsteht, er könne durch seinen Reichtum ein signifikant luxuriöseres Leben führen als die Menschen, die ihn wählen sollen – Stichwort: Bürger*innennähe. Für die meisten anderen gilt das jedoch nicht, sie haben auf den ersten Blick keinen Vorteil davon, wenn sie ihren Status im ökonomischen Gefüge falsch einschätzen. Aber warum fällt es uns dann so schwer, realistisch wahrzunehmen, ob wir arm oder reich oder tatsächlich irgendetwas dazwischen sind?

Die beiden Begriffe »arm« und »reich« sind keine Metaphern. Im Gegensatz zu den sprachlichen Bildern aus dem vorigen Kapitel haben sie keine konkrete rhetorische Funktion. Es sind einfach nur Wörter, denen wir als Sprachgemeinschaft eine bestimmte Bedeutung zuschreiben. Metaphern übertragen die Bedeutung eines Wortes auf etwas, das mit der Bedeutung des Wortes an sich nichts zu tun hat. Wenn ich Elon Musk hingegen als »reich« bezeichne, schreibe ich ihm genau die Eigenschaft zu, die das Adjektiv vermittelt: Er kann über sehr viel Geld frei verfügen. Auf den ersten Blick erscheint das recht unkompliziert. Aber ist es so einfach? Was bedeutet »sehr viel« in diesem Kontext? Schließlich beschreibt das

Wort »viel« ein Verhältnis. Um eine Vorstellung davon zu haben, was viel ist, müsste man auch wissen, was wenig ist.

Wir sind gerade dabei, etwas zu verkomplizieren, was uns eigentlich recht offensichtlich vorkommt und im Alltag sehr locker über die Lippen geht: die Sprache, mit der wir untereinander kommunizieren. Doch wenn wir uns mit der Sprache des Kapitalismus auseinandersetzen wollen, dürfen wir nicht bei offensichtlich manipulativen Sprachbildern wie kranken Männern, Hurrikans und steigenden Preisen stehen bleiben. Wir müssen sehr viel konkreter fragen, wie wir über Geld, über Einkommen, über Macht und Finanzen sprechen, als wir es bisher getan haben. Wir müssen ganz genau auf die einzelnen Wörter blicken, die wir verwenden, selbst wenn uns ihre Bedeutung vollkommen selbstverständlich, eindeutig und eben nicht manipulativ erscheint. Denn in der Bedeutung, die wir bestimmten Wörtern zuweisen, verbergen sich Machtverhältnisse. Genau diese Machtverhältnisse gilt es zu verstehen, wenn wir der Auswirkung der Sprache auf unseren Umgang mit ökonomischen Fragen auf den Grund gehen wollen. Nur so können wir am Ende die Frage beantworten, die wir in den ersten beiden Kapiteln aufgeworfen haben: Cui bono – wem zum Vorteil?

Kommen wir noch einmal auf die Begriffe »arm« und »reich« zurück. Im Allgemeinen dürften die meisten Menschen mit Reichtum oder der Eigenschaft »reich« extravagante, materielle Güter verbinden: Wer reich ist, besitzt ein teures Auto, lebt in einer Villa, hat vielleicht sogar einen Swimmingpool, geht in edlen Restaurants essen und kann sich hochwertige Kleidung von Designermarken leisten. Für viele ist »Millionär*in sein« ungefähr gleichbedeutend mit »reich sein«. Nicht umsonst hat der Status des Millionärs in unserer Gesellschaft immer noch etwas beinahe Mythisches.[5] Schließlich heißt die Sendung, die inzwischen seit über zwanzig Jahren bei RTL läuft, nicht »Wer wird 100 000er?«. Und dass das britische Original »Who Wants to Be a Millionaire?« in über hundert Ländern weltweit adaptiert wurde, zeigt, wie universal die mythische Qualität des Millionärs ist. Wenn wir Reichtum aber als etwas ansehen, das im Verhältnis zu etwas anderem steht, dann muss die eben beschriebene Sicht auf Reichtum zwangsläufig ins Wanken geraten. Die Frage ist also: Wo fängt Reichtum an?

Gehen wir beispielsweise einmal von einem verheirateten Paar mit zwei Kindern aus. Beide Eltern arbeiten als verbeamtete Gymnasiallehrer*innen. Nach ein paar Berufsjahren hat dieser Haushalt je nach Bundesland ein monatliches Nettoeinkommen von bis zu 8 000 Euro. Ohne Frage ein sehr gutes Einkommen, aber der Lebensstil dieses Ehepaars wird wohl nicht dem entsprechen, was die meisten sich unter dem Lebensstil reicher Menschen vorstellen. Schauen wir uns allerdings die Einkommensstruktur in Deutschland an, sehen wir, dass nur zwölf Prozent der arbeitenden Bevölkerung nach Abzug der Steuern monatlich mehr Geld für ihre Arbeit bekommen. In Großbritannien genügt ein Bruttojahreseinkommen von ungefähr 180 000 Pfund, um zum obersten einen Prozent auf der Einkommensskala zu gehören.[6] Das ist weniger, als in Deutschland manche Chefärzt*innen bekommen.[7]

Rein vom Einkommen her gesehen handelt es sich bei dem deutschen Lehrer*innenpaar mit zwei Kindern um eine im Verhältnis reiche Familie, obwohl andere noch deutlich mehr bekommen. Natürlich ist diese Rechnung unvollständig. Wir wissen nicht, ob die Familie in einem geerbten Haus, einer gekauften Eigentumswohnung oder einer Mietwohnung lebt. Ebenso wenig ist uns bekannt, aus welchen ökonomischen Verhältnissen die Familien der beiden Ehepartner*innen kommen oder ob sie Schulden haben. Wir kennen also nur ihre Einkommensverhältnisse, nicht ihr Vermögen. Dennoch lässt sich bereits an diesem rudimentären Beispiel leicht erkennen, dass die Begriffe »arm« und »reich« nicht so leicht zu bestimmen sind, wie wir es im Allgemeinen tun.

Es ist äußerst relevant, wie wir Einkommens- und Vermögensverhältnisse in einem kapitalistischen System bezeichnen und wie wir sie dadurch wahrnehmen. Denken wir einmal weiter. Wenn das genannte Lehrer*innenpaar mit zwei Kindern schon verhältnismäßig reich ist, wie bezeichnen wir dann jemanden wie Friedrich Merz, der nachweislich über wesentlich mehr Einkommen und vermutlich über ein sehr hohes Vermögen verfügt? Dessen monetären Güter sind wiederum nicht der Rede wert, wenn wir sie mit denen von Multimilliardär*innen wie Susanne Klatten, der große Teile von BMW gehören, oder den Albrecht-Brüdern vergleichen, die ALDI gegründet haben. Ganz zu schweigen von Elon Musk, Bernard Arnault oder Bill Gates, die sich noch einmal in gänzlich anderen Sphären bewegen. Noch komplizierter wird es, wenn wir einen globalen Vergleich anstellen. Ein Single in Deutschland, ohne Kinder, ohne Wohneigentum oder sonstiges Vermögen, der 3000 € netto im Monat verdient, gehört zu den einkommensstärksten 10 Prozent der Welt.[8] Es genügt also offensichtlich nicht, wenn wir von »Armen«, »Reichen« und der Mittelschicht sprechen. Damit werden wir diesem riesigen Spektrum nicht gerecht. Denn wenn wir nur Menschen als »reich« bezeichnen, deren Einkommen und Vermögen sich im Bereich mehrerer Millionen oder gar Milliarden Euro bewegen, verzerren wir die finanziellen Verhältnisse, die in unserer Gesellschaft herrschen. Tatsächlich haben wir durchaus ein Vokabular für einen Reichtum, der selbst mehrere Millionen deutlich überschreitet. Teilweise werden solche Menschen bereits als »superreich« bezeichnet. Damit wird jedoch suggeriert, dass diese Form des Reichtums positiv oder wenigstens neutral zu bewerten sei. (Sie ist eben super – was auch einfach nur bedeuten kann »noch einmal mehr als reich«.) Wäre es nicht angebrachter zu fragen, ob es für eine Gesellschaft überhaupt sinnvoll und ethisch vertretbar ist, wenn einzelne Menschen derartige Mengen an Reichtum anhäufen, dass sie sich in finanziellen Sphären bewegen, die ihnen signifikanten Einfluss und Spielräume gestatten, von denen andere nur träumen können? Großer Reichtum bedeutet Macht und die Möglichkeit, sich vollständig von gesellschaftlichen Einflüssen abzukoppeln, und man muss die Frage stellen, ob es einen solchen Reichtum geben sollte.

Das ist in erster Linie eine ethische und sozioökonomische Frage, die wir uns als Gesellschaft stellen sollten. Gleichzeitig betrifft diese Frage aber auch die Sprache des Kapitalismus. Denn diese Sprache bestimmt, wie wir Reichtum wahrnehmen und wen wir als reich bezeichnen. Letzteres ist von hoher Relevanz, denn ein großes Privatvermögen und die daraus resultierenden Handlungsspielräume für die jeweilige Person haben Konsequenzen für die Gesellschaft. Der Autor Douglas Rushkoff berichtet in seinem jüngsten Buch *The Survival of the Richest* von seiner Begegnung mit Multimillionären und -milliardären – wie er selbst feststellt: »alles Männer«. Er beschreibt, wie die Personen, die er trifft, von der Frage beherrscht werden, wie sie ihren unvorstellbaren Reichtum dazu nutzen können, sich selbst vom Rest der Menschheit abzugrenzen. Die Gespräche mit seinen anonymen Gegenübern drehen sich allein darum, wie man sich selbst und seinen engeren Kreis vor der Klimakatastrophe, der nächsten Pandemie und den daraus entstehenden sozialen Unruhen schützen kann. Es wird diskutiert, welche Bunkeranlagen nötig wären, wie man private Söldnertrupps bei Laune halten kann und welche Regionen am längsten sicher bewohnbar sein werden. Kein Gedanke wird darauf verwendet, wie der Reichtum genutzt werden könnte, um diese Situationen gar nicht erst entstehen zu lassen, sie zumindest abzufedern oder möglichst vielen Menschen Schutz und Sicherheit zu bieten. Seine Gesprächspartner, erläutert Rushkoff, seien »die vermeintlichen Sieger des *Survival-of-the-Fittest*-Systems«[9]. Von einem kapitalistischen Standpunkt betrachtet, ist ihr Denken nur logisch. In einem Wirtschaftssystem, das vorsieht, dass jeder seines eigenen Glückes Schmied ist, spielen Solidarität und Gemeinsinn eine untergeordnete Rolle. Es ist deswegen kaum verwunderlich, dass diejenigen, die besonders großen

Reichtum angehäuft haben, ihn in erster Linie dazu verwenden, sich selbst einen Vorteil zu verschaffen. Und in einer Welt, die zunehmend von existenziell bedrohlichen Krisen beherrscht wird, ist der offensichtlichste Vorteil das eigene Überleben.

Um also zu unserer Kernfrage zurückzukommen, wie man über Einkommens- und Vermögensverhältnisse sprechen könnte: Es ist durchaus berechtigt, sich zu fragen, ob jemand, der über mehrere hundert Millionen oder gar Dutzende Milliarden verfügt, nicht nur »reich« oder »superreich« ist, sondern vielleicht »überreich«. Ob er also in einem ethischen Sinne tatsächlich über zu viel Reichtum verfügt, weil dieser es ihm ermöglicht, rein egoistisch zu handeln. Kapitalistisch gedacht ist dieser Handlungsspielraum die Folge von Leistung: Jemand hat enormen Reichtum, weil er viel geleistet hat. Aber das kann nicht stimmen, auch wenn es das Leistungsprinzip des Kapitalismus so vorsieht. Wir wollen das noch mal an einem Beispiel verdeutlichen. Karl Albrecht jr., einer der beiden ALDI-Gründer, besitzt ein Vermögen von ca. 35 Milliarden Euro. Das Median-Vermögen in Deutschland, also jenes Vermögen, bei dem genau fünfzig Prozent der Bevölkerung mehr und fünfzig Prozent weniger haben, lag 2021 bei 70 000 Euro. Glauben wir als Gesellschaft, dass Karl Albrecht knapp 500 000-mal mehr geleistet hat als durchschnittliche Deutsche und deswegen dieses unvorstellbar große Vermögen verdient? Lässt sich diese enorme Diskrepanz wirklich noch mit dem kapitalistischen Leistungssystem rechtfertigen?

Die Sprache des Kapitalismus ist nicht neutral, sie bezeichnet nicht einfach nur, was ist, sondern beeinflusst unsere Wahrnehmung. Solange sehr großer Reichtum und die Möglichkeiten, die er mit sich bringt, als etwas Positives oder Neutrales bezeichnet werden, als etwas, das sich die erfolgreichsten Unternehmer*innen unserer Zeit durch ihr Genie verdient haben, gelten diese Zustände als etwas grundsätzlich Erstrebenswertes. Tatsächlich kann Reichtum aber oberhalb einer nicht genauer bestimmten Grenze mit gutem Recht als etwas angesehen werden, das ethisch, gesellschaftlich und ökologisch schlecht ist – ganz egal, ob der Mensch, der diesen Reichtum besitzt, sympathisch, philanthropisch und sozial engagiert ist oder das jeweilige Gegenteil. Das zeigt sich nicht nur national, sondern auch global. Das reichste Prozent der Menschen auf der Welt ist für mehr als doppelt so viel CO_2-Ausstoß verantwortlich als die ärmere Hälfte zusammen.[10] Dieser Umstand kann und sollte sprachlich abgebildet werden, indem man von »Überreichtum« oder »überreich« spricht, so wie es die Millionenerbin Marlene Engelhorn oder der Volkswirt Martin Schürz vorgeschlagen haben, statt von »Reichtum« oder »superreich«.[11] Denn die Macht über finanzielle Mittel, die es einem ermöglichen, sich um den Rest der Menschheit keine Gedanken mehr machen zu müssen, ist nicht »super«, sondern auf mehreren Ebenen falsch und für den Rest der Menschheit potenziell gefährlich.

Gegen diese kritische Sicht auf Überreichtum wird häufig der Einwand vorgebracht, dass viele der überreichen Menschen Teile ihres Vermögens guten Zwecken zukommen lassen. Insbesondere in den USA wird damit sogar gegen die Ausweitung staatlicher Sozialleistungen argumentiert. Reiche Menschen, die sich ihr Vermögen hart erarbeitet haben, sollen gefälligst selbst entscheiden können, wofür ihr Geld am Ende verwendet wird, so der Tenor. Dabei handelt es sich um eine jahrhundertealte Rechtfertigungsstrategie von Überreichen, mit der sie Volksnähe demonstrieren und von den gesellschaftlichen Problemen ablenken wollen, die mit einer so großen Ungleichverteilung von Vermögen einhergehen. Sie haben Krankenhäuser, Konzerthallen, Bibliotheken oder Parks errichten lassen, die dann als Zeichen ihrer Großzügigkeit selbstverständlich auch ihre Namen tragen. Denken wir nur an die Carnegie-Hall in New York oder den Park Güell in Barcelona. Moderne Philanthrop*innen hingegen lassen seltener Gebäude bauen. Stattdessen finanzieren sie oft mit eigens gegründeten Stiftungen Forschungsvorhaben. Das bekannteste Beispiel dafür dürften Melinda und Bill Gates sein, die einen Großteil der fast fünfzig Milliarden Dollar, die sie an wohltätige Zwecke spendeten, ihrer eigenen Stiftung, der *Bill & Melinda Gates Foundation*, übertrugen. Auch Yvon Chouinard, der Gründer des nachhaltigen Bekleidungsherstellers Patagonia, hat seine Firma 2022 so umstrukturiert, dass die Gewinne, die sie erwirtschaftet – immerhin fast 200 Millionen Dollar pro Jahr –, in eine Stiftung fließen, die sich im Kampf gegen die Klimakrise engagiert.

Diese Liste ließe sich beliebig fortsetzen. Überreiche lieben es, einen Teil ihres Geldes öffentlichkeitswirksam für wohltätige Zwecke abzugeben – insbesondere solche, die auch bei einem großen Teil der Bevölkerung gut ankommen. In der Sprache des Kapitalismus adeln wir diese Menschen dann als Wohltäter*innen oder Philanthrop*innen – was übersetzt nichts anderes als Menschenfreund*in heißt. Dabei sind diese Praktiken gar nicht so selbstlos, wie sie auf den ersten Blick scheinen. Auf viele dieser vermeintlich wohltätigen Spenden müssen geringere oder gar keine Steuern gezahlt werden. Das führt dazu, dass sich die »Wohltäter*innen« mit Hilfe komplexer Steuerkonstrukte am Ende finanziell sogar besserstellen können. Das größte Problem an dieser Art des Philanthropismus ist aber seine Demokratiefeindlichkeit. Dass eine extrem kleine Gruppe an Menschen die Macht hat, zu entscheiden, welche Wohltätigkeitseinrichtungen und Forschungsvorhaben finanziert werden, entbehrt jeder demokratischen Legitimation. Egal wie hehr die Ziele sein mögen, es bleibt eine egoistische Entscheidung ohne gesellschaftliche Meinungsfindung. Auch das ist ein Argument dafür, Überreiche stärker zu besteuern und durch gesellschaftliche Debatten in Form von Wahlen demokratisch zu entscheiden, wie dieses Geld verteilt wird. Stattdessen wurde in der Sprache des Kapitalismus aus dieser speziellen Form der Steuervermeidung ein bewundernswerter und wohltätiger Akt, der uns zeigen soll, wie gut es die Multimilliardär*innen dieser Welt mit uns meinen.

Arbeit – ein Geben und Nehmen

Wenn also bereits die Verwendung vermeintlich alltäglicher Adjektive wie »arm« und »reich« in der Sprache des Kapitalismus nicht neutral ist, können wir davon ausgehen, dass es sich dabei nur um die Spitze des sprachlichen Eisbergs handelt. Wenden wir uns also einem Thema zu, über das in den letzten Jahren immer wieder diskutiert wurde – der Arbeit.

Kaum etwas strukturiert unser Leben im Kapitalismus so sehr wie die (Erwerbs-)Arbeit. Bei Menschen, die in den letzten hundert Jahren in ein westliches Land hineingeboren wurden, merkt man das von Kindesbeinen an: Es scheint, als sei die Erwerbsarbeit der vorrangige Zweck des Lebens. Zwar lässt sich argumentieren, dass vorschulische, schulische und universitäre Bildung nicht allein die Aufgabe haben, auf einen Beruf vorzubereiten, sondern dass Bildung ein Wert an und für sich ist. Dennoch ist es unzweifelhaft richtig, dass die Leistungen, die wir in der Schule und möglicherweise der Universität erbringen, als Qualifikation für Ausbildung und Beruf dienen sollen. Bis zu diesem Zeitpunkt ist unser Leben also darauf ausgerichtet, uns dazu zu befähigen, eine Tätigkeit, deren Nutzen über sie selbst hinausweist, zu ergreifen, die wir dann über mehrere Jahrzehnte ausführen und für die wir Geld bekommen. Dieses Konzept ist in der jüngsten Vergangenheit nicht zuletzt durch die Erfahrung der Coronapandemie wiederholt diskutiert worden. Mareile Pfannebecker und James A. Smith stellen in ihrem Buch *Alles ist Arbeit. Mühe und Lust am Ende des Kapitalismus* fest, dass sich die Grenze zwischen Freizeit und Arbeit aufgelöst hat, weil sich inzwischen nahezu jede unserer Tätigkeiten kommodifizieren lässt, selbst das, was wir als Freizeitbeschäftigung kategorisieren würden.[12] Angesichts der krisenbeladenen Gegenwart ließe sich da zu Recht die Frage stellen, die auch Sara Weber in ihrem Buch über Arbeit und Krisen aufwirft: *Die Welt geht unter, und ich muss trotzdem arbeiten?*[13] Zentral ist in diesem Kontext erneut auch die Sprache des Kapitalismus: Was bezeichnen wir eigentlich als »Arbeit«? Die lange überfällige Bedeutungserweiterung des Begriffs wird schon seit einiger Zeit vor allem durch feministische Aktivist*innen vollzogen. So hat die Ökonomin Linda Scott in *Das weibliche Kapital* auf beeindruckende Weise dargestellt, wie der Arbeitsbegriff genutzt wurde, um die Arbeit von Frauen finanziell zu diskriminieren und sie in das Reich des Unbezahlten zu verbannen.[14] Dank dieser Aufklärungsarbeit (übrigens noch ein Arbeitsbegriff) ist es inzwischen üblich, auch Tätigkeiten, für die man kein Gehalt bekommt und die man leistet, ohne dass ein Arbeitsvertrag abgeschlossen wurde, als Arbeit zu bezeichnen. Das bekannteste Beispiel ist wahrscheinlich die sogenannte Care- oder Sorgearbeit, also die Tätigkeit, die häufig vor allem weiblich gelesene Menschen verrichten, indem sie sich unentgeltlich um Kinder (auch eigene), Kranke und andere Menschen kümmern, die nicht für sich selbst sorgen können. Diese und andere Formen systemrelevanter Tätigkeiten sollen durch den Begriff der Arbeit aufgewertet werden. Hier hat bereits eine Veränderung der Sprache des Kapitalismus stattgefunden, indem die Bedeutung eines zuvor beschränkten Begriffs erweitert wurde, um so deutlich zu machen, dass wir in einer kapitalistischen Gesellschaft bestimmte Formen der Arbeit geringschätzen, nicht entlohnen und teilweise gar nicht als Arbeit betrachten.

Arbeit, das bezeichnete in den letzten etwa 150 Jahren vor allem etwas, das die meisten Menschen aktuell für etwa acht Stunden an fünf Tagen die Woche tun, um einen Lohn in Form von Geld zu bekommen, der es ihnen ermöglichen soll, sich und andere zu ernähren, eine Wohnung oder ein Haus zu mieten oder zu kaufen und grundsätzlich am Konsum teilzuhaben. Dadurch stehen die meisten Menschen – wenn sie nicht selbständig sind und andere Menschen für Arbeit bezahlen – in einem Abhängigkeitsverhältnis: Sie sind darauf angewiesen, dass jemand ihnen Geld für ihre Arbeit gibt. Im allgemeinen Sprachgebrauch spricht man bei jenen, die andere für ihre Arbeit bezahlen, von Arbeitgeber*innen, während die Person, die arbeitet, als Arbeitnehmer*in bezeichnet wird. So weit, so geläufig – und so irreführend. Schließlich kann man mit Fug und Recht behaupten, dass doch die Person, die arbeitet, etwas gibt – nämlich Arbeitskraft – und diejenige Person oder Institution, für die gearbeitet wird, etwas nimmt – die Arbeitskraft anderer. Es würde also auf einer sprachlichen Ebene viel mehr Sinn ergeben, wenn Arbeitgeber*innen für Arbeitnehmer*innen arbeiten und nicht umgekehrt. Ökonom*innen sprechen in ihren Modellen von den normalen Arbeiter*innen deswegen als Arbeitsanbietenden und den Unternehmen als Arbeitsnachfragenden. Welchen Effekt hat diese Verdrehung in unserer Alltagssprache?

Sprache bildet nicht nur etwas ab, sie schafft auch etwas und schreibt Zustände und Verhältnisse fest, häufig handelt es sich dabei um Machtverhältnisse – das gilt auch für die Sprache des Kapitalismus. Wenn wir nicht durch Erbschaft, Lottogewinn oder Ähnliches über so viel Geld verfügen, dass wir kein monatliches Einkommen brauchen, sind wir darauf angewiesen, dass irgendjemand uns Geld für Arbeit gibt. Sprechen wir der Einfachheit halber an dieser Stelle vom Verhältnis zwischen Arbeiter*in und Unternehmer*in. In der Sprache des Kapitalismus wird die Macht in diesem Verhältnis folgendermaßen verteilt: Die Arbeiter*innen müssen arbeiten, um Geld zu bekommen, sind also abhängig von Unternehmer*innen und befinden sich im Zweifelsfall auf der schwächeren Seite.

Wenn wir die Arbeiter*innen als Arbeitnehmer*innen bezeichnen, nehmen wir für sie also in diesem Machtverhältnis die schwächere Position an. Sie sind darauf angewiesen, die Arbeit, die ihnen die Unternehmer*innen – die Arbeitgeber*innen – bieten, anzunehmen. Gibt ihnen niemand Arbeit, bekommen sie kein Geld und sind mittellos. Diese jeweiligen Bezeichnungen verdecken den Umstand, dass die vermeintlich überlegene Seite dieses Verhältnisses gleichermaßen darauf angewiesen ist, dass jemand für sie Arbeit verrichtet. Ich kann als Unternehmer*in das perfekte Produkt herstellen oder die gefragteste Dienstleistung anbieten wollen. Wenn ich niemanden habe, der das Produkt herstellt oder die Dienstleistung ausführt, wird mein Unternehmen innerhalb kürzester Zeit pleitegehen. Es ist also mitnichten so, dass Unternehmer*innen grundsätzlich in der stärkeren Position sind. Das so bezeichnete Gegensatzpaar Arbeitgeber*in/Arbeitnehmer*in vermittelt jedoch diesen Eindruck und verhindert eine Neubewertung dieses Verhältnisses.

Diese Diskrepanz zwischen der zugeschriebenen und tatsächlichen Machtstruktur wird immer dann deutlich, wenn es zu Streiks kommt. Wir alle haben wohl schon selbst erlebt, welche Auswirkungen es hat, wenn die Mitarbeitenden der Bahn streiken und große Teile des Fern- und Nahverkehrs ausfallen. Politik und Unternehmen kritisieren in solchen Fällen häufig die Streikenden. Der Arbeitskampf schadet dann wahlweise »dem Wirtschaftsstandort und Ansehen« des Landes, »nimmt die Bürger*innen in Geiselhaft« oder missachtet, dass »das Streikrecht maßvoll angewendet werden muss«[15]. Was mitschwingt, ist einerseits das Bewusstsein, dass die Arbeiter*innen in der Lage sind, wirtschaftliche Abläufe zum Stillstand zu bringen, andererseits aber auch die Erwartung, dass sie doch bitte dem Wohlwollen der Unternehmensseite vertrauen mögen. Die Verantwortung dafür, dass bloß niemand durch Streiks gestört wird, liegt in den meisten Fällen aufseiten der Arbeitnehmer*innen, während sich Arbeitgeber*innen nur selten dafür rechtfertigen müssen, Löhne nicht direkt an die gestiegene Inflation anzupassen.

Diese irreführende sprachliche Einteilung in »Arbeitnehmer*in« und »Arbeitgeber*in« ist kein Zufall, sondern eine historisch gewachsene Machtzuschreibung, die durch Sprache zunächst abgebildet und über die letzten 150 Jahre in einer veränderten Arbeitswelt manifestiert wurde, so dass sie uns heute als völlig selbstverständlich erscheint. Tatsächlich gehen die beiden Bezeichnungen auf ein ursprünglich feudales Abhängigkeits- und Machtverhältnis zurück, das im 19. Jahrhundert vom kapitalistischen System übernommen wurde. Die Begriffe »Arbeitgeber« und »Arbeitnehmer«, so wie wir sie bis heute verwenden, sind abgeleitet von den Wörtern »Dienstgeber« und »Dienstnehmer«. Im Feudalismus waren diejenigen, für die gearbeitet wurde, in den meisten Fällen durch Gott und Tradition legitimierte herrschende Adlige. In diesem Gefüge war der Dienst, der für die Herrschenden verrichtet wurde, nicht im Sinne heutiger Arbeit eine Leistung, für die ein vertraglich vereinbarter Lohn und eine bestimmte Arbeitszeit vorgesehen waren. Vielmehr handelte es sich um einen Dienst, den der qua Geburt Untertänige von den Herrschenden annahm. Es wäre im Sinne der gottgegebenen Ordnung undenkbar gewesen, dass ein*e Herrscher*in von den Untertanen etwas nehmen würde. Stattdessen gewährten Herrscher*innen ihnen die Gnade, dass sie für sie arbeiten durften, sie gaben ihnen Arbeit. Die Begriffe »Dienstnehmer« und »Dienstgeber« stammen deswegen aus der Spätzeit des Feudalismus, in dem sich moderne Formen des Arbeitsverhältnisses zwar bereits durchsetzten, es also ein rechtliches Vokabular brauchte, um diese zu beschreiben, in der die meisten Menschen aber weiterhin im Dienst des Staates standen, der immer noch durch göttlich legitimierte Herrscher*innen repräsentiert wurde. Als sich im Zuge einer fortschreitenden Industrialisierung das Unternehmertum immer weiter verbreitete, gab es auch zunehmend mehr Menschen, die nicht für einen Dienstherrn arbeiteten, sondern für ein Unternehmen. Um diesen Unterschied sprachlich abzubilden, übernahm man mit der Zeit das Begriffsverhältnis Dienstgeber/Dienstnehmer und wandelte es entsprechend in Arbeitgeber/Arbeitnehmer um.[16]

Tatsächlich hat der Kapitalismus dieses Verhältnis und die sprachliche Verteilung der Macht bis heute erhalten. Der Begriff »Arbeit« wird häufig gleichbedeutend mit »Arbeitsplatz« oder dem vertraglich geregelten Konstrukt eines Angestelltenverhältnisses verwendet. In unserem Sprachgebrauch ist derjenige, der »Arbeit hat« oder »arbeitet«, jemand, der bestimmte Aufgaben für ein Unternehmen oder eine andere Institution erfüllt und dafür Geld bekommt. Wer nicht in solch einem Verhältnis steht, hat in der Sprache des Kapitalismus keine Arbeit, selbst wenn er tatsächlich etwas leistet, also eine Arbeit ausführt. Deswegen ist derjenige, der aktuell kein Geld für seine Arbeit bekommt, »arbeitssuchend«. Im Sinne dieser Perspektive ist es nur logisch, dass wir die Person, die einer anderen Geld für Arbeit gibt, als »Arbeitgeber*in« bezeichnen. Wir haben zwar immerhin in Teilen den Begriff »arbeitslos« durch »arbeitssuchend« ersetzt, weil »arbeitslos« durch mediale Debatten moralisch abgewertet worden ist, aber auch »arbeitssuchend« ist ein Begriff der kapitalistischen Sprache. In dieser Formulierung steckt erneut die Annahme, dass nur diejenige Person arbeitet, die eine Tätigkeit für jemand anderen ausführt und dafür Geld erhält. Auch hier könnte man fragen, ob nicht eigentlich Unternehmer*innen arbeitssuchend sind. Schließlich sind sie es, die auf der Suche nach Arbeitskraft sind, die ihnen jemand anderes gibt.

Die Moralkeule der kapitalistischen Sprache

»Erst kommt das Fressen, dann kommt die Moral«, heißt es in der *Dreigroschenoper* von Bertolt Brecht und Elisabeth Hauptmann.[17] Diese Feststellung macht der Protagonist Macheath in der »Ballade über die Frage: Wovon lebt der Mensch?«. Moralische Fragen können demnach erst dann diskutiert werden, wenn die Grundbedürfnisse der Menschen gestillt sind. Hauptmann und Brecht üben durch die Worte ihrer Hauptfigur fundamentale Kritik an einem System, das von Menschen fordert, sich an Regeln und Gesetze zu halten, aber nicht einmal in der Lage oder willens ist, das nackte Überleben dieser Menschen sicherzustellen. Die Sprache des Kapitalismus kehrt diese Reihenfolge um: Erst kommt die Moral, dann kommt das Fressen.

Wenn über Vorgänge in unserem kapitalistischen System gesprochen wird, werden rein ökonomische Verhältnisse häufig mit den gleichen Begriffen beschrieben wie moralische Fragen. In seinem Buch *Schulden. Die ersten 5000 Jahre* gibt David Graeber ein Gespräch wieder, das er mit einer jungen Frau über den Internationalen Währungsfonds und die Schulden der – wie es in der deutschen Übersetzung heißt – »dritten Welt« geführt hat. Der Austausch des Autors mit der Frau ist insofern unangenehm zu lesen, als Graeber beschreibt, wie er, der gewiefte Anthropologe, der vermeintlich naiven jungen Frau die Welt erklärt. Der Punkt, den er macht, ist trotzdem relevant. Seine Gesprächspartnerin weist Graebers Kritik an der Schuldenpolitik des Internationalen Währungsfonds mit den Worten zurück: »Schulden muss man doch zurückzahlen!« Daraufhin erläutert er:

> Das Erstaunliche an dem Satz »man muss seine Schulden zurückzahlen« ist, dass er nach der ökonomischen Standardtheorie nicht stimmt. Wer Geld verleiht, muss ein gewisses Risiko tragen. Wenn alle Kredite, egal wie idiotisch sie sind, immer einzutreiben wären – wenn es zum Beispiel kein Insolvenzrecht gäbe –, wären die Folgen katastrophal. Warum sollte ein Geldgeber nicht einen dummen Kredit vergeben?[18]

Das Problem, das Graeber beschreibt, entsteht dadurch, dass sich die Darstellung ökonomischer Sachverhalte hier einer moralischen Rhetorik bedient: Wenn Kredite vergeben werden, wird die Person, die den Kredit vergibt, für das Risiko bezahlt, dass sie das Geld nicht zurückbekommt. Wir nennen den Preis für dieses Ausfallrisiko Zins. Je höher der Zins, desto höher ist das Risiko, dass der Kredit eben nicht zurückgezahlt wird. Dass man sein Geld nicht zurückbekommt, ist im ökonomischen Sinne also eine ganz selbstverständliche Option der Kreditvergabe.

Dass wir aber gemeinhin davon ausgehen, dass man Schulden zurückzahlen *muss*, gar eine ethische Verpflichtung dazu hat, liegt daran, dass wir das Verhältnis zwischen der Person, die Geld verleiht, und der, die es sich leiht, in der Sprache des Kapitalismus häufig in moralische Kategorien verpacken. Schließlich verwenden wir den Begriff »Schuld« im Deutschen nicht nur, um zu beschreiben, dass jemand geliehenes Geld zurückzahlen muss, sondern vor allem auch in moralischen Zusammenhängen. Beispielsweise kann man sagen, »Das bin ich ihm schuldig«, wenn man sich von seinem Partner getrennt hat, aber dennoch respektvoll mit ihm umgeht, weil man über Jahre hinweg eine tiefe Verbundenheit gespürt hat. Ebenso sind wir es sprachlich gewohnt, »uns zu entschuldigen«, wenn wir etwas falsch gemacht haben. »Schuld« und weitere Begriffe mit dem gleichen Wortstamm beziehen sich also in den meisten Fällen auf moralische oder gar juristische Fragen. Erst dadurch kann die Annahme entstehen, dass es eine moralische Pflicht gibt, geliehenes Geld zurückzahlen zu müssen. Zuletzt wurde das 2015 in der europäischen Staatsschuldenkrise deutlich, als der damalige deutsche Finanzminister Wolfgang Schäuble Griechenland auch eine moralische Verpflichtung unterstellte, seine Schulden zu begleichen. Schäuble setzte sich gegen einen teilweisen Schuldenerlass für Griechenland ein, weil dadurch diejenigen bestraft würden, die Griechenland in den vorherigen Jahren mit ihren Krediten geholfen hätten. Was wir hier beobachten konnten, ist die vollständige Moralisierung eines ökonomischen Prozesses.

Graebers Argument besteht nun darin, dass es keinen Sinn ergibt, zu fordern, Schulden müssten unter allen Umständen zurückgezahlt werden, weil diese Forderung dazu führen könnte, dass die Schuldner*innen im Zweifel in existenzielle Not geraten oder zu moralisch nicht vertretbaren Handlungen gedrängt werden:

> Stellen wir uns aber einmal vor, es gäbe ein Gesetz, das der Bank garantiert, dass sie ihr Geld unter allen Umständen zurückbekommt, selbst wenn es bedeuten würde, dass ich, sagen wir einmal, meine Tochter in die Sklaverei verkaufen oder meine Organe verscherbeln müsste oder etwas in der Art.[19]

Das Schuldenbeispiel von Graeber zeigt deutlich, was für Konsequenzen es haben kann, wenn wir ökonomische Umstände mit einer moralisch aufgeladenen Sprache belegen. So kommt tatsächlich erst die Moral und dann das Fressen: Die moralischen Forderungen müssen erfüllt sein, bevor ich mich wieder um das eigene Wohlergehen oder sogar das eigene Überleben kümmern darf. Dass das nicht nur ein Gedankenspiel ist, zeigen die weiteren Entwicklungen der europäischen Staatsschuldenkrise. Der Sparkurs, der Griechenland von den restlichen europäischen Staaten aufgezwungen wurde, führte unter anderem zu so radikalen Einschnitten in den Gesundheitssektor, dass 2015 fast ein Drittel der Bevölkerung keinen Zugang mehr zu medizinischer Versorgung hatte.[20]

Ähnlich verhält es sich mit den Begriffen »Verdienst« und »verdienen«. Auch hier handelt es sich um ein Begriffsfeld, das auf moralische Zusammenhänge verweist. Wir sprechen beispielsweise davon, dass eine Person etwas verdient oder eben nicht verdient habe, wenn ihr etwas Negatives passiert. Etwas zu »verdienen« oder auch der »Verdienst« werden normalerweise verwendet, um ein Leistungsverhältnis zu beschreiben oder eine Tätigkeit ethisch zu bewerten. Nachdem man eine große Anstrengung hinter sich gebracht hat, hat man sich – so würden es die meisten Menschen formulieren – das kalte Getränk verdient. Wenn sich jemand Mühe mit etwas gegeben hat – etwa ausdauernd auf eine Prüfung gelernt hat –, sprechen wir davon, dass das positive Ergebnis allein sein Verdienst sei. Mit diesen Formulierungen wollen wir ausdrücken, dass wir die Leistung einer Person anerkennen und in dem Ergebnis der Leistung das sehen, was der Person zusteht. Wir beschreiben also ein Verhältnis der Gleichwertigkeit: Das, was die Person für ihre Leistung bekommt, entspricht gemäß ethischer Standards unserer Gesellschaft dem, was sie geleistet hat. Für eine große Anstrengung steht uns ein Kaltgetränk zu. Das gilt allerdings nur auf einer Ebene der Ethik. Schließlich könnte man das kalte Getränk auch haben, wenn man den ganzen Tag nur in der Sonne gesessen hat. Niemand kann einem das verwehren, aber man hätte es sich eben nicht verdient.

Die Sache liegt jedoch anders, wenn es um die Geldsumme geht, die jemand für eine bestimmte Tätigkeit bekommt. »Warum verdienen Fußballer so viel Geld?«, fragt zum Beispiel die *Badische Zeitung*[21], »Wie Influencer Geld verdienen«, erklärt die ZDF-Sendung *logo!* für Kinder,[22] und der *Gehaltsreporter* berichtet in einer Studie »Das verdienen Pflegekräfte in Deutschland«.[23] Die Bedeutung dieser Aussagen und Fragen ist uns, wenn wir mit der deutschen Sprache vertraut sind, vollkommen geläufig. Wir haben uns daran gewöhnt, das Verb »verdienen« gleichbedeutend mit »für eine Leistung erhalten« zu verwenden. Wenn wir fragen, »Was verdient eine Pflegekraft?«, werden die meisten Menschen davon ausgehen, dass nach dem tatsächlichen Gehalt gefragt wird, auch wenn die fragende Person genauso gut meinen könnte: »Wie viel Geld sollte eine Pflegekraft für ihre Arbeit bekommen, was wäre ein gerechter Lohn?« Aber auch in diesem Fall überträgt die Sprache des Kapitalismus wieder eine moralische Kategorie auf ein ökonomisches Verhältnis. Es müsste uns eigentlich absurd vorkommen, festzustellen, dass der Fußballspieler Kylian Mbappé im Monat 3,9 Millionen Euro »verdient«, während ein Krankenpfleger etwa 3 700 Euro »verdient«. Wenn wir sprachlich penibel sein wollen, sollte es heißen: Mbappé und der Krankenpfleger erhalten 3,9 Millionen beziehungsweise 3 700 Euro. Ob sie diese Summen verdienen, ob es sich also um einen gerechten Lohn für ihre Tätigkeit handelt, ist ein ganz anderes Thema.

In diesem Kontext ist auch relevant, dass der Begriff »Leistung« häufig auf einer rein kapitalistischen Ebene verhandelt wird. Ein Beispiel dafür ist ein Post auf der Plattform X (vormals Twitter) der FDP-Bundestagsabgeordneten Katja Adler aus dem Jahr 2023. In der Debatte um die Kürzung des Elterngelds, in der unter anderem gefordert wurde, dass die Zulagen ab einem Gesamteinkommen der Eltern von 150 000 Euro gestrichen werden, kritisierte sie, dass auf diese Weise »bei Leistungsträgern unserer Gesellschaft massiv« gekürzt würde.[24] Der Leistungsbegriff ist hier an die Höhe der Bezahlung geknüpft: Wer viel Geld bekommt, wird wohl auch viel leisten. Im Umkehrschluss folgt daraus: Wer wenig bekommt, leistet wahrscheinlich wenig. Diese Verknüpfung von Leistung mit (hoch bezahlter) Lohnarbeit oder Unternehmertum in einem kapitalistischen System ist ein Grund dafür, dass bis vor wenigen Jahren nur das als Arbeit anerkannt wurde, was in einem Arbeitsverhältnis zwischen Arbeitgeber*in und Arbeitnehmer*in geleistet wurde. Sorgearbeit, Aufklärungsarbeit und in Teilen politische Arbeit waren und sind immer noch nicht vollständig in diesen Leistungsbegriff eingeschlossen. Die Idee, dass die Höhe des Gehalts den Wert der geleisteten Arbeit widerspiegelt, ist ein hehres Ideal, das in einem kapitalistischen System in den seltensten Fällen erfüllt wird. Dabei wird immer wieder argumentiert, dass das Gehalt von zum Beispiel Fußballern (hier ist die männliche Form bewusst gewählt) vom Markt bestimmt wird. Wenn also jedes Wochenende mehrere hunderttausend Menschen ins Stadion gehen, ein paar Millionen weitere die Spiele im Fernsehen verfolgen und Unmengen an

Merchandise kaufen – und das alleine in Deutschland –, dann rechtfertigt diese Situation die gigantischen Summen, die Fußballer in den höchsten europäischen Ligen bekommen können. So begründete beispielsweise Thomas Müller, Spieler beim FC Bayern München, die hohen Gehälter; er selbst bekommt Schätzungen zufolge deutlich über zehn Millionen Euro pro Jahr.[25] Es steht außer Frage, dass Müller und andere Fußballer auf sportlicher Ebene enorm viel leisten und ihren Vereinen gigantische Summen einspielen. Ihre Leistung hat jedoch, das kann man mit Sicherheit sagen, keinen höheren Wert als die von Krankenpfleger*innen oder Erzieher*innen. Es kann also nicht die Rede davon sein, dass Menschen im Kapitalismus Geld im ursprünglichen Wortsinn »verdienen«. Sie erhalten es, weil der Markt bestimmte Tätigkeiten stärker honoriert als andere.

Der Markt? Noch so ein Begriff, den wir tagtäglich in der Berichterstattung hören und selbst verwenden. Dabei wird über den Markt häufig gesprochen, als wäre er ein mächtiges Wesen, das direkten Einfluss auf unser Leben nimmt. Als im Frühjahr 2023 Banken in den USA und der Schweiz zahlungsunfähig wurden, taten die Regierungen dieser Länder alles dafür, um »die Märkte zu beruhigen«[26]. Diese reagierten zwar zunächst »abwartend« auf die politischen Maßnahmen, die zur Bankenrettung eingeleitet wurden,[27] doch welch ein Glück, am Ende hatten sich die Märkte von diesem Schock wieder »erholt«[28]. Das Biest wurde gezähmt – zumindest vorübergehend und bis zur nächsten Krise.

Die Vorstellung vom Markt als Lebewesen, das einen eigenständigen, von uns und der Politik nicht zu kontrollierenden Willen hat, ist eines der machtvollsten und einflussreichsten Bilder, die die Sprache des Kapitalismus hervorgebracht hat. Dabei handelt es sich bei »dem Markt« aus ökonomischer Sicht um nichts weiter als ein einfaches Hilfskonzept, um menschliche Interaktionen besser zusammenfassen und analysieren zu können. Märkte sind in ihrer abstraktesten Form institutionalisierte Tauschbeziehungen zwischen Menschen. Vom Prinzip her funktioniert der Wochenmarkt in unserer Heimatstadt ganz genauso wie die komplexen Finanzmärkte für den Hochfrequenzhandel. Jeder Markt hat drei Bestandteile: eine Person, die etwas anbietet, eine Person, die etwas nachfragt, und eine Institution, die dafür sorgt, dass sich alle an die Regeln halten und die Stärkere sich nicht einfach beim Schwächeren bedient. Bei unserem Wochenmarktbeispiel wären die Obsthändlerin und der Käsehändler die Anbieter*innen, wir, die für das Wochenende einkaufen gehen, die Nachfragenden, und die Polizei, die gerufen werden würde, wenn wir versuchen würden, uns ein Stück Käse zu nehmen, ohne zu bezahlen, ist die Institution, die die Regeln des Marktes durchsetzt. Würden wir nun feststellen, dass die Preise auf unserem Wochenmarkt erhöht werden, würde wohl niemand auf die Idee kommen, davon zu sprechen, dass der Wochenmarkt in Turbulenzen geraten sei. Nein, wir würden feststellen, dass der Käsehändler die Preise aber ganz schön angezogen hat, und im Gegenzug anerkennend erwähnen, dass die Obsthändlerin ihre Preise nicht erhöht hat. Niemand müsste den Markt beruhigen, und der Markt würde sich auch nicht erholen, wenn der Käsehändler seine Preise wieder senken würde.

Dass wir diese einzelnen Interaktionen zu der Metapher »Markt« zusammenfassen, ist aus ökonomischer Sicht absolut sinnvoll. Wollen wir beispielsweise etwas über die Entwicklung der Mietpreise wissen, dann macht es wenig Sinn, sich jedes Mietverhältnis einzeln anzugucken. Wir fassen sie stattdessen alle zusammen und bezeichnen ihre Summe als Wohnungs- oder Mietmarkt. Diese Zusammenfassung ist hilfreich, um gesamtgesellschaftliche Entwicklungen zu beobachten und zu analysieren. Der alles entscheidende Punkt ist aber, dass wir uns ständig bewusst sein müssen, dass auf jedem Markt am Ende die individuellen Entscheidungen von vielen Menschen zusammengefasst werden. Wenn gesagt wird, der »Druck auf den Mietmarkt« steige,[29] und damit gemeint ist, dass die Mieten »steigen«, dann wirkt das so, als wäre der Mietmarkt ein Lebewesen, dem geholfen werden muss, weil es den Preisveränderungen hilflos gegenübersteht. Was aber tatsächlich passiert, ist, dass viele Vermieter*innen die aktive Entscheidung treffen, die Mieten zu erhöhen. Das sollte auch genau so benannt werden. Für die Analyse jedes einzelnen Marktes muss am Ende ein einfaches Credo gelten: Der Markt, das sind wir alle.

Es geht hier nicht darum, dass die Verwendung dieser Begriffe im jeweiligen Kontext sprachlich falsch wäre. Nach dem derzeitigen Stand der deutschen Standardsprache ist es vollkommen korrekt, das Verb »verdienen« auf die eben beschriebene Weise zu benutzen. Auch der Begriff »Schulden« ist in unserem Beispiel richtig angewendet. Und wenn man länger darüber nachdenkt, dann ist wahrscheinlich jedem klar, wer auf Märkten miteinander handelt. Worum es uns geht, ist, aufzuzeigen, welche Bedeutungsebenen sich in unserer Sprache abgelagert haben und wie sie uns verstehen lassen können, wie sich ökonomische und vor allem kapitalistische Verhältnisse in unsere Alltagssprache eingeschlichen haben. Um noch ein Beispiel aus anderen Sprachen als der deutschen zu nennen: In vielen romanischen Sprachen wie Französisch, Spanisch und Italienisch, aber auch im Englischen hat das jeweilige Wort für »bezahlen« denselben Ursprung. Das erkennt man auf den ersten Blick, auch wenn man die Sprachen nicht beherrscht: *payer*, *pagar*, *pagare* und *to pay*. Wie es bei romanischen Sprachen fast immer und bei germanischen teilweise der Fall ist, ist dieses Verb lateinischen Ursprungs und stammt von dem Wort »pacere« ab, was so viel bedeutet wie »Frieden schaffen« oder »befrieden«. Jemandem Geld zu geben, bedeutete also häufig, Krieg und Gewalt zu verhindern, indem man entstandene Schuld ausglich.[30] Dieser Hintergrund hat sich in vielen Sprachen erhalten, auch wenn wir heute »bezahlen« bis auf wenige Ausnahmen mit einem idealerweise gleichwertigen Güteraustausch assoziieren, der erst einmal nichts mit Krieg, Frieden und Gewalt zu tun hat.

Wie im Falle der eben genannten Verben hilft es oft, den Ursprung von Wörtern in den Blick zu nehmen, die in unserer Alltagssprache fest etabliert sind. Häufig lässt das Rückschlüsse darauf zu, wie tief sich bestimmte Annahmen über Zusammenhänge in unsere kollektive Wahrnehmung eingegraben haben. Wie sieht es beispielsweise mit dem Wort »Karriere« aus? Mit einer Karriere verbinden die meisten Menschen in erster Linie eine berufliche Laufbahn, die sich stufenweise nach oben entwickelt. Im Normalfall spricht man von einer Karriere, wenn eine Person im Verlauf ihres Arbeitslebens immer mehr Einfluss, Gehalt und Macht erhält und am Ende eine hohe und angesehene Position in einem Unternehmen oder im Staatsdienst innehat. Der Ursprung des deutschen Wortes liegt im Französischen, wo *carrière* unter anderem »Rennbahn«, »Lauf«, »Fahrt«, aber auch »Laufbahn« bedeutet. Letzteres wird auch im Deutschen häufig synonym mit »Karriere« verwendet. Das italienische *carriera* wiederum bezeichnet »die schnellste Gangart des Pferdes«.[31] In den französischen und italienischen Begriffen sowie in dem deutschen Synonym »Laufbahn« verbirgt sich die Vorstellung eines Berufslebens als Wettlauf oder wenigstens als kompetitiver Prozess. Das ist ein zutiefst kapitalistischer Gedanke, der davon ausgeht, dass Wettbewerb und das Streben nach Spitzenpositionen und immer mehr Gewinn der Idealzustand sind. Daraus speist sich der gängigen Behauptung nach schließlich die Innovationsfähigkeit des Kapitalismus. Deswegen bezeichnen wir ein Berufsleben, das stets in derselben – unter Umständen auch guten – Position stattgefunden hat, auch kaum als Karriere. Der ideale Verlauf eines Berufslebens im Kapitalismus ist der erfolgreich absolvierte Wettbewerb, bei dem man andere übertrumpft und schließlich eine hohe Position eingenommen hat – man hat Karriere gemacht.

In der Leibeigenschaft geboren

Bei einigen der genannten Begriffe handelt es sich nicht in erster Linie um kapitalistische Sprachphänomene. Die »bezahl«-Verben beispielsweise sind älter als der Kapitalismus. Dennoch zeigen sie, wie eng die Welt der Finanzen schon immer mit moralischen Kategorien verbunden war und wie sich diese Verknüpfung teilweise über Jahrhunderte hinweg in unsere Alltagssprache eingeschlichen hat. Für eine Analyse der Sprache des Kapitalismus können diese Beispiele aber relevant sein. Nehmen wir einmal das Wort »Urlaub«. Wir verwenden es meistens in drei Zusammenhängen: *Urlaub nehmen*, *Urlaub haben* und *in den Urlaub fahren*. Etwas vereinfacht ausgedrückt bedeutet *Urlaub* so viel wie »eine Zeitspanne, in der wir trotz Arbeitsverhältnis keine Lohnarbeit verrichten müssen«. Von seinem Ursprung her steht das Wort in enger Verbindung zu *Erlaubnis* oder *erlauben* und bezieht sich auf das Recht, sich von einem Ort zu entfernen: Im Mittelhochdeutschen war der *urloup* die Erlaubnis zu gehen, die Leibeigene oder Untergeordnete von Herrschenden erhielten.[32] Der Begriff entstammt also einem Verhältnis der Unfreiheit, in der eine Person die Macht über eine andere innehatte und bestimmen konnte, wann und wohin sich diese Person bewegen durfte. Ein solches Verhältnis ist mit unserem Selbstverständnis als freie und unabhängige Menschen in einem demokratischen Rechtsstaat unvereinbar.[33] In einem kapitalistischen Arbeitsverhältnis ist es für uns hingegen selbstverständlich, dass wir der Arbeit nicht einfach ohne Absprache für zwei Wochen fernbleiben – das ist auch sinnvoll. Dennoch würden wir zu Recht darauf beharren, dass hier ein gänzlich anderes Verhältnis als zwischen Herrscher*in und Untertanen besteht. Und trotzdem hat sich in der Verwendung des Begriffs *Urlaub* ein Machtverhältnis erhalten, das aus einer Zeit stammt, in der die allermeisten Menschen nicht frei waren und nicht selbständig entscheiden konnten, wohin sie wann gingen.

Der Kapitalismus hat viele Begriffe, die weitaus älter sind als er selbst, in seine Sprache übernommen und mit ihnen die darunterliegenden Konzepte – selbst wenn sich in den Verhältnissen im Laufe der Zeit Verschiebungen ergeben haben. Die Sprache des Kapitalismus beruht also oft immer noch auf feudalen Strukturen oder ähnlichen Machtverhältnissen. Das, was wir als *Urlaub* bezeichnen, hat seinen Ursprung im Verhältnis von Leibeigenen und Herrschenden. Und das zeigt sich sprachlich immer noch. Auch wenn die Situation selbstverständlich eine andere ist, lassen sich Machtverhältnisse erkennen, die trotz ihrer Veränderung immer noch unseren Konzepten von Lohnarbeit und Angestelltentum zugrunde liegen. Wie bei Arbeitgeber*in und Arbeitnehmer*in lässt auch das Wort Urlaub erkennen, wem Macht in unserer Sprache zugeschrieben wird.

Unterschicht = Prekariat = Armut?

Unsere Alltagssprache ist träge, sie verändert sich signifikant langsamer als Sprachbilder und Metaphern, die häufig in konkreten Situationen entstehen und dann immer wieder verwendet werden. Manchmal kann man aber auch bei einzelnen Wörtern ziemlich genau sagen, wann sie dauerhaft in unseren erweiterten Alltagswortschatz eingegangen sind. Das gilt zum Beispiel für den Begriff des Prekariats, der zwar an sich schon wesentlich älter ist, jedoch erst 2006 durch eine Studie im Auftrag der Friedrich-Ebert-Stiftung in die Alltagssprache und vor allem in öffentliche Debatten Eingang gefunden hat.

In der besagten Studie, *Gesellschaft im Reformprozess*, in deren Verlauf knapp über 3 000 Menschen in Deutschland nach ihrer Lebenssituation befragt wurden, kam man zu dem Ergebnis, dass sich ungefähr acht Prozent der Bevölkerung als gesellschaftlich abgehängt empfanden. Sie sahen sich vor allem mit unsicheren Arbeitsverhältnissen und geringem Einkommen konfrontiert und schätzten ihre Chancen, diesen Umständen zu entkommen, als sehr gering ein.[34] Dieses Milieu am unteren Ende einer Tabelle mit insgesamt neun Milieus bezeichneten die Autor*innen im Sinne des Adjektivs »prekär«[35] als »abgehängtes Prekariat«. Nach der Veröffentlichung der Studie entspann sich eine mediale und politische Debatte, in der die Ergebnisse und insbesondere das Milieu des Prekariats ausgiebig diskutiert wurden. Entscheidend ist für uns vor allem, wie und mit welchen Begriffen über dieses Thema gesprochen wurde.

Schon eine Woche bevor die Ergebnisse der Studie der SPD-nahen Stiftung publik wurden, hatte der SPD-Politiker Kurt Beck in einem *FAZ*-Interview erklärt, es gebe ein Problem in Deutschland, das manche das »Unterschichten-Problem« nennen würden.[36] Kurz darauf – die Studie war inzwischen veröffentlicht worden – titelte die

Bild am Sonntag am 15. Oktober 2006: »Sechs Millionen Deutsche gehören zur neuen Unterschicht«. Die wortgleiche Überschrift trug ein Artikel, der am Tag darauf in der *Welt* erschien, ebenfalls eine Zeitung des Axel Springer Verlags.[37] Und auch in der *Süddeutschen Zeitung* hieß es: »6,5 Millionen Deutsche gehören zur neuen Unterschicht«[38]. Zwar kritisierte Jens König nur wenige Tage später diese Berichterstattung in der *taz* und verwies darauf, dass der Begriff »Unterschicht« in der Studie nicht vorkomme und die Friedrich-Ebert-Stiftung auch »keine Sozial- und schon gar keine Armutsstudie« in Auftrag gegeben habe, »die auf Grundlage objektiver Kriterien sozioökonomische Daten erhebt«[39], aber da war es schon zu spät: Der Begriff »Prekariat« war ab sofort gleichbedeutend mit »Unterschicht«.

Wir haben es hier in erster Linie mit einer Vereinfachung hochkomplexer sozialer Verhältnisse und der Moralisierung eines sozioökonomischen Diskurses zu tun. Kurt Beck hatte damit begonnen, als er im Interview in der *FAZ* den Begriff »Unterschicht« aufwarf und zudem feststellte: »Es gibt Fernsehsender, bei denen regelrecht von Unterschichten-Programmen gesprochen wird.«[40] Damit meinte der SPD-Politiker vor allem das Nachmittagsprogramm der Privatsender, wo Talkshows und (teilweise geskriptete) Reality-Formate (zum Beispiel Gerichtssendungen oder *Big Brother*) gezeigt wurden. »Unterschicht« war bei ihm also nicht nur eine ökonomische Kategorie, sondern auch eine kulturelle, die vor allem mit geringer Bildung, Faulheit und einer bestimmten Form von Medienkonsum einherging. Gleichzeitig kam es zu einer Verschränkung der Begriffe »Unterschicht«, »Armut« und

»Prekariat«, so dass die drei Wörter beinahe austauschbar verwendet wurden.

Diese Debatte ist ein interessantes Beispiel dafür, welche Rolle Sprache im Kapitalismus spielt und wie mit einzelnen Begriffen gerungen wird. Das fängt schon damit an, dass wir die Gesellschaft im allgemeinen Sprachgebrauch auch heute häufig noch in Schichten einteilen und diese Einteilung mit einer Wertung belegt ist. Kurt Beck konnte 2006 nur deshalb von »Unterschichten-Programmen« im Fernsehen sprechen – auch wenn er sich den Begriff nicht selbst aneignete –, weil mit dem Wort »Unterschicht« auch eine moralische Wertung einhergeht. Sie assoziiert den Ausdruck »Unterschicht« mit fehlender hochkultureller Bildung, unreflektierter Mediennutzung und Faulheit. Die moralische Abwertung dieser konstruierten Schicht resultiert nicht zuletzt aus der Annahme, dass es sich um Menschen handelt, die sich dem kapitalistischen Leistungsprinzip entziehen und zudem arm und ungebildet sind. Im Gegensatz dazu erfahren Faulheit oder fehlende Leistung jedoch keine moralische Abwertung, wenn sie mit Wohlstand oder gar großem Reichtum einhergehen, auch wenn dieser lediglich durch Erbe oder andere Privilegien zustande gekommen ist. In diesen Fällen wird anerkennend vom *savoir vivre*, dem Lebensgenuss, gesprochen, und es gibt sogar eine hochtrabende »Berufsbezeichnung« für Menschen, die einzig und allein von ihrem vorhandenen Vermögen leben – der *Privatier*.

Die sprachliche Einteilung in Unter-, Mittel- und Oberschicht ist daher keine neutrale Perspektive auf die sozioökonomischen Milieus der Gesellschaft, sondern eine wertende Ordnung in einem kapitalistischen System.[41]

Das ist auch einer der Gründe, wieso die meisten Menschen in Deutschland vermuten, dass sie zur sogenannten Mittelschicht gehören: Sie grenzen sich dadurch von den beiden Extremen ab, die entweder Abwertung durch den Vorwurf der Faulheit erfahren oder deren Reichtum zumindest neidisch oder missgünstig beäugt wird. Tatsächlich sind auch etliche Menschen, die von sich selbst oder anderen zur Mittelschicht gezählt werden, in Wahrheit arm oder armutsgefährdet. Laut dem Verteilungsmonitor des Wirtschafts- und Sozialwissenschaftlichen Instituts liegt die Armutsquote seit mindestens zwanzig Jahren etwa bei fünfzehn Prozent,[42] zum »Prekariat« gehörten aber laut der erwähnten Studie lediglich acht Prozent. Es gibt also Menschen, die arm oder sehr arm sind, aber nicht zum sogenannten Prekariat gehören, demnach können die Begriffe »Unterschicht«, »Prekariat« und »Armut« nicht gleichbedeutend gebraucht werden.[43]

Eine Folge dieser Verschränkung dreier Begriffe, die getrennt voneinander betrachtet werden müssten, ist zum Beispiel, dass Menschen, die für gewöhnlich nicht der Unterschicht zugerechnet werden, weil sie durch universitäre Bildung oder kulturelle Arbeit nicht dem gesellschaftlichen Vorwurf der ungebildeten Faulheit ausgesetzt sind, aus den Rastern der Armut und des prekären Lebens fallen, auch wenn sie in unsicheren Arbeitsverhältnissen und/oder Armut leben. Dadurch verfestigt sich zum einen die Annahme, dass arme Menschen – also »die Unterschicht« – grundsätzlich ungebildet und faul seien, zum anderen wird die Lebenssituation diverser armer Menschen überschätzt, weil die Begriffe

Armut und Unterschicht in wertender Weise verwendet werden.

Die Unterteilung in Schichten kommt in der Sprache des Kapitalismus auch auf der internationalen Bühne zum Tragen. Schließlich unterscheiden wir auch global zwischen Industrie-, Schwellen- und Entwicklungsländern. Diese Einteilung der Welt entstammt einem kolonialistischen Verständnis. Der Standard, der hier angelegt wird, ist eine zumeist europäische Vorstellung davon, wie eine entwickelte Gesellschaft auszusehen hat. Entwicklungs- und Schwellenländer sind demnach dabei, sich auf den europäischen Standard hin zu entwickeln, oder stehen an der Schwelle dazu. Europa ist der Maßstab, der andere ökonomische oder gesellschaftliche Modelle nicht berücksichtigt. Länder, die keine Industrienationen sind, gelten nach der Logik dieser Begriffe als unterentwickelt. Dies hat auch der senegalesische Ökonom Felwine Sarr festgehalten, der mit seinem Essay *Afrotopia* einen Gegenentwurf zum westlichen Blick auf globale Entwicklungspolitik vorgelegt hat: »Selbstverständlich geht es darum, das Problem der gesellschaftlichen und politischen Ungleichgewichte zu lösen [...]. Zugleich müssen aber auch die Grundprobleme der afrikanischen Völker auf angemessene Weise angegangen werden, was *ein neues Denken* über Wirtschaft erfordert, das der Menschenwürde gerecht wird.«[44] Ein Forscherinnen-Team um die Migrations- und Entwicklungsexpertin Themrise Khan hat 2022 in dem Bericht *Wie wir Länder und Menschen klassifizieren – und wieso das von Bedeutung ist* gezeigt, wie viele rassistische und kolonialistische Muster sich nach wie vor in den Begriffen zur ökonomischen Einteilung der Welt befinden.[45] Dabei muss man nicht einmal auf den rassistischen Ausdruck der »Dritten Welt« zurückgreifen, der zum Glück durch die Aufklärungsarbeit vieler Betroffener offiziell nicht mehr verwendet wird. Khan und ihre Kolleginnen zeigen, dass auch Begriffe wie Entwicklungs-, Schwellen- oder Industrieländer einer ähnlichen Logik folgen. Diese Ausdrücke festigen implizit das bestehende Machtgefüge, in dem sie europäische und US-amerikanische Standards als die Norm voraussetzen. Es ist eine der wichtigsten Funktionen der Sprache des Kapitalismus, solche Machthierarchien aufrechtzuerhalten. Eine alternative Möglichkeit, die Welt zu kategorisieren, wird in Teilen der Wirtschaftswissenschaften bereits vorgenommen und bezieht sich auf klar messbare Kennzahlen. Gerade im englischsprachigen Raum wird immer öfter von Hoch-, Mittel- oder Niedrig-Einkommen-Ländern gesprochen. Auch diese Ausdrücke sind nicht optimal, da die Grenzen, ab wann das Durchschnittseinkommen eines Landes als hoch oder niedrig gilt, willkürlich sind. Dennoch gehen sie immerhin von ökonomischen und sozialen Eigenschaften aus und berücksichtigen dementsprechend die Bedürfnisse eines Landes besser.

Damit kommen wir am Ende dieses Kapitels wieder zu unserer anfänglichen Frage zurück, warum es relevant ist, dass wir über sozioökonomische Verhältnisse differenziert sprechen und Begriffe reflektiert verwenden. Die Begriffe »arm« und »reich«, die Schichteneinteilung der Gesellschaft und der Welt und Wörter wie »verdienen« und »Karriere« müssen in ihrer Bedeutung für den Kapitalismus hinterfragt werden. Die Sprache des Kapitalismus ist eine Sprache, die Zusammenhänge und

Verhältnisse verschleiert, indem undifferenziert und mit erheblichen begrifflichen Unschärfen von ihnen gesprochen wird. Zahlreiche Wörter und Begriffsverwendungen bedienen Sichtweisen, die Leistung in einem kapitalistischen Kontext in moralische Kategorien verpacken. In die Sprache des Kapitalismus haben sich zudem realweltliche Machtverhältnisse eingeschrieben, die wir durch die Verwendung dieser Sprache stets wiederholen und dadurch eine kapitalistische Sprache und die kapitalistischen Strukturen, in denen wir leben, erhalten – ob wir das nun wollen oder nicht.

KAPITEL 4

Von Servietten, Bleistiften und Zitronen – wie Ökonom*innen sprechen

»Die Sprache spricht, nicht der menschliche Sprecher. Wer den Markt als ›*unsichtbare Hand*‹, die Organisation der Arbeit als ›Produktionsfunktion‹ und ihre Koeffizienten als ›signifikant‹ betrachtet, wie ein Ökonom es tut, weist der Sprache eine große Verantwortung zu. Es lohnt sich also, die Sprache genau unter die Lupe zu nehmen.«[1]

Deirdre McCloskey

Angeblich sind die Grenzen unserer Sprache auch die Grenzen unserer Welt. Das stimmt insoweit, als dass es uns schwerfällt, etwas wahrzunehmen und zu begreifen, das wir nicht in Worte fassen können. Wichtig an diesem oft zitierten, aphoristischen Gedanken von Ludwig Wittgenstein ist aber vor allem das kleine besitzanzeigende Pronomen *unserer*, oder im Originalzitat *meiner*.[2] Denn klar ist auch: Nur weil wir etwas nicht begreifen und wahrnehmen können, heißt das nicht, dass es nicht doch da ist und unseren Alltag beeinflusst.

Das gilt auch und insbesondere für die Welt der Ökonomie. Die Sprache des Kapitalismus, ihre Metaphern und Bilder, die wir bisher in diesem Buch beschrieben haben, bestimmen, wie wir den Kapitalismus und seine Auswirkungen wahrnehmen, und schränken ein, wie wir in diesem System handeln. *Unsere* Welt der Ökonomie und des Kapitalismus ist beschränkt durch *unsere* Sprache des Kapitalismus. Da Sprache aber grundsätzlich etwas ist, das auf der einen Seite Realitäten schafft, auf der anderen Seite aber auch erst in ihrer Verwendung entsteht und sich entwickelt, sollte ein besonderes Augenmerk darauf liegen, wer Macht über die Sprache des Kapitalismus hat, wer sie prägt und wer sie zu seinen Gunsten einsetzt. Und zwar in einer Weise, dass wir diese Sprache am Ende alle sprechen.

Auch wenn die Sprache des Kapitalismus keine Sprache ist, die man mit Wörterbüchern und Lektionen lernen muss, gibt es – wie in den meisten anderen Sprachen auch – Sprecher*innen, die sie fließend beherrschen und sich absolut sicher in ihren Eigenheiten bewegen. Sie sind diejenigen, die den Verantwortlichen in der Politik und am Ende auch uns, der Öffentlichkeit, erklären sollen, wie unser Wirtschaftssystem genau funktioniert. Die Rede ist von Ökonom*innen. Abgesehen von Politiker*innen hat keine andere Berufsgruppe so viel unmittelbaren Einfluss darauf, welche wirtschaftspolitischen Entscheidungen getroffen werden und wie sich dadurch das Leben von Millionen Menschen nachhaltig verändert. In den USA gibt es beispielsweise den National Economic Council, ein Gremium, das den Präsidenten in wirtschaftspolitischen Fragen berät und dem meistens Ökonom*innen vorstehen. Auch in Deutschland sind der Bundesregierung und ihren Ministerien Expert*innen aus den Wirtschaftswissenschaften zur Seite gestellt. 2022 sorgte die Ernennung des Ökonomen Lars Feld zum »Persönlichen Beauftragten des Bundesministers der Finanzen für die gesamtwirtschaftliche Entwicklung« für Aufsehen. Dieser hochtrabende Titel wurde Feld, der vor allem als Gegner hoher Staatsverschuldung Bekanntheit erlangte, von Finanzminister Christian Lindner verliehen, der zu Protokoll gab, dass er den Ökonomen wegen seiner »ordoliberale[n] Grundüberzeugung« schätze.[3] Lindner holte sich in seinem politischen Kampf für die Schwarze Null also den geeigneten wissenschaftlichen Partner ins Ministerium. Schon hier wird deutlich, dass Ökonom*innen immer wieder konkret Einfluss auf die Wirtschaftspolitik von Staaten nehmen, insbesondere dadurch, dass sie beratend tätig sind. Sprache spielt dabei eine entscheidende Rolle.

Auf der einen Seite sehen sich Wirtschaftswissenschaftler*innen, wie man es erwarten würde, der Objektivität verpflichtet. Am Ende soll es immer darum gehen, welche Erkenntnisse aus Modellen, Experimenten oder den empirischen Analysen realer Daten ableitbar sind und welche Empfehlungen für politisches Handeln sich daraus ergeben. Das Für und Wider dieser Empfehlungen sollte nüchtern dargestellt und abgewogen und außerdem auf mögliche Einschränkungen des Forschungsansatzes hingewiesen werden, so dass am Ende ein Rat an die Politik oder andere Akteure formuliert werden kann, der rein auf wissenschaftlichen Erkenntnissen basiert. Wirft man einen Blick in die renommierten ökonomischen Fachzeitschriften, wird man dort durchaus eine Sprache finden, die diesem Vorgehen angemessen ist. Eine möglichst objektive Fachsprache hat den großen Vorteil, dass sie präzise beschreibt, was sie meint. Das geschieht jedoch oft zum Nachteil der Verständlichkeit – in den Wirtschaftswissenschaften noch mehr als in anderen Sozialwissenschaften. Der Ökonom Dani Rodrik erzählt in *Economics Rules* die Anekdote, wie er sich zwischen einer Laufbahn als Ökonom und Politikwissenschaftler entschied. Er blätterte die beiden wichtigsten Fachzeitschriften der entsprechenden Disziplin durch und stellte fest: »Als [die beiden Zeitschriften] nebeneinander vor mir lagen, dämmerte es mir, dass ich mit einem Doktor in Wirtschaftswissenschaften in der Lage sein würde, die *American Political Science Review* zu lesen, aber dass mit einem Doktor in Politikwissenschaften vieles in der *American Economic Review* für mich unverständlich bliebe.«[4]

Allerdings ist das nur die eine Seite der Sprache, der sich Ökonom*innen bedienen. Denn da auch sie Interessen über die wissenschaftliche Reputation hinaus haben, verfolgen sie neben ehrenvollen wissenschaftlichen auch ganz profane, aber dadurch nicht weniger nachvollziehbare Ziele – möglichst erfolgreich zu sein und Aufmerksamkeit mit der eigenen Arbeit und den eigenen Thesen zu erregen. Ein vergleichbares Bestreben eint wohl die meisten Menschen, unabhängig davon, ob sie in der Wissenschaft tätig sind, in einem Handwerksbetrieb arbeiten oder einer anderen Profession nachgehen. Wir wollen für unsere Arbeit Beachtung erfahren. Wenn Sie als Schreiner*in eine Kommode gefertigt haben, auf die Sie besonders stolz sind, dann posten Sie vielleicht ein Bild davon auf Ihrem eigens dafür eingerichteten Instagram-Account, damit möglichst viele Menschen diese Arbeit bewundern können und eventuell sogar eine Kommode bei Ihnen bestellen. Es ist absolut menschlich, sich zu wünschen, dass die eigene Arbeit von vielen Menschen gesehen und wertgeschätzt wird; gerade wenn wir viel Zeit und Mühe investiert haben. Da bilden auch Ökonom*innen keine Ausnahme.

Aber im Gegensatz zu den meisten Menschen haben Ökonom*innen häufig Zugang zu politischen Entscheidungsträger*innen oder zu Institutionen, seien es Universitäten, Forschungsinstitute, Think-Tanks oder NGOs, die den öffentlichen Diskurs beeinflussen können. Und je sichtbarer ein*e Wissenschaftler*in in diesem öffentlichen Diskurs ist, desto besser ist das für die Stellung im jeweiligen Bereich. Das führt dazu, dass Ökonom*innen einen ganz natürlichen Anreiz haben, ihre wissenschaftlichen Überzeugungen und Erkenntnisse so zu formulieren, dass sie über ihren Kolleg*innenkreis hinaus klar verständlich und einprägsam sind. Das geht zwangsweise mit einer massiven Vereinfachung einher. Wenn man wissenschaftliche Erkenntnisse in ihrer ganzen Komplexität so formulieren könnte, dass alle sie sofort verstehen, müsste man nicht jahrelang studieren und forschen, um zu den relevanten Ergebnissen zu kommen. So nachvollziehbar dieses Verhalten also ist und so wünschenswert es prinzipiell sein mag, dass Wissenschaftler*innen ihre Forschungsergebnisse allgemeinverständlich darstellen, so gefährlich kann es werden, wenn die Wissenschaft ihre eigene Sprache nicht kritisch reflektiert. Das gilt auch für die Erfinder*innen der Sprache des Kapitalismus. Wenn wir die Sprache der Ökonom*innen unkritisch reproduzieren, kann das dazu führen, dass sich nicht die robustesten wissenschaftlichen Erkenntnisse im öffentlichen Diskurs durchsetzen, sondern diejenigen, die sich am besten in einprägsame Bilder und scheinbar klare Regeln pressen lassen.

Die zwei Strategien der Sprache der Ökonom*innen

In der Art, wie Ökonom*innen die Sprache des Kapitalismus verwenden, lassen sich grundsätzlich zwei Kommunikationsstrategien unterscheiden. Beide haben das Ziel, die eigene Forschung möglichst wirkungsvoll in der öffentlichen Wahrnehmung zu verankern. Die eine arbeitet mit Bildern und Metaphern. Wenn ich den Gebrauchtwagenmarkt als einen Markt für Zitronen bezeichne, entsteht sofort ein Bild, das ungewöhnlich erscheint und Fragen aufwirft. Was gut ist, denn dadurch haben die beschriebenen Zusammenhänge eine größere Chance, im Kopf zu bleiben. Oder wenn ich Ihnen erkläre, dass der Bleistift, mit dem Sie jeden Tag schreiben, aus Bestandteilen zusammengesetzt ist, die aus den unterschiedlichsten Ecken der Welt stammen und durch die faszinierende, *Unsichtbare Hand* des Marktes wie durch Zauberei zueinanderfanden. Und das alles, damit wir ins nächste Schreibwarengeschäft gehen können, um diesen Bleistift für 99 Cent zu kaufen.[5] Angesichts dieser bildreichen und weltumspannenden kleinen Geschichte, die so alltäglich endet, bleibt uns fast nichts anderes übrig, als uns ehrfürchtig staunend vor den Kräften dieses allmächtigen Marktes zu verneigen. Je beeindruckender, absurder oder greifbarer diese Sprachbilder sind, desto eher schenken wir ihnen unsere Aufmerksamkeit und sind bereit, uns mit ihnen zu beschäftigen.

Eine zweite Möglichkeit, in der unendlich schnellen Nachrichtenwelt unserer Gegenwart Aufmerksamkeit zu erhalten, besteht darin, einfache Wahrheiten zu propagieren. Einfache Wahrheiten sind beruhigend. Sie vermitteln in einer komplexen Welt den Eindruck, dass manche Dinge doch genau so sind, wie man schon immer gedacht hat. Das gilt auch für die Wirtschaft. Wenn Ökonom*innen die Chance haben, aus ihren Forschungsresultaten eine vermeintlich allgemeingültige Regel abzuleiten, die sich im besten Fall auch noch in einen gut verständlichen Satz packen lässt, dann ist die Wahrscheinlichkeit, dass sie damit Raum in den (sozialen) Medien und Aufmerksamkeit für ihre Thesen erhalten, um ein Vielfaches größer.

Ökonomie und Ideologie

Zunächst stellt sich allerdings die Frage, ob auch ideologische Motive in der Wirtschaftswissenschaft eine Rolle spielen. Denn es gibt einflussreiche konkurrierende Denkschulen, und die Entscheidung für eine davon lässt sich eigentlich nur mit Ideologie erklären.

Die beiden einflussreichsten dieser Denkschulen, die besonders in der zweiten Hälfte des 20. Jahrhunderts miteinander wetteiferten, sind der Keynesianismus und die Neoklassik. Vereinfacht ausgedrückt, unterscheiden sie sich im Wesentlichen durch die Funktion, die sie dem Staat in unserem Wirtschaftssystem zuschreiben. Im Keynesianismus, benannt nach John Maynard Keynes, einem der einflussreichsten Ökonomen des vergangenen Jahrhunderts, hat der Staat die Aufgabe, in Momenten der Krise einzugreifen und die Wirtschaft zu stabilisieren. Keynes plädiert dafür, dass der Staat die Staatsausgaben in Zeiten, in denen es der Wirtschaft gutgeht, drosselt und die Steuern erhöht, während er sich in Zeiten ökonomischer Krisen genau gegenteilig verhält. Er soll also eine antizyklische Wirtschaftspolitik betreiben. Dahinter steht die Idee, dass der Staat als Korrektiv wirken soll. Ziel ist, dass die ökonomischen Hochs und Tiefs jeweils weniger ausgeprägt sind, um so eine vorhersehbare und stabile wirtschaftliche Entwicklung zu garantieren.[6]

Die Neoklassik hingegen stammt aus dem 19. Jahrhundert und wurde im 20. Jahrhundert von ihrem prominentesten Vertreter Milton Friedman und Ökonom*innen der Chicago University weiterentwickelt. Sie hat eine grundsätzlich andere Auffassung von der Aufgabe des Staates: Er soll nichts anderes tun, als die Rahmenbedingungen für wirtschaftliche Aktivität zu schaffen. Regierungen sollen sicherstellen, dass Verträge eingehalten und öffentliche Güter wie die Landesverteidigung oder Infrastruktur bereitgestellt werden, sich ansonsten aber aus dem Wirtschaftsgeschehen weitestgehend heraushalten. Wirtschaftskrisen sind aus Sicht der Neoklassik in den meisten Fällen die Folge fehlgeleiteter staatlicher Eingriffe, zu denen auch übermäßige Steuern, Subventionen oder Sozialversicherungssysteme zählen.[7] Auf lange Sicht – so die Perspektive der Neoklassik – regulieren sich die Märkte immer selbst und gelangen dadurch in einen Gleichgewichtszustand, der für alle von Vorteil ist.[8]

Wenn Ökonom*innen versuchen, unsere Welt oder zumindest unser Wirtschaftssystem zu erklären, greifen sie sehr oft auf formalisierte Modelle oder Graphiken zurück. Die meisten kennen wahrscheinlich die sich kreuzenden Kurven der Nachfrage und des Angebots, die auch in jedem Bachelorkurs *Einführung in die Wirtschaftswissenschaften* auftauchen. Modelle sind per Definition eine Vereinfachung der Realität. Die Welt, in der wir leben, ist viel zu komplex, um sie vollständig zu begreifen. Also nehmen sich Wirtschaftswissenschaftler*innen einzelne Elemente heraus und formalisieren sie in Modellen, um damit konkrete Fragen zu beantworten und Teilaspekte unserer Realität besser zu erklären. Damit stehen die Wirtschaftswissenschaften nicht alleine da. Forschung an sich funktioniert auf diese Weise. Selbst in den Naturwissenschaften wird in Laborexperimenten die *echte Welt* ausgesperrt, damit in steriler Atmosphäre grundlegende Zusammenhänge identifiziert werden können.

Die Modelle der Ökonom*innen kann man mit Metaphern vergleichen. Natürlich gibt es in der echten Welt keine Angebotskurve, die mir zeigt, für welchen Preis Unternehmen welche Menge ihres Produktes anbieten, aber es ist eine praktische Vereinfachung der Realität, um zu erklären, dass bei hohen Preisen in der Regel mehr von einem Produkt angeboten wird als bei niedrigen. Die Frage, die sich Ökonom*innen stellen müssen, ist, welche Elemente sie auf welche Art und Weise in ein Modell integrieren – und hier sind wir wieder bei ideologischen Entscheidungen angekommen.

Anders als in vielen anderen Wissenschaften, ist es in den Wirtschaftswissenschaften quasi unmöglich, Laborbedingungen zu schaffen, die exakte, vergleichbare Ergebnisse liefern. Es gibt keine zwei identischen Länder, die wir vom Rest der Welt isolieren könnten, um in einem das keynesianische, in dem anderen das neoklassische Wirtschaftssystem zu implementieren und nach fünfzig Jahren zu überprüfen, welches sich besser entwickelt hat. Wir werden nie mit Gewissheit sagen können, welche ökonomische Theorie recht hat. Natürlich kann man Annahmen kritisieren, darauf hinweisen, dass entscheidende Faktoren nicht berücksichtigt wurden, und die formale Gestaltung von Modellen anprangern und so Argumente dafür finden, welche Theorien plausibel oder robuster sind. Wir können rückblickend kontrollieren, welche Theorie unsere Realität in der Vergangenheit besser erklärt hat. Das alles führt aber nicht dazu, dass wir mit absoluter Gewissheit sagen können, welche Idee die

Realität tatsächlich besser abbildet. Stattdessen treffen auch Ökonom*innen auf der Grundlage ihres Wertesystems und ihrer Weltanschauung Entscheidungen. Oder kurz gesagt: der Ideologie, der sie anhängen. Der Ökonom Thomas Piketty hat in seinem Buch *Kapital und Ideologie* davon gesprochen, dass Gesellschaften ihre Ungleichheit ideologisch rechtfertigen müssen.[9] Er meint damit, dass wir als Gesellschaft eine allgemein akzeptierte Ideologie brauchen, damit Menschen die Unterschiede zwischen Arm und Reich akzeptieren. In Europa und Nordamerika war das lange der meritokratische Gedanke, also der Glaube daran, dass Leistung sich lohnt und alle, die sich genug anstrengen, zu Wohlstand kommen können. Wir wollen Pikettys Idee umwandeln und sagen: Jede ökonomische Denkschule braucht eine Ideologie, die ihren modelltheoretischen Ansatz rechtfertigt.

Hinter den Sprachbildern und Metaphern von Ökonom*innen, Politiker*innen oder Unternehmer*innen stehen nämlich immer auch ideologische Entscheidungen. Jede wirtschaftspolitische Maßnahme ist in ihrem Kern ideologisch geprägt. Zwei Menschen können exakt das gleiche Ziel haben, beispielsweise die Bekämpfung von Armut, und dabei zu radikal unterschiedlichen Ansätzen kommen. Eine Person, die an die Selbstregulierung des Marktes glaubt, könnte argumentieren, dass wir nur weniger Steuern und Bürokratie brauchen, damit Unternehmen mehr Arbeitsplätze schaffen können und so mehr Menschen eine Arbeit bekommen. Eine andere Person, die hingegen in erster Linie an die soziale Sicherungsfunktion des Staates glaubt, könnte sich für höhere Steuern und eine stärkere Umverteilung einsetzen, um Armut zu bekämpfen. Obwohl in diesem Gedankenexperiment beide das Gleiche wollen, würden sie die Ansätze der jeweils anderen Person wahrscheinlich als kontraproduktiv ansehen.

Wie gefährlich es werden kann, wenn wirtschaftspolitische Entscheidungsträger*innen zu fest an ihren ideologischen Überzeugungen hängen, hat die globale Finanzkrise gezeigt. Im Zuge der Aufarbeitung der Krise kam es im US-amerikanischen Repräsentantenhaus zu einem bemerkenswerten Dialog zwischen dem langjährigen US-Notenbankchef Alan Greenspan, einem der bedeutendsten Architekten des Wirtschaftssystems, das zu der Krise führte, und dem demokratischen Abgeordneten Henry Waxman.

> *Waxman:* Sie haben festgestellt, dass es eine Schwachstelle in der Realität gibt?
> *Greenspan:* Eine Schwachstelle im Modell, die ich gefunden habe, ist die entscheidende Struktur, die sozusagen bestimmt, wie die Welt funktioniert.
> *Waxman:* Um es anders zu formulieren: Sie haben festgestellt, dass Ihre Weltsicht, Ihre Ideologie nicht stimmte, sie funktionierte nicht.
> *Greenspan:* Exakt, das ist genau der Grund, warum ich so schockiert war. Ich habe mehr als vierzig Jahre auf der Basis sehr überzeugender Beweise gearbeitet, dass [diese Ideologie] außerordentlich gut funktionierte.[10]

Über zwanzig Jahre war Alan Greenspan Vorsitzender der mächtigsten Notenbank der Welt und traf seine wirtschafts- und geldpolitischen Entscheidungen in dem Glauben, dass die Märkte sich selbst regulieren würden, wenn der Staat sich nur genug heraushielte. Er war ein überzeugter Unterstützer der Deregulierung der Finanzmärkte und musste 2008 schließlich einsehen, dass er falschlag. Es ist das wahrscheinlich eindeutigste Beispiel dafür, wie bedeutend die Ideologien von Ökonom*innen sein können.

Die Unsichtbare Hand des Marktes

Die meisten haben wahrscheinlich schon einmal von der *Unsichtbaren Hand des Marktes* gehört. Es gibt wohl kein anderes Sprachbild aus der Welt der Ökonomie, das sich so selbstverständlich in unseren Alltag geschlichen hat, ob als einprägsames Bild, mit dem Erstsemester-Studierenden der Wirtschaftswissenschaften Grundlagen ihres Fachs vermittelt werden, oder als ironischer Kommentar in den sozialen Medien darauf, dass die sich vermeintlich selbst regelnden Märkte an ihre Grenze gekommen sind. *Die Unsichtbare Hand des Marktes* ist so etwas wie das Urbild der Sprache des Kapitalismus.

Zugeschrieben wird es dem Vater der Ökonomie, Adam Smith. Der Schotte löste die Volkswirtschaftslehre im 18. Jahrhundert mit seinen Arbeiten als eigenständige Disziplin aus der Philosophie heraus. Sein Werk *Der Wohlstand der Nationen* aus dem Jahr 1776 gilt nicht nur als Geburtsstunde der *Unsichtbaren-Hand*-Metapher, sondern auch der Wirtschaftswissenschaften insgesamt.[11] Tatsächlich verwendet Smith das Bild einer *Unsichtbaren Hand* nur einmal wörtlich in diesem Buch.

»Wenn daher jeder einzelne soviel wie nur möglich danach trachtet, sein Kapital zur Unterstützung der einheimischen Erwerbstätigkeit einzusetzen und dadurch dieses so lenkt, daß ihr Ertrag den höchsten Wertzuwachs erwarten läßt, dann bemüht sich auch jeder einzelne ganz zwangsläufig, daß das Volkseinkommen im Jahr so groß wie möglich werden wird. Tatsächlich fördert er in der Regel nicht bewußt das Allgemeinwohl, noch weiß er, wie hoch der eigene Beitrag ist. Wenn er es vorzieht, die nationale Wirtschaft anstatt die ausländische zu unterstützen, denkt er eigentlich nur an die eigene Sicherheit und wenn er dadurch die Erwerbstätigkeit so fördert, daß ihr Ertrag den höchsten Wert erzielen kann, strebt er lediglich nach eigenem Gewinn. Und er wird in diesem wie auch in vielen anderen Fällen von einer unsichtbaren Hand geleitet, um einen Zweck zu fördern, den zu erfüllen er in keiner Weise beabsichtigt hat. Auch für das Land selbst ist es keineswegs immer das schlechteste, daß der einzelne ein solches Ziel nicht bewußt anstrebt, ja, gerade dadurch, daß er das eigene Interesse verfolgt, fördert er häufig das der Gesellschaft nachhaltiger, als wenn er wirklich beabsichtigt, es zu tun.«[12]

Auch wenn die *Unsichtbare Hand* nur in diesem speziellen Kontext auftaucht, bauen viele von Smiths theoretischen Überlegungen auf dieser Grundidee auf und funktionieren nach dem gleichen, denkbar einfachen Prinzip: Obwohl jede Person in erster Linie ihren eigenen Vorteil im Sinn hat, wird sie sich automatisch so verhalten, dass am Ende das Beste für die ganze Gesellschaft dabei herauskommt. Diese Vorstellung wurde nicht nur auf die

Ökonomie angewendet, sondern ist aus vielen Bereichen bekannt: Wenn nur alle vor der eigenen Tür kehren, ist es am Ende überall sauber. So einfach ist das. Oder?

Smith erklärt sein Konzept anhand seiner Überlegungen, wie Kaufleute ihr Kapital optimal einsetzen können. Er erläutert, dass es bei gleichen Gewinnaussichten im In- und Ausland rational sei, das eigene Kapital in der Heimat anzulegen, weil es sich dort besser kontrollieren lässt und weniger unvorhersehbaren Risiken ausgesetzt ist. Aufgrund dieser Rationalitätsannahme verhalten sich – laut Smith – die Kapitalinhaber so, dass der Allgemeinheit der maximale Vorteil zukommt, ohne dass sie das Gemeinwohl explizit im Blick haben müssen. Smiths Ausführungen unterliegen allerdings einigen relativ strikten Annahmen, die heute gerne unter den Tisch fallen gelassen werden. Beispielsweise geht er davon aus, dass das Kapital recht gleichmäßig verteilt ist. Das ist bekanntermaßen nicht der Fall. An dieser Stelle sei auch darauf hingewiesen, dass Adam Smiths Ideen deutlich vielschichtiger und komplexer waren, als die Vertreter*innen des Freien-Markt-Mantras das heute gerne glauben machen wollen. Er zeigte sich unter anderem tief besorgt über die Auswirkung ökonomischer Ungleichheit und lehnte staatliche Interventionen keineswegs radikal ab, sondern zeichnete ein differenziertes Bild, wann diese sinnvoll sind und wann nicht. So war die staatliche Zerschlagung von Monopolen eine seiner zentralen Forderungen. Aber wir wollen hier nicht auf die ökonomischen Implikationen und Feinheiten eingehen, sondern uns überlegen, wie aus diesem Sprachbild *das* Symbol des modernen marktwirtschaftlichen Kapitalismus schlechthin geworden ist.

Bevor wir näher auf das sprachliche Bild eingehen, noch ein Fun Fact am Rande. Smith hat das Bild der *Unsichtbaren Hand* bereits vor der Veröffentlichung seines Standardwerks *Der Wohlstand der Nationen* zweimal verwendet. Das erste Mal in einem Text über Astronomie, das zweite Mal in seiner Schrift *Die Theorie der ethischen Gefühle.*[13] Dort beschreibt er zynisch einen gierigen und selbstsüchtigen Lehnsherrn, der, weil er sowieso nicht alles selbst konsumieren könnte, die Erträge seiner Felder notgedrungen mit seinen Untergebenen teilt, damit diese weiter für ihn arbeiten. Smith fasst zusammen: »Von einer unsichtbaren Hand werden sie dahin geführt, beinahe die gleiche Verteilung der zum Leben notwendigen Güter zu verwirklichen, die zustande gekommen wäre, wenn die Erde zu gleichen Teilen unter alle ihre Bewohner verteilt worden wäre.«[14] Aber eben nur beinahe. Der gesamte Abschnitt, aus dem das Zitat stammt, strotzt nur so vor Smiths Verachtung für diese Form des Reichtums und Großgrundbesitzes. Um Adam Smiths Ideen vollständig zu verstehen, kommt man also nicht umhin, auch dieses frühe Werk von ihm zu lesen.

Das Bemerkenswerte an der Metapher der *Unsichtbaren Hand* ist aber nicht ihre ursprüngliche Bedeutung, sondern der Zeitpunkt, an dem sie zuerst an Relevanz gewonnen hat. Auch wenn die moderne Ökonomie ohne Adam Smith kaum vorstellbar ist, spielte das konkrete Sprachbild der *Unsichtbaren Hand* über weite Phasen ihrer Entwicklung keine prominente Rolle. Hätte man in den 1930er Jahren Menschen in den USA, Frankreich oder Deutschland auf der Straße gefragt, was man unter der *Unsichtbaren Hand des Marktes* versteht, hätte man wohl vor allem in verdutzte

Gesichter geblickt. Wie die US-amerikanische Politikwissenschaftlerin und Historikerin Glory Liu zeigen konnte, wurden das Konzept und seine einprägsame Darstellungsform erst Mitte der 1960er Jahre einer breiten Öffentlichkeit bekannt.[15] Tatsächlich ist seit der ersten Veröffentlichung von Smiths Schriften noch nie so häufig über die *Unsichtbare Hand* geschrieben worden wie heute.

Diesen explosionsartigen Popularitätsgewinn der Metapher in den vergangenen Jahrzehnten verdanken wir vor allem Milton Friedman und der Chicago School of Economics. Friedman gilt als populärster Vertreter dieser marktradikalen Denkrichtung der Wirtschaftswissenschaft, die im 20. Jahrhundert einflussreicher war als jede andere (was nicht zuletzt die vierzehn Nobelpreise belegen, die aus diesem Bereich hervorgegangen sind). Er verstand besser und früher als alle anderen, wie man aus Smiths zentraler Metapher einen glühenden Appell für Märkte machen konnte, die möglichst frei von staatlichen Eingriffen sein sollten. Er nahm Smiths durchaus vielschichtig gedachtes Bild, befreite es von jeglicher Ambivalenz oder Komplexität und stülpte es seinem ökonomischen Laissez-Faire-Ansatz über. Es waren neoliberale Fundamentalist*innen, die das heute geläufige Verständnis der *Unsichtbaren Hand* in den öffentlichen Diskurs gebracht haben. Sie hatten erkannt, wie leicht verständlich und einprägsam dieses Bild ist, und es der Öffentlichkeit für bare Münze verkauft: Wir brauchen keine Regulierungen, keinen staatlichen Eingriff, denn es gibt eine *Unsichtbare Hand*, die wir nicht sehen, die unsere wirtschaftlichen Handlungen aber so lenkt, dass es am Ende allen bessergeht. In unzähligen Interviews, Reden und Aufsätzen beschworen Friedman und andere Vertreter*innen der Chicago School die *Unsichtbare Hand*. Es ist kaum verwunderlich, dass ein derart einprägsames und auf den ersten Blick logisch erscheinendes Bild von Journalist*innen aufgegriffen wurde und über die Medien den Weg in das kollektive Bewusstsein fand. Begünstigt wurde die Popularität dadurch, dass das Versprechen eines freien Marktes, der, durch die *Unsichtbare Hand* gesteuert, allen Menschen zu mehr Wohlstand verhelfen würde, eine zusätzliche Abgrenzung zur Sowjetunion im Kalten Krieg war.

Der Glaube an diese Richtung der Wirtschaftspolitik gipfelte in den späten 1970er und 1980er Jahren unter anderem in den Wahlerfolgen von Margaret Thatcher in Großbritannien und Ronald Reagan in den USA, in deren Politik viele Expert*innen den Ausgangspunkt für die sich verschärfende ökonomische Ungleichheit in den europäischen und nordamerikanischen Ländern sehen.[16] Diese kurze Geschichte der *Unsichtbaren Hand* zeigt zwei Dinge sehr deutlich. Erstens, dass sprachliche Bilder nicht von sich aus gut oder schlecht sind. Die *Unsichtbare Hand* ist eine nützliche Vereinfachung, wenn man erklären will, wie marktwirtschaftliches Handeln unter bestimmten Bedingungen für alle Menschen in einem Marktraum vorteilhaft funktionieren kann. Erst dadurch, dass diese Metapher mit einer bestimmten Ideologie aufgeladen wurde, hat sich ihre Bedeutung so weit verändert, dass sie als vermeintlich wissenschaftliche Rechtfertigung einer ganzen Reihe von Politiken verwendet werden konnte. Und zweitens zeigt die Geschichte, dass es grundsätzlich Menschen oder Institutionen braucht, die solche Sprachbilder verbreiten. Die *Unsichtbare Hand* verbrachte fast 200 Jahre in relativer Ruhe. Erst dadurch, dass eine Gruppe von Ökonom*innen ihre potenzielle Wirkungsmacht erkannte und sich zunutze machte, konnte das Sprachbild den enormen Einfluss auf unsere Gesellschaft ausüben, den es bis heute hat.

Chicago Boys

Denken Sie jetzt bitte einmal kurz an Chicago. Was kommt Ihnen dabei in den Sinn? Vielleicht Michael Jordan, die Chicago Bulls und die großen NBA-Siege der 1990er Jahre? Die berühmte Chicago-Deep-Dish-Pizza mit dem dicken Teig? Der große See, der fast wie ein Meer wirkt, wenn man an seinem Ufer steht? Die extremen Winde, die der Stadt den Beinamen *Windy City* einbrachten? Oder vielleicht erinnern Sie sich an den letzten Abschnitt und denken an die University of Chicago. Was es aber auch sein mag, wir sind uns ziemlich sicher, dass Sie nicht an Chile denken. Und wenn doch, sind Sie vermutlich Ökonom*in. In diesem südamerikanischen Land jedenfalls fand unter dem Diktator Augusto Pinochet eines der größten neoliberalen Experimente in der Geschichte der Menschheit statt. Dieses Experiment wurde in den 1970er Jahren von einer Gruppe chilenischer Ökonom*innen durchgeführt, die heute tatsächlich als die Chicago Boys bekannt sind. Sie sind zum großen Teil für die Wirtschaftspolitik ihres Heimatlandes der letzten fünfzig Jahre verantwortlich – eine Zeit, zu der auch jene Ära gehört, die heute als *Wunder von Chile* bekannt ist. Diese Phase enormen Wirtschaftswachstums hat Chile in der internationalen Wahrnehmung zu einem Vorbild für andere Staaten mit niedrigem oder mittlerem Einkommen gemacht. Wir wollen am Beispiel von Chile und den Chicago Boys zeigen, wie groß der Einfluss von Ökonom*innen auf Gesellschaften werden kann und wie wichtig die von ihnen verwendeten Sprachbilder dabei sind.

Der Ursprung der Chicago Boys liegt weit vor der Diktatur Pinochets. In einem Abkommen, das 1955 zwischen der University of Chicago und der chilenischen Eliteuni Universidad Católica de Chile geschlossen wurde, vereinbarten die beiden Institutionen ein Austauschprogramm für ihre Studierenden. Mit staatlicher Unterstützung aus den USA und der Finanzierung durch private Stiftungen, beispielsweise die Rockefeller oder Ford Foundation, konnten so seit den 1950er Jahren insbesondere junge Forschende ihre Ausbildung in den Vereinigten Staaten vertiefen. Für die USA hatte diese Form des akademischen Austauschs auch eine politische Funktion. Durch den Einfluss, den die neoliberale Lehre der Chicago School auf die junge chilenische Elite ausübte, sollte die kapitalistische Idee des freien Marktes in Südamerika verankert und aufkeimendes sozialistisches Gedankengut bekämpft werden. Es ist kein Zufall, dass sich ausgerechnet die University of Chicago für ein solches Abkommen zur Verfügung stellte.[17] Die University of Chicago ist die wohl einflussreichste Institution in der Geschichte der Wirtschaftswissenschaften. Wie keine zweite hat sie dazu beigetragen, die Ideologie der Überlegenheit der freien Märkte über andere Wirtschaftssysteme zu propagieren und das wissenschaftliche Fundament dieser marktradikalen Ideologie zu liefern – auch weit über die

Landesgrenzen hinaus. Gezielt wurden jahrzehntelang chilenische Ökonomen in diesem ideologischen Umfeld ausgebildet und mit den neugewonnenen Überzeugungen zurück in ihr Heimatland geschickt, um das Gelernte dort anzuwenden.

Betreut wurden die Teilnehmer des Programms von Arnold Harberger, der zusammen mit seinem Kollegen Milton Friedman zu den zentralen Verteidigern der Chicago Boys werden sollte. Auch wenn Friedman nur am Rande an der Ausbildung der Chicago Boys beteiligt war, von denen zwar einige, aber nicht alle seine Seminare und Vorlesungen besuchten, waren es doch vor allem die Ideen Friedmans, die die jungen Wissenschaftler mit nach Chile zurücknahmen. Und mehr noch: Es war Milton Friedman, der den Begriff des *Wunders von Chile* prägte und damit eine komplexe wirtschaftliche Entwicklung in ein prägnantes Sprachbild verpackte. Friedman wurde somit erneut zum Sprachrohr und Verfechter einer durch und durch marktradikalen Politik. Während eines Besuchs in Chile im Jahr 1975, bei dem Friedman die Arbeit *seiner Boys* begutachtete[18], brachte er zur Beschreibung des wirtschaftlichen Zustands vor Ort ein weiteres Sprachbild ins Spiel, das bis heute Teil des wirtschaftlichen Sprachgebrauchs ist. Zunächst stellte er fest, dass ein schwer erkrankter Mensch ernsthafte Maßnahmen braucht, um geheilt zu werden. Damit bediente er ein Bild, das, wie wir gesehen haben, zum Standard-Repertoire der Sprache des Kapitalismus gehört. Sein Vorschlag für den Patienten? »Eine Schocktherapie. Es gibt keine andere Lösung.«[19] Auch heute werden solche Schocktherapien immer wieder gefordert, um vermeintlich *kranke Länder* zu kurieren.

In aller Regel treffen die geforderten Schocks den Großteil der Bevölkerung eines Landes.[20]

Auch wenn es der sehr einprägsame Name nahelegt, handelte es sich bei den Chicago Boys nicht um einen homogenen und fest definierten Personenkreis. Hier ist wieder Sprache am Werk. Schließlich klingt die Bezeichnung Chicago Boys, die eher an den Namen einer Band erinnert als an Ökonomen, erst einmal nach einer dynamischen Gruppe junger Männer, die die Wirtschaft mit modernen Ideen aus den reichen USA zum Besseren verändert. Die Realität ist wie so oft wesentlich langweiliger. Der Begriff umfasst alle Wirtschaftswissenschaftler*innen, die seit den 1950er Jahren an dem Austauschprogramm teilgenommen haben.[21] Je nach Definition lassen sich zwischen dreißig und hundert (oder sogar noch mehr) Ökonom*innen dazuzählen, die mehr oder weniger intensiv in die wirtschaftspolitischen Ereignisse der Pinochet-Diktatur involviert waren. Was einen Großteil von ihnen einte, waren ihre prinzipiell ideologische Haltung und ihre Herkunft aus der chilenischen Oberschicht.[22]

In den ersten Jahren beschränkte sich der Einfluss der Chicago Boys größtenteils auf die akademische Welt oder politische Lobbyarbeit. So war einer der bekanntesten Vertreter der Chicago Boys, Sergio de Castro, zwischen 1965 und 1968 Dekan ebenjener Universidad Católica de Chile, die das Austauschprogramm initiiert hatte. Der wichtigste Raum für die Verbreitung ihrer wirtschaftspolitischen Ideen war der Think-Tank *Centro de Estudios Socioeconómicos* (dt. *Zentrum für sozioökonomische Studien*) oder kurz CESEC. CESEC war der Ort, an dem sich die Chicago Boys vernetzten und vor allem während der Amtszeit des sozialistischen Präsidenten Salvador Allende an ihren Forderungen arbeiteten. Finanziert wurde jener Think-Tank durch den rechten Medienmogul Agustín Edwards Eastman, einer der erfolgreichsten Unternehmer jener Zeit und einer der wichtigsten Kollaborateure der CIA in Südamerika.[23] Wie der chilenische Diplomat und Politiker Juan Gabriel Valdés in seinem Buch *Pinochet's Economists* später sehr detailliert beschrieb, waren die Chicago Boys mit einer Mission aus den USA zurückgekehrt: Die gelernten Prinzipien sollten in ihrem Land um jeden Preis umgesetzt werden. Valdés zeigte außerdem, wie entgegen den Behauptungen der Chicago Boys, sie seien unpolitisch und unideologisch, immer wieder ihre Nähe zu rechten Institutionen und einflussreichen Personen deutlich wurde.[24] 1973, nur wenige Wochen vor dem Sturz Allendes, veröffentlichten die Chicago Boys mit der Aufsatzsammlung *El Ladrillo* (zu Deutsch »Der Backstein«) ein Manifest, das die Grundlage ihrer wirtschaftspolitischen Vorstellung bildete.[25] Sobald der Diktator Pinochet die Macht ergriffen hatte, gab er ihnen die Gelegenheit, sie umzusetzen. Ab 1975 wurden viele Chicago Boys zu Ministern ernannt oder nahmen andere Schlüsselstellen zwischen Politik und Wirtschaft ein.

Das größte Paradox der Chicago Boys und des *Wunders von Chile* ist, dass ein wirtschaftspolitischer Ansatz, der angeblich radikale Freiheit in den Mittelpunkt stellt, unter einer grausamen Militärdiktatur umgesetzt wurde, in der alles, aber keine Freiheit herrschte. Das war es auch, was Friedman ursprünglich mit dem Begriff »Wunder« meinte. Das »Wunder« bestand für ihn darin, dass eine Militärjunta einen marktliberalen Wirtschaftsansatz nicht nur duldete, sondern aktiv förderte. Dabei waren die

Chicago Boys und ihre Ideen auf die Diktatur angewiesen. Die Abschaffung des nationalen Mindestlohns, die radikale Privatisierung von Unternehmen und die enormen Kürzungen staatlicher Ausgaben und Sozialleistungen sind neoliberale Maßnahmen, deren Umsetzung in dieser Drastik wohl nur in einer Diktatur möglich gewesen ist.[26] Politischer oder gewerkschaftlicher Widerstand war durch das Pinochet-Regime ausgeschaltet. Es ist schwer vorstellbar, dass eine solche Politik demokratischen Wahlen knapp zwei Jahrzehnte lang standgehalten hätte. Es gibt bis heute viele Menschen, die das »Wunder« von Chiles ökonomischem Aufstieg mit Pinochet und den Chicago Boys in Verbindung bringen. Dabei sind nachweislich die demokratischen Regierungen, die auf Pinochet folgten, für den Anstieg an Wohlstand innerhalb des Landes verantwortlich. Wuchs die chilenische Wirtschaft zu Pinochets-Zeiten im Schnitt um 2,9 Prozent pro Jahr, waren es in den 1990er Jahren deutlich über fünf Prozent[27]. Dass die *Schocktherapie* Chiles auch lange nach Pinochet als Vorbild für viele ärmere Länder auf der Welt gesehen wurde, ist wohl die größte Leistung der Sprache Friedmans und der Chicago Boys. Selbst heute gibt es Stimmen, die sagen, dass die Radikalität der Maßnahmen der Chicago Boys zwar übertrieben war, sie aber dennoch den Grundstein für die Erfolge des Landes gelegt haben. An dieser Stelle kommt wieder Ideologie ins Spiel. Wie die vermeintlich objektiven Wirtschaftsdaten des Landes bewertet werden, hängt davon ab, welche von ihnen wir betrachten.

Schaut man sich lediglich die Wirtschaftsleistung Chiles an, so könnte man tatsächlich zu dem Schluss kommen, dass die Chicago Boys ihr Land in eine rosige Zukunft geführt haben. Über weite Teile des 21. Jahrhunderts konnte Chile Wachstumsraten aufweisen, die deutlich oberhalb des Durchschnitts der restlichen südamerikanischen Länder lagen. Aktuell ist Chile eines der wohlhabendsten Länder Südamerikas, mit einem Bruttoinlandsprodukt pro Kopf, das deutlich über dem der ökonomischen Schwergewichte des Kontinents – Argentinien und Brasilien – liegt. Es ist nicht auszuschließen, dass ein Teil dieser Wirtschaftsleistung tatsächlich auf die Reformen der Chicago Boys zurückzuführen ist. Auf den zweiten Blick bleibt von dem vermeintlichen Wunder jedoch wenig übrig. Chile ist eines der Länder mit der ungleichsten Verteilung von Einkommen und Vermögen überhaupt. Im Jahr 2021 besaßen die reichsten zehn Prozent achtzig Prozent des gesamten Vermögens des Landes. Die ärmere Hälfte der Bevölkerung hat hingegen überhaupt kein Vermögen, sondern ist im Gegenteil sogar verschuldet. Chiles ökonomischer Aufstieg diente so als Blaupause für einen radikalen neoliberalen Kapitalismus, der sich ausschließlich auf die Märkte verlässt: Er macht einige wenige Eliten auf Kosten der großen Mehrheit der Bevölkerung reich. Die letzten Jahre haben außerdem gezeigt, wie fragil die Erfolge Chiles sind. In den letzten zehn Jahren hat sich der Anteil der Menschen, die in extremer Armut leben, mehr als verdoppelt. Bis auf in Venezuela hat sich die Situation in keinem anderen südamerikanischen Land so drastisch verschlechtert. Und noch ein Fakt wird gerne ignoriert, wenn über das *Wunder von Chile* gesprochen wird: Bis heute ist der wichtigste Wirtschaftszweig des Landes der Handel mit Kupfer. Mehr als die

Hälfte aller Exporte entfallen auf das Edelmetall. Dieser Sektor, der essenziell für den Wohlstand Chiles ist, wurde unter Allende verstaatlicht und auch unter Pinochet nicht wieder privatisiert. Ganz im Gegenteil, der Diktator hat ein Gesetz erlassen, das noch heute in Kraft ist und mit dem zehn Prozent der Einnahmen aus dem Kupferhandel an das Militär fließen.

Die Chilen*innen selbst haben die Geschichte der Chicago Boys übrigens nicht vergessen. 2019 entstanden im Rahmen von Demonstrationen in der Hauptstadt Santiago de Chile, die sich gegen die extreme Ungleichheit richteten, überall in der Stadt Graffitis, die »Chao, Chicago« oder »Chile ist die Wiege des Neoliberalismus und wird auch sein Tod sein« verkündeten. Letzteres war auch einer der Wahlsprüche des amtierenden chilenischen Präsidenten Gabriel Boric.[28]

Der Fall der Chicago Boys illustriert nicht nur, wie groß der Einfluss von Ökonom*innen auf die Politik eines Landes sein kann, sondern macht noch etwas anderes deutlich: Die öffentliche Wahrnehmung lässt sich sehr stark von provokanten und eingängigen Sprachbildern lenken. Milton Friedman war ein Meister im Umgang mit solchen Sprachbildern. Es gibt im 20. Jahrhundert keinen anderen Ökonomen, der Sprache so effizient eingesetzt hat, um seine ideologische Agenda durchzusetzen – und damit auch noch überwältigende Erfolge feiern konnte. Die Chicago Boys, das *Wunder von Chile* und die *Schocktherapie*, der Chile unterzogen wurde, sind erstaunliche Beispiele dafür, wie Ökonom*innen und ihre Sprache die Zukunft eines ganzen Landes verändern können.[29]

Ein Blick in die Sterne

Die Sprache des Kapitalismus zeigt sich jedoch nicht nur in der öffentlichen Berichterstattung oder der Art und Weise, wie Ökonom*innen in der Öffentlichkeit kommunizieren, sie findet vor allem auch innerhalb der Wirtschaftswissenschaften selbst Anwendung. Sie bestimmt nicht nur, wie Ökonom*innen untereinander kommunizieren, sondern hat auch einen enormen Einfluss darauf, welche Theorien Studierende lernen und sogar, welche Studien veröffentlicht werden.

1970 publizierte der US-amerikanische Ökonom George Akerlof einen bis heute einflussreichen Aufsatz, der den etwas merkwürdig anmutenden Titel *Der Markt für Zitronen* trug. Ihm ging es dabei nicht etwa um die saure Frucht, die auf dem Wochenmarkt verkauft wird. *Lemons* ist im US-Amerikanischen die umgangssprachliche Bezeichnung für einen Gebrauchtwagen, bei dem man erst nach dem Kauf feststellt, dass er eigentlich eine Schrottkiste ist. Akerlof nutzte dieses Bild, um am Beispiel des Gebrauchtwagenmarktes ein elementares Problem von Märkten zu beschreiben: Informationsasymmetrien.[30] Schon der Begriff sollte deutlich machen, warum es leichter ist, das dahinterstehende Phänomen in ein ansprechendes und reizvolles Bild wie einen Zitronenmarkt zu verpacken.

Stellen wir uns vor, wir wollen einen Gebrauchtwagen kaufen. Wenn wir uns Fahrzeuge zeigen lassen, stehen wahrscheinlich die meisten von uns vor einem ähnlichen Problem: Die Händler*innen können den Zustand des Wagens deutlich besser einschätzen als wir. Wenn Sie nicht gerade Kfz-Mechatroniker*in sind oder sich besonders gut mit Autos auskennen, können Sie vermutlich nicht beurteilen, wie gut das Fahrzeug noch in Schuss ist. Deswegen ist Akerlofs erste Annahme, dass die Autoverkäufer*innen einen Wissensvorsprung gegenüber uns Kund*innen haben, ziemlich plausibel. Wir haben keine Garantie dafür, dass unser Gegenüber ehrlich zu uns ist. Schließlich kann er das Auto, wenn er etwas verschweigt, möglicherweise zu einem Preis verkaufen, der den eigentlichen Wert übersteigt. Akerlof nimmt weiterhin an, dass wir als Verbraucher*innen aber immerhin eine grobe Vorstellung von der durchschnittlichen Qualität aller Autos auf dem Gebrauchtwagenmarkt haben. Wir wissen, dass nicht jeder Wagen tadellos sein kann, aber die meisten Autos fahrbar sein dürften. Mit diesem Wissen können wir uns den maximalen Preis überlegen, den wir bereit sind zu zahlen. Ein Preis, der eben jener durchschnittlichen Qualität aller Autos auf dem Markt entspricht. Gebrauchtwagenhändler*innen hingegen kennen den exakten Zustand des Autos. Sie werden zu dem Preis, den wir uns als Limit gesetzt haben, nur solche Autos verkaufen, die diesem Wert entsprechen oder schlechter sind. Für unsere niedrige Preisvorstellung werden sie uns die Autos bester Qualität gar nicht erst anbieten. Dadurch kommt es zu einer Negativauslese, bei der nur die Autos tatsächlich auf dem Markt gehandelt werden, deren Qualität unserem Preislimit entspricht oder darunter liegt – das bezeichnet man in der Fachsprache als *adverse Selektion*. Nehmen wir in einem letzten Schritt an, dass wir Kund*innen uns dieser Dynamik bewusst sind, dann folgt daraus, dass der Markt irgendwann zusammenbricht, weil am Ende keine der beiden Seiten mehr bereit ist, überhaupt zu handeln. Es ist ein klassisches Beispiel für ein Marktversagen, bei dem freie Märkte ohne einen gewissen gesetzlichen Ordnungsrahmen nicht funktionieren.

Dass Akerlofs Geschichte so gut funktioniert und ein komplexes Thema sofort verständlich macht, liegt nicht zuletzt daran, dass das Stereotyp des zwielichtigen und hinterlistigen Gebrauchtwagenhändlers popkulturell tief verankert ist – vor allem in der Alltagswelt US-amerikanischer Sitcoms. *Die Simpsons*, *Eine schrecklich nette Familie* oder *Malcolm mittendrin*: In mindestens einer Episode dieser Serien müssen sich die Protagonist*innen mit der Figur des verschlagenen Gebrauchtwagenhändlers auseinandersetzen. In Deutschland lief mit *Die Autohändler – Feilschen, kaufen, Probe fahren* auf RTL über ein Jahrzehnt lang eine Reality-Soap, in der die Autoverkäufer Jürgen und Dragan Deals auf Kosten ihrer Kundschaft machten.

Es bietet sich an, eine so geläufige Figur metaphorisch zu nutzen. Akerlofs Erzählung macht unmissverständlich deutlich, dass es unrealistisch ist, dass alle Menschen über perfekte Informationen verfügen. Sie kann uns etwas über Märkte selbst beibringen. Für seinen Aufsatz hat Akerlof 2001 einen Nobelpreis erhalten. Dass er auch über fünfzig Jahre nach seinem Erscheinen noch so populär ist, liegt nicht ausschließlich daran, dass darin die Formalisierung solcher Märkte besonders gut zugänglich ist, sondern auch daran, dass das Bild des *Markts für Zitronen* so außergewöhnlich ist. Es bleibt sofort im Kopf hängen. Akerlofs Aufsatz ist ein Beispiel dafür, wie Metaphern dabei helfen können, abstrakte Konzepte intuitiv und gut verständlich darzustellen. Es zeigt aber auch, welche große Rolle Bilder dabei spielen, dass sich ökonomische Theorien durchsetzen.

Welche bemerkenswerten Ambivalenzen dabei in der Sprache stecken, die Ökonom*innen nutzen, hat die Wirtschaftswissenschaftlerin Deirdre McCloskey in ihrem Buch *The Rhetoric of Economics* gezeigt.[31] Darin macht sie sich Techniken der Literaturkritik zunutze, um darzulegen, welche rhetorischen Mittel Ökonom*innen anwenden, wenn sie ihre Forschung kommunizieren. Sie weist auf einen Umstand hin, der, wenn man ihn genau betrachtet, sofort einleuchtend erscheint: Die Wirtschaftswissenschaften verwenden, wie die meisten anderen akademischen Fächer auch, Sprache, um ihre Erkenntnisse zu vermitteln – und Sprache ist selten objektiv. Für diese Verbindung zwischen Rhetorik und den Wirtschaftswissenschaften fand sie eine einprägsame Beschreibung.

> Rhetorik ist eine Ökonomie der Sprache. [Es ist] das Studium, wie die [sprachlich] begrenzten Mittel eingesetzt werden, um das unersättliche Bedürfnis der Menschen danach, gehört zu werden, zu befriedigen.[32]

McCloskey erlaubt sich hier ein Wortspiel mit der zentralen Frage der Wirtschaftswissenschaften: Wie werden die begrenzten Mittel einer Gesellschaft eingesetzt, um die unendlichen Bedürfnisse ihrer Mitglieder zu befriedigen? Um also andere Wissenschaftler*innen oder die Öffentlichkeit von der Qualität und Sinnhaftigkeit ihrer Forschung zu überzeugen, nutzen Ökonom*innen rhetorische Mittel. Daran ist erst einmal per se nichts gut oder schlecht – es ist einfach die Art und Weise, wie wir Menschen kommunizieren. Was McCloskey allerdings bereits in den 1980er Jahren kritisiert hat, ist, dass die Wirtschaftswissenschaft, anders als die meisten anderen wissenschaftlichen Fachbereiche, vehement bestreitet, dass ihre Sprache mit rhetorischen Mitteln arbeitet, um von den eigenen Behauptungen zu überzeugen. Es handelt sich also nicht bloß um ein Vehikel, um vermeintlich objektive und allgemeingültige wissenschaftliche Wahrheiten zu kommunizieren. McCloskey zeigt anhand vieler Fallbeispiele, dass sich Ökonom*innen gerne auf einen Standpunkt zurückziehen, den sie als *Sprache der Wissenschaft* bezeichnet: Forschende behaupten, keine sprachlichen Mittel der Überzeugung zu verwenden, weil sie das gar nicht nötig hätten. Ihre Erkenntnisse stünden für sich, die Forschenden seien nicht mehr als das Sprachrohr dieser Wahrheiten. Die Wirtschaftswissenschaft ist dabei in einer schwierigen Situation. Naturwissenschaftler*innen können Naturgesetze beobachten und beschreiben und davon ausgehend Theorien über unsere Welt aufstellen, die sich als wahr oder falsch herausstellen. Die Geisteswissenschaften arbeiten noch stärker beobachtend und analysierend, stellen aber keine allgemeingültigen Gesetzmäßigkeiten auf. Die Wirtschaftswissenschaften hingegen müssen Phänomene beschreiben, die wegen der menschlichen Natur eben nicht fest determinierten Naturgesetzen folgen, und dabei trotzdem versuchen, Regelmäßigkeiten in diesen Abläufen herauszuarbeiten, in denen auf A grundsätzlich B folgt, woraus sich C ergibt. Aus genau diesem Grund muss die theoretische Forschung innerhalb der Wirtschaftswissenschaft permanent auf Metaphern zurückgreifen, um grundlegende ökonomische Zusammenhänge darzustellen. Erst dadurch entsteht der Eindruck von Gesetzmäßigkeiten.

Wenn beispielsweise über die Produktion von Unternehmen gesprochen wird, dann werden *Produktionsfunktionen* aufgestellt, bei denen es sich um eine extreme Vereinfachung des eigentlichen Produktionsprozesses handelt und die versinnbildlichen sollen, wie viele Arbeitskräfte und wie viel Kapital zur Produktion eines Gutes eingesetzt werden müssen. Um die Komplexität von Märkten zu reduzieren, werden sie mit Hilfe von *Nachfrage- und Angebotskurven* in einfachen Diagrammen erfasst. Und um das Handeln einzelner Menschen darzustellen, haben sich Ökonom*innen das Konzept der *Nutzenfunktion* ausgedacht. Dabei wird eine Funktion aufgestellt, die zeigt, welchen Nutzen es für eine Person hat, eine gewisse Menge eines bestimmten Produktes zu kaufen, oder aber, wie viel Nutzen sie davon hat, einer anderen Person zu helfen. Formal betrachtet ist das eine sinnvolle Abstraktion, um ökonomische Effekte zu beschreiben. Es bleibt aber nichts weiter als eine hilfreiche Metapher. Niemand von uns kennt tatsächlich die eigene Nutzenfunktion und kann einen konkreten Wert nennen, wie viel Nutzen uns der Konsum von zwei Stück Kuchen und einem Cappuccino liefert, oder welchen intrinsischen Nutzen wir daraus ziehen, Freund*innen beim Umzug zu helfen. Jedes ökonomische Modell, sei es noch so komplex, ist eine Metapher, die einen ganz speziellen Ausschnitt unserer Realität vereinfacht darstellt. Die Wirtschaftswissenschaften brauchen diese Vereinfachungen, um überhaupt arbeiten zu können. Ihre Erkenntnisse sind deswegen in wissenschaftlicher Hinsicht auch nicht weniger legitim. Trotzdem müssen wir uns dieser Tatsache bewusst sein, um angemessen über die Sprache des Kapitalismus zu sprechen.[33]

Nicht nur die theoretische Seite der Ökonomik, auch die empirische greift auf sprachliche Mittel zurück, die einen enormen Einfluss auf unsere reale Welt haben. Dieser Einfluss geht so weit, dass der Sprachgebrauch inzwischen zu einem Großteil darüber entscheidet, welche Forschungsergebnisse publiziert werden und welche nicht. Konkret geht es uns hier um den Ausdruck *statistische Signifikanz*, mit dem begründet wird, ob ein empirisches Ergebnis publikationsrelevant ist oder nicht. Das Ziel des dahinterstehenden Konzepts ist erst einmal ehrenwert: Wenn man dem Ergebnis einer empirischen Analyse statistische Signifikanz zuschreibt, erklärt man, dass die beobachteten Ergebnisse tatsächlich Effekte zeigen und nicht zufällige Abweichungen vom Durchschnitt sind. Inzwischen ist die statistische Signifikanz zum wichtigsten Bewertungskriterium empirischer Forschung geworden. Das Konzept funktioniert dabei als Abkürzung, um sich auf eine Sprache der Wissenschaft zu berufen und sich ein Stück weit selbst der Verantwortung zu entziehen, die Ergebnisse eigenständig kritisch zu reflektieren. Aber was genau ist daran so problematisch?

Nehmen Sie einmal an, Sie sind lange ein dunkelblaues Auto gefahren und wechseln nun zu einem identischen Modell in roter Farbe. Innerhalb von drei Wochen werden Sie zweimal von der Polizei angehalten und fragen sich nun, ob die neue Farbe dafür verantwortlich ist. Sie zählen also für zwölf Monate, wie oft Sie angehalten werden, und stellen schließlich fest, dass Sie mit dem roten Wagen tatsächlich ein paarmal öfter in Polizeikontrollen geraten sind. Die Frage, die sich dann stellt, lautet: Handelt es sich um einen Zufall, oder haben Sie einen echten Effekt entdeckt? Mit Hilfe einiger statistischer Verfahren lässt sich die Wahrscheinlichkeit berechnen, mit der es sich um einen echten Effekt handelt.

Das Problem dabei ist allerdings, dass der Wahrscheinlichkeitswert, ab dem ein Ergebnis als statistisch relevant gilt, willkürlich ist. Der britische Statistiker Ronald Fisher, der das Konzept vor fast hundert Jahren entwickelt hat, hat damals einen Wert von fünf Prozent vorgeschlagen, und dabei ist es geblieben. Das bedeutet, dass lediglich eine fünfprozentige Wahrscheinlichkeit besteht, dass wir nur eine zufällige Abweichung beobachtet haben. Oder andersherum ausgedrückt: Die Wahrscheinlichkeit, dass es sich um einen echten Effekt handelt, beträgt 95 Prozent. Diese schon recht einfache Methode wird in vielen wissenschaftlichen Aufsätzen noch weiter vereinfacht. Dort werden in Tabellen Sternchen verwendet, um die statistische Signifikanz von Ergebnissen zu visualisieren. Die Regel ist einfach: Je mehr Sterne, desto größer ist die Wahrscheinlichkeit, dass der Wert relevant ist.

Die Kombination aus dem Begriff *statistische Signifikanz* und den Sternchen erzeugt ein ungemein kraftvolles Bild. Es ermöglicht nicht nur Ökonom*innen, sondern auch Journalist*innen oder Politiker*innen, mit einem Blick hochkomplexe Sachverhalte zu erfassen. Es spielt keine Rolle, ob die dahinterliegenden Methoden und statistischen Verfahren bekannt sind oder überhaupt verstanden werden. Eine Zahl – oder sogar nur ein paar Sterne – sagen uns, ob wir mit einem roten Auto häufiger angehalten werden als mit einem blauen.

Das klingt zunächst nach einer guten Sache. Wir haben einen für alle verständlichen Weg gefunden, mit einer einfachen Zahl auszudrücken, wie wahrscheinlich es ist, ob wir einen echten Effekt beobachtet haben. Diese Verteidigungsstrategie ist in der Sprache des Kapitalismus keine Seltenheit. Sie dient dazu, die eigene Verantwortung zu negieren, indem man sich auf eine vermeintliche Objektivität zurückzieht. In diesem Fall ist das aus zwei Gründen problematisch. Der eine ist offensichtlich: Die Fünf-Prozent-Grenze ist absolut willkürlich. Es gibt keine wissenschaftliche Begründung dafür, dass diese Grenze nicht bei 2,5 Prozent oder 25 Prozent liegen sollte. Und dennoch wird in großen Teilen der empirischen Forschung quasireligiös an dieser Schwelle festgehalten. Der Blick wird in die statistischen Signifikanz-Sterne gerichtet, um zu entscheiden, was ein relevantes Ergebnis ist und was nicht.

Das andere Problem ist eventuell nicht auf den ersten Blick ersichtlich: Statistische Signifikanz ist nicht gleichbedeutend mit wissenschaftlicher Relevanz. Nur weil ein Wert signifikant ist, bedeutet das noch lange nicht, dass er einen wirklich bedeutenden Effekt zeigt. Die sture Gläubigkeit, mit der sich auf diese eine Kennzahl verlassen wird, verhindert weitere Analysen. Um es frei nach den Worten des britischen Statistikers William Gosset zu sagen: Wir sollten nicht nur herausfinden, wieso unser Effekt in 95 von hundert Fällen auftritt, sondern auch, wieso er in den restlichen fünf Fällen nicht eintritt.[34]

Die Fokussierung auf den willkürlichen Wert der statistischen Signifikanz führt dazu, dass im Verhältnis mehr

Studien veröffentlicht werden, die ein statistisch signifikantes Ergebnis enthalten, als wir eigentlich in der Realität beobachten. Man nennt das *Publication Selection Bias*, zu deutsch Publikationsauswahl-Vorurteil. Das geht so weit, dass in den Wirtschaftswissenschaften fast hundert Prozent aller veröffentlichten Studien einen signifikanten Effekt zeigen. Oder um es provokant auszudrücken: Wenn Sie als Ökonom*in keine statistisch signifikanten Resultate erhalten, können Sie es vergessen, veröffentlicht zu werden. Da wundert es nicht, dass Forschende einen Anreiz haben, so lange an ihren statistischen Analysen herumzuspielen, bis sie zu signifikanten Ergebnissen kommen, unabhängig davon, ob das aus wissenschaftlicher oder methodischer Sicht sinnvoll ist. Unter Berücksichtigung dieses Publikations-Bias dürfte eigentlich lediglich ein Viertel aller Veröffentlichungen statistisch signifikante Ergebnisse aufweisen.[35] Kaum auszudenken, wie viele wertvolle Forschungsbeiträge nie veröffentlicht wurden, weil ihnen die Sterne der Signifikanz nicht gewogen waren.

Erst langsam ändert sich in der Wissenschaftsgemeinde etwas an der Wahrnehmung und der kritischen Rezeption der statistischen Signifikanz. 2019 erschien in *Nature*, der vielleicht renommiertesten Wissenschaftszeitschrift der Welt, ein Appell mehrerer Wissenschaftler*innen aus den verschiedensten Fachgebieten: »Es wird Zeit, darüber zu reden, die statistische Signifikanz aufzugeben«[36]. Eine Gesprächsaufforderung, der wir uns nur zu gerne anschließen.

Verpasste Gelegenheit – wenn eine Theorie nicht sexy genug ist

Dabei muss nicht ausschließlich die fehlende statistische Signifikanz der Grund dafür sein, dass eine ökonomische Theorie oder Studie nicht die Aufmerksamkeit erhält, die sie verdient hätte. Vielleicht ist sie zu komplex und nicht greifbar genug, oder sie passt einfach nicht in die Zeit, in der sie veröffentlicht wird. So kann es sein, dass Arbeiten, die uns eventuell etwas Wertvolles über unser Wirtschaftssystem hätten beibringen können, in Vergessenheit geraten. Die Schwierigkeit besteht darin, diese im Nachhinein zu entdecken. Jedes Jahr werden Tausende wirtschaftswissenschaftliche Fachaufsätze veröffentlicht. Wie in allen anderen Forschungsbereichen auch, wird die überwältigende Mehrheit dieser Arbeiten niemals außerhalb der eigenen Community wahrgenommen werden. Es ist fast unmöglich, aus diesem Wust an Texten jene herauszufiltern, die uns vor zwanzig, dreißig oder auch vierzig Jahren wichtige Zusammenhänge hätten beibringen können. Aber manchmal ist eine Theorie so beeindruckend und beschreibt unser Wirtschaftssystem im Nachhinein so gut, dass sie Jahrzehnte nach ihrer Veröffentlichung ein Comeback in der breiten Öffentlichkeit feiert.

Bis vor fünfzehn Jahren war der Name Hyman Minsky wohl auch vielen Ökonom*innen kein Begriff. Der breiten Öffentlichkeit war der Professor der Washington University in St. Louis gänzlich unbekannt. Das änderte sich während der globalen Finanzkrise 2008, als sich mehr und mehr Menschen, erst innerhalb der Wirtschaftswissenschaften, später auch in Journalist*innenkreisen, an die Arbeiten Minskys erinnerten. In den 1980er Jahren hatte er in zwei Veröffentlichungen, dem relativ kurzen Essay *Can »It« Happen Again?* und seinem bekanntesten Buch *Stabilizing an Unstable Economy*, eine Theorie entwickelt, die zwanzig Jahre später die größte Finanzkrise seit der Großen Depression erschreckend genau beschreiben sollte.[37] Minskys Theorie ist so einfach wie genial. Er beschrieb, wie sich Gesellschaften nach einer großen Krise verhalten. In einer ersten Phase, in der sich alle Marktteilnehmer*innen noch genau an die soeben überwundene Krise erinnern, lässt sich ein kontrolliertes Wachstum beobachten: Die Wirtschaft erholt sich langsam, die Märkte sind gut reguliert, und es stellt sich eine gewisse Stabilität ein. Je länger diese Phase der Stabilität anhält und je länger die letzte Krise zurückliegt, desto mehr beginnen die Menschen, den Zustand der aktuellen Stabilität als gegeben hinzunehmen. Investor*innen gehen wieder größere Risiken ein. Politiker*innen fangen an, die Finanzmärkte zu deregulieren, um mehr Wachstum zu ermöglichen. Das erhöht das Risiko immer weiter, bis es schließlich zu einem neuen Crash kommt, die Wirtschaft in eine Rezession steuert und alles von neuem beginnt. Dieser Moment des Crashs ist heute als Minsky-Moment bekannt und der gesamte Kreislauf als Minsky-Cycle. Die Idee lässt sich in einem einfachen Satz zusammenfassen: Die lang anhaltende Stabilität eines Wirtschaftssystems führt zu seiner eigenen Instabilität.[38]

Minsky hat sein Konzept vor etwa vierzig Jahren im Rückblick auf die Große Depression in den späten 1920er und 1930er Jahren entwickelt. Nach dem Zweiten Weltkrieg erlebten die USA eine Phase relativer wirtschaftlicher Stabilität, die mehrere Jahrzehnte andauern sollte. Die Ölkrisen der 1970er Jahre, die diese Ruhe störten, wurden nicht als implizites Versagen des Finanzkapitalismus wahrgenommen, da ihre Ursache nicht im Wirtschaftssystem an sich lag. In diesem Klima fragte sich Minsky, ob sich ein Crash wie am Schwarzen Donnerstag 1929 erneut ereignen könne. Er erkannte ein Muster in der zunehmenden Deregulierung und dem immer größeren Risiko, das die Akteure an den Finanzmärkten bereit waren einzugehen.

Es ist wenig verwunderlich, dass Minskys Theorie in den 1980er Jahren außerhalb der Wirtschaftswissenschaften kaum Beachtung fand. Denn zwar ist das, was er beschreibt, aus unserer heutigen Perspektive offensichtlich richtig und leicht nachvollziehbar, zur Zeit der Veröffentlichung war es das aber ganz und gar nicht. Wir sehen relativ genau, dass die wirtschaftspolitischen Entscheidungen der 1970er und 1980er Jahre die ökonomische Ungleichheit verstärkt und Finanzmarktakteure aktiv dazu ermutigt haben, höhere Risiken einzugehen. Wir erkennen, wie schnell die Menschen vergessen haben, was die vorherigen Krisen ausgelöst hat. Aber damals sah man in erster Linie, dass die Wirtschaft unter der neoliberalen Politik der Reagan-Regierung schneller wuchs – selbst, wenn nicht mehr so viele davon profitierten. Dass genau diese Entwicklung das Wirtschaftssystem instabiler machen sollte, war in jenem Moment nur schwer vorstellbar.

Aber noch ein anderer Umstand trägt Schuld daran, dass Minsky erst lange nach seinem Tod 1996 die Anerkennung bekommen sollte, die er verdient. Er hat seine Theorie nirgendwo so einfach und konkret aufgeschrieben, wie wir es weiter oben versucht haben. Sowohl in *Could »It« Happen Again?* als auch in *Stabilizing an Unstable Economy* finden sich diese Ideen natürlich, sie sind aber nicht so komprimiert zusammengefasst. Es waren spätere Ökonom*innen, die Minskys Gedanken in eine Form brachten, die auch Laien gut verstanden.[39] Terry Jones, ein ehemaliges Mitglied der britischen Komikertruppe Monthy Python, hat Minsky in seinem Dokumentarfilm *Boom Bust Boom*, der sich mit der Entstehung und den Folgen der Finanzkrise von 2007/2008 beschäftigt, ein Monument gesetzt.[40] Ironischerweise stammt das Zitat, das Minskys Theorie am besten beschreibt, nicht aus seinen theoretischen Arbeiten, sondern aus einer Biographie, die Minsky über John Maynard Keynes geschrieben hat und die bereits 1975 erschienen ist: »Wenn sich der Wirtschaftsaufschwung der Vollbeschäftigung nähert [...], werden die Wahrsager verkünden, dass die Gefahr gebannt ist [und] Schulden aufgenommen werden können [...]. Aber in Wahrheit kann weder der Boom [...] und schon gar nicht der Aufschwung ewig weitergehen. Jeder Zustand nährt die Kräfte, die zu seiner eigenen Zerstörung führen.«[41] Hätte Minsky bereits in den 1980er Jahren die richtige Sprache und die passenden Bilder gefunden, um seine Theorie außerhalb seines Fachs bekannt zu machen, hätte sich dann etwas geändert? Die Antwort ist wohl leider nein, denn auch heute, da der Minsky-Cycle weltweit bekannt und längst keine obskure Theorie in den Tiefen der Wirtschaftswissenschaften mehr ist, ignorieren Politiker*innen seine Erkenntnisse. Das belegen die jüngsten Bankenkrisen in den USA (die Insolvenz der Silicon Valley Bank) und der Schweiz (die Pleite der zweitgrößten Schweizer Bank Credit Suisse) aus dem Jahr 2023 eindrucksvoll.[42]

Wir können an dieser Stelle aber auch einmal Hoffnung machen, denn manchmal revidiert sich die Geschichte deutlich schneller als bei Hyman Minsky. Das lässt sich eindrücklich am Beispiel der deutschen Ökonomin Isabella Weber festhalten. Als es nach dem russischen Angriffskrieg auf die Ukraine 2022 zur europäischen Energiekrise kam, gehörte Weber zu den Ersten, die sich für eine Begrenzung der Energiepreise einsetzten. Erntete sie dafür zunächst noch allerlei abfällige Reaktionen, selbst der Nobelpreisträger Paul Krugman nannte ihre Idee einer Energiepreisbremse »wirklich dumm«[43], setzte sich ihre Forderung nach und nach als Konsens in der Öffentlichkeit durch. Schließlich adaptierte die Ampel-Koalition ihre Idee für einen Gaspreisdeckel und setzte sie tatsächlich um. Für die dramatisch anmutende *Preisexplosion* fand sich so eine relativ unspektakuläre Lösung. Und auch an anderer Stelle hat Isabella Weber gezeigt, wie ein verantwortlicher Umgang mit Sprache aussehen kann. Sie prägte maßgeblich den Begriff der *Verkäuferinflation*, um zu kennzeichnen, dass die Inflation in den Jahren 2022 und 2023 nicht durch Lohnerhöhungen, gestiegene Kosten oder vermehrte Nachfrage getrieben wurde, sondern durch die Profite von Unternehmen.[44] Eine Bezeichnung, die sich nach und nach auch bei den wichtigsten globalen Institutionen wie dem Internationalen Währungsfonds oder der Europäischen Zentralbank durchsetzte. Isabella Weber musste keine dreißig Jahre auf ihre öffentliche Rehabilitierung warten. Vielleicht ein Hinweis darauf, dass wir als Gesellschaft doch etwas aus der Vergangenheit lernen können.

Der Excel-Error

Die Sprache des Kapitalismus, so wie sie von Ökonom*innen genutzt wird, zeichnet sich aber nicht nur durch ihre Bildhaftigkeit aus. Wichtig ist weiterhin, dass sie einfache Regeln liefert, wie unsere Welt funktioniert. In einem Wirtschaftssystem, das so komplex und undurchsichtig wie unseres ist, gewinnt im Wettbewerb um die Aufmerksamkeit nicht zwingend die beste Theorie, sondern oft diejenige, die sich sprachlich am besten verkaufen lässt. Wir möchten an einem weiteren Beispiel illustrieren, inwieweit einfache Wahrheiten Ökonom*innen dabei helfen, Einfluss auf politische Entscheidungen zu nehmen. 2010, inmitten der europäischen Staatsschuldenkrise, veröffentlichten die US-amerikanischen Ökonom*innen Carmen Reinhart und Kenneth Rogoff einen Aufsatz, in dem sie zeigten, dass Länder mit einer Staatsverschuldung von mehr als neunzig Prozent des eigenen Bruttoinlandsproduktes quasi kein ökonomisches Wachstum mehr haben. Zumindest legten ihre Ergebnisse diese Aussage nahe. Diese Arbeit, die den Titel *Growth in a Time of Debt* trägt, wurde zum zentralen Argument all derer, die für eine Verschärfung der europäischen Sparpolitik plädierten.[45] Sie schien wissenschaftlich nachzuweisen, dass die hohen Staatsverschuldungen einzelner Mitgliedstaaten für eine Wirtschaftszone wie die Europäische Union nicht nur untragbar, sondern geradezu gefährlich waren. Der damalige deutsche Finanzminister Wolfgang Schäuble, der britische Schatzkanzler George Osborne oder Olli Rehn, der zu jener Zeit Wirtschaftskommissar der Europäischen Kommission war – sie alle bezogen sich in ihrer Argumentation für eine radikale Sparpolitik explizit auf diesen Aufsatz. Insbesondere die Bevölkerung Griechenlands, eines Landes, das damals eine Staatsverschuldung weit jenseits von hundert Prozent aufwies, bekam die Folgen dieser Politik zu spüren. Drastische Eingriffe in die Sozial- und Gesundheitssysteme wurden damit begründet, dass Griechenland seine Staatsverschuldung massiv reduzieren müsse, wenn es jemals wieder zu Wohlstand kommen wolle. Angeführt von dem deutschen Finanzministerium, entstand eine Koalition europäischer Regierungen, die, gerüstet mit Reinhart und Rogoffs Forschung als ultimativem Argument, in der schwersten Krise der Europäischen Union vor allem die südeuropäischen Länder unter Druck setzten: Entweder ihr reduziert eure Ausgaben radikal, oder ihr bekommt keine Unterstützung mehr und fliegt aus der gemeinsamen Währungsunion.

Das war der Höhepunkt der sogenannten Austeritätspolitik. Ob sie es nun wollten oder nicht, Reinhart und Rogoff hatten mit ihrer Arbeit die wissenschaftliche Rechtfertigung für einen massiven Sozialabbau in ganz Europa, aber vor allem in den Ländern der Peripherie der Union, geliefert. Wo aber lag nun das Problem – schließlich zeichneten die Ergebnisse ja ein klares Bild? Doch die besten Ergebnisse sind nur so viel wert wie die dahinterstehenden Berechnungen. Und die waren falsch. Das fiel nur keiner Regierungsbehörde und keinem Forschungsinstitut auf. Erst der US-amerikanische Student Thomas Herndon wurde stutzig. Er versuchte in einem Seminar, die Ergebnisse von Reinhart und Rogoff zu reproduzieren, kam aber nicht zu den gleichen Resultaten. Nachdem er sich die Originalberechnungen mit Unterstützung seiner Professoren Michael Ash und Robert Pollin genauer angesehen hatte, stieß er auf einige Fehler, die das Ergebnis – hohe Schulden führten zu keinem oder sogar negativem Wirtschaftswachstum – überhaupt erst ermöglichten. Am gravierendsten war ein Fehler im Umgang mit dem bekanntesten Tabellenkalkulationsprogramm der Welt: Microsoft Excel. Reinhart und Rogoff hatten schlicht und ergreifend vergessen, ein Viertel der Länder ihres Datensatzes mit in die Berechnung einzubeziehen. Dabei handelte es sich ausgerechnet um jene Länder, die trotz hoher Staatsverschuldung relativ hohe Wachstumsraten aufwiesen. So kam in der Originalarbeit heraus, dass Länder ab einer Schuldenquote von neunzig Prozent im Durchschnitt eine negative Wachstumsrate von –0,1 Prozent aufweisen. Die korrekten Berechnungen zeichnen aber ein anderes Bild: In der Version von Herndon, Ash und Pollin zeigte sich, dass Länder mit mehr als neunzig Prozent Staatsverschuldung im Schnitt um 2,2 Prozent pro Jahr wachsen.[46] Auch wenn die Berechnungen jetzt korrekt waren, ist es an dieser Stelle wichtig, eine Sache festzuhalten. In den Wirtschaftswissenschaften gibt es keine absoluten Wahrheiten. Werte, die das Ergebnis komplexer statistischer und ökonometrischer Berechnungen sind, sollte man immer mit Vorsicht genießen und eher qualitativ interpretieren. Es ist immer die sinnvollere Entscheidung, eher die grobe Richtung des Effekts zu betrachten, anstatt sich an ganz konkreten Zahlen festzuhalten. Dieser Grundsatz ist auch bei der Interpretation der korrekten Berechnungsergebnisse von Herndon und Co. nicht zu missachten. Denn auch wenn das Ergebnis deutlich zeigt, dass die ursprünglichen Berechnungen fatale Fehler aufwiesen, deuten die richtigen Berechnungen in diesem konkreten Datensatz immer noch darauf hin, dass Staaten mit sehr hoher Verschuldung im Schnitt etwas langsamer wachsen als Staaten mit geringerer Verschuldung. Deswegen haben Carmen Reinhart und Kenneth Rogoff ihren Fehler auch eingeräumt, bleiben aber bei ihrer grundlegenden Einschätzung, dass eine hohe Staatsverschuldung für das Wirtschaftswachstum eines Landes schlecht ist. Es ist nicht unser Anspruch, hier eine Antwort auf die Frage zu geben, welchen Einfluss die Staatsverschuldung auf das Wachstum einer Volkswirtschaft hat, dazu gibt es Dutzende Studien, die zu den unterschiedlichsten Ergebnissen kommen. Aber dass Reinhart und Rogoff auch nach der Korrektur ihres Fehlers bei ihrer ursprünglichen Aussage blieben, ist ein Paradebeispiel dafür, wie in der Ökonomie ein und dasselbe Ergebnis je nach eigener ideologischer Prägung unterschiedlich interpretiert werden kann.

Was aber außer Frage steht, ist Folgendes: Die ursprünglichen Ergebnisse von Reinhart und Rogoff zeichneten ein drastisches Bild und ließen sich zu einer einfachen und klar verständlichen Gesetzmäßigkeit zusammenfassen: Welcher Staat sich stark verschuldet, opfert den Wohlstand seiner Bevölkerung. Diese scheinbar einfache Wahrheit ließ sich in den frühen 2010er Jahren politisch so gut nutzen, dass den Wolfgang Schäubles dieser Welt die Feinheiten egal waren. Sie hatten das perfekte Argument für ihre radikale Austeritätspolitik aus profilierten Händen erhalten. Selbst wenn wir von dem eklatanten und offensichtlichen Fehler absehen, haben Reinhart und Rogoff methodisch einige Entscheidungen getroffen, die ihre Ergebnisse begünstigten, und die zumindest diskutabel sind.[47] Eine genaue Auseinandersetzung mit ihrer Arbeit hätte gereicht, um deren Schwächen zu entdecken. Es fehlte nur schlicht und ergreifend der politische Wille dazu. Es ist müßig, heute zu diskutieren, was passiert wäre, wenn die beiden Ökonom*innen den Umgang mit Excel fehlerfrei beherrscht oder sie ihre Ergebnisse gemäßigter und selbstkritischer präsentiert hätten. Aber es fällt zumindest schwer zu glauben, dass genauso viele politische Akteure bereitwillig den drastischen Sozialabbau unterstützt hätten, wäre die Aussage nicht »wer hoch verschuldet ist, wächst nicht« gewesen, sondern »wer hoch verschuldet ist, wächst eventuell etwas langsamer«.

Dieser Fehler, der als *Excel-Error* in die Geschichte der Wirtschaftswissenschaften eingegangen ist, ist ein extremes Beispiel. Aber es illustriert auf eindrucksvolle Weise, dass Ökonom*innen in einer Welt, in der Aufmerksamkeit ein so wertvolles Gut ist, bereit sind, simple Regelmäßigkeiten zu propagieren, wenn sie sich aus ihrer Forschung ableiten lassen, und dass insbesondere Politiker*innen diese ebenso bereitwillig aufgreifen und für ihre eigene Agenda nutzen. Die Sprache des Kapitalismus begünstigt reißerische und eindeutige Aussagen gegenüber differenzierten und zurückhaltenden.

Die Laffer-Kurve oder die Verantwortung des Journalismus

Die meisten Menschen kommen mit der Sprache, die Ökonom*innen nutzen, nicht in direkten Kontakt. Wirtschaftswissenschaftler*innen sprechen nur zu einer breiteren Öffentlichkeit, wenn sie als Expert*innen in den Medien auftreten. Noch deutlich häufiger als bei der politischen oder unternehmerischen Kommunikation sind es in den Wirtschaftswissenschaften Journalist*innen, die bestimmen, welche Forschungsergebnisse wie an die Öffentlichkeit getragen werden. Damit fällt dem Journalismus eine enorm große Verantwortung zu, weil er bestimmte ökonomische Positionen verstärken und ihnen eine Präsenz verleihen kann, die dann auch auf wirtschaftspolitische Entscheidungsträger*innen wirkt und potenziell handfeste Veränderungen nach sich zieht.

Dieser Einfluss geht so weit, dass der Wirtschaftsteil von Zeitungen selbst zum Forschungsgegenstand der Wirtschaftswissenschaften geworden ist. Die Ökonomen Scott Baker, Nicholas Bloom und Steven Davis haben eine Methode entwickelt, mit deren Hilfe sie die Artikel in Zeitungen auf bestimmte Signalwörter untersuchen und daraus einen Index für die ökonomische Unsicherheit in einer Gesellschaft ableiten. Dieser Index kann zum Beispiel genutzt werden, um Veränderungen im Wirtschaftswachstum oder der Investitionsbereitschaft von Firmen zu erklären.[48] Forschende der University of Florida hingegen haben Schlagzeilen und Artikel über Firmen analysiert, die an der Börse gehandelt werden. Mit Hilfe von

ChatGPT analysierten sie, ob die Nachrichten positiv oder negativ waren, und zogen daraus Schlüsse, wie sich die Aktien der entsprechenden Firmen entwickelten.[49] Auch wenn ein einzelner Artikel keinen Einfluss auf die Entwicklung von Finanzmärkten haben mag, die Gesamtheit der wirtschaftlichen Berichterstattung hat sehr wohl einen.

Auch bei der Frage, welche wirtschaftswissenschaftlichen Theorien und Forderungen es überhaupt in die breite Öffentlichkeit schaffen, spielen Journalist*innen eine entscheidende Rolle. Kein Beispiel veranschaulicht das besser als die Verbreitungsgeschichte der sogenannten Laffer-Kurve. Sie beginnt mit einem Treffen in der Cocktail Lounge Two Continents in Washington, D. C., im Jahr 1974. An diesem Treffen nahmen der junge VWL-Professor Arthur Laffer, der republikanische Politiker Dick Cheney, der damals für den späteren US-Verteidigungsminister Donald Rumsfeld arbeitete, und der Journalist Jude Wanniski teil, der das Treffen in die Wege geleitet hatte.

Laffer soll an diesem Abend seinen Unmut über die Entscheidung von Präsident Gerald Ford ausgedrückt haben, die Steuern zu erhöhen. Er präsentierte den Anwesenden daraufhin seine Idee, wie Steuersysteme funktionieren. Dazu zeichnete er ein Koordinatensystem auf eine Serviette. Die eine Achse stellte die Steuereinnahmen des Staates dar, die andere die Höhe des Steuersatzes. Dann malte Laffer eine Kurve mit einer umgedrehten U-Form in das Koordinatensystem, um den Zusammenhang der beiden Größen zu beschreiben. Die Idee war ganz einfach: Wenn der Staat einen Steuersatz von null Prozent erhebt, dann hat er null Steuereinnahmen; erhebt er einen Steuersatz von hundert Prozent, hätte er auch null Steuereinnahmen, weil niemand mehr arbeiten gehen würde. Zwischen diesen beiden Extremen liegt die umgedrehte U-Kurve. Erhöht man, ausgehend von null Prozent, den Steuersatz bis zum Gipfel dieser Kurve, steigen die Staatseinnahmen. Erhöht man den Steuersatz danach weiterhin, sinken sie. Abgesehen von der Spitze der Kurve, dem optimalen Steuersatz, gibt es also jeweils zwei Steuersätze, die den exakt gleichen Betrag an Einnahmen für den Staat erwirtschaften, einen hohen und einen niedrigen. Das erklärte Laffer dem Journalisten und dem Politiker und argumentierte, wenn man sich auf der *falschen* Seite der Kurve befand, in seinen Augen jene mit dem höheren Steuersatz, könnten Steuersenkungen dazu führen, dass der Staat mehr Geld einnimmt, weil die Menschen motivierter sind zu arbeiten.[50] Cheney war schwer beeindruckt von der einfachen, aber einprägsamen Zeichnung auf der Serviette der Cocktail Lounge. Tatsächlich war er so beeindruckt, dass er die Idee seinem Chef Donald Rumsfeld vortrug, der sich fortan für Steuersenkungen einsetzte.

So jedenfalls geht die Geschichte, die Jude Wanniski über die wohl berühmteste Serviette der USA erzählt, die sich inzwischen sogar im National Museum of American History in Washington besichtigen lässt. Er ist der Schöpfer der berühmten *Napkin-Anekdote.* Erstmals hat er sie in einem 1978 veröffentlichten Essay beschrieben, in dem er den Ausdruck *Laffer-Kurve* prägte und das Konzept einer breiten Öffentlichkeit vorstellte; dann erzählte er sie ausführlicher in seinem Bestseller *The Way the World Works* und konkretisierte sie später in einem Blogbeitrag.[51] Dabei änderte sich die Geschichte immer wieder, mal war es ein Steak-Dinner, mal war Rumsfeld selbst anwesend. Inzwischen gibt es aus vielen verschiedenen Quellen viele verschiedene Versionen jenes Treffens. Man könnte jetzt zu Recht einwenden, dass diese Serviette existiert, die den Wahrheitsgehalt bestätigt. Aber das ausgestellte Artefakt ist mit großer Wahrscheinlichkeit nicht die Serviette aus der oben beschriebenen Erzählung selbst. Arthur Laffer gab 2004 auf die Frage, ob die Anekdote stimme, Folgendes zu Protokoll: »Persönlich erinnere ich mich nicht an die Details des Abends, aber Wanniskis Version könnte wahr sein. [...] Die einzige Frage, die ich an Wanniskis Version der Geschichte habe, betrifft den Umstand, dass es in dem Restaurant Stoffservietten gab und meine Mutter mich dazu erzogen hat, schöne Dinge nicht zu verhunzen.«[52] In Laffers Erinnerung an diesen Abend ist allerdings auch Donald Rumsfeld anwesend, etwas, das Jude Wanniski später entschieden verneinte. Die wahrscheinlichste Erklärung für die Existenz jener Serviette im National Museum of American History – ein Geschenk von Wanniskis Witwe an das Museum – ist, dass es sich dabei um eine Replik handelt. Wanniski soll Laffer Jahre später gebeten haben, eine solche Serviette zu beschriften, als Andenken für das Treffen. Der Journalist hat seinen Beweis selbst angefertigt.[53]

Wie sich das Treffen im Detail zugetragen hat, wer genau anwesend war und auf welchem Stück Papier oder Stoff Laffer seine Kurve skizzierte, falls er das überhaupt tat, ist eigentlich nicht von Bedeutung, denn ein Fakt bleibt: Bis Wanniskis Texte erschienen, waren die Laffer-Kurve und die dahinterstehende Theorie weder in der

Öffentlichkeit noch in der Wissenschaftsgemeinde relevant. Obwohl Laffer seine Theorie bereits 1974 publizierte, nahm bis 1978 fast niemand davon Notiz. Erst durch Wanniskis Erzählung begannen Menschen, sich für den Zusammenhang zu interessieren, den Laffer beschrieben hatte und der bis heute von Befürworter*innen von Steuersenkungen genutzt wird. Ein Grund für die Verbreitung ist mit Sicherheit auch die Tatsache, dass Wanniski selbst der festen Überzeugung war, dass sich nicht nur die USA, sondern alle westlichen Staaten in den 1970er Jahren auf der *falschen* Seite der Laffer-Kurve befanden. Das Problem daran ist, dass es weder damals noch heute Indizien dafür gibt, dass diese Überzeugung korrekt ist. Sowohl die Existenz der Laffer-Kurve an sich als auch die Idee, dass wir uns auf der Seite mit dem *zu hohen* Steuersatz befinden, ist umstritten. Im Gegenteil deuten aktuelle Forschungen eher darauf hin, dass die europäischen und nordamerikanischen Volkswirtschaften ihre Steuern deutlich erhöhen müssten, um den Scheitelpunkt der Laffer-Kurve zu erreichen.[54]

Es lässt sich nicht mit Gewissheit sagen, wieso die Geschichte der Laffer-Kurve in den 1970er Jahren so ein Eigenleben entwickelte und später das wichtigste Argument für die Steuersenkungspläne von Regierungen weltweit wurde. Was an dieser Anekdote aber deutlich wird, ist der Umstand, dass es in der Sprache des Kapitalismus unerheblich ist, ob Fakten erzählt werden. Die Geschichte, die Bilder, die Eindrücke müssen einprägsam und einfach zu verstehen sein, damit sie sich im kollektiven Gedächtnis verankern. Und sie verdeutlicht noch einmal die Verantwortung von Journalist*innen und die Risiken, die sich für eine Gesellschaft ergeben, wenn Journalismus, Wissenschaft und Politik wortwörtlich am selben Tisch sitzen und Steak essen. Wäre Wanniski nicht bei diesem Abendessen dabei gewesen, hätte er seinen Essay und sein Buch nicht geschrieben; es wäre nur schwer vorstellbar, dass irgendjemand außerhalb eines sehr engen Kreises an Fachleuten jemals etwas von der Laffer-Kurve gehört hätte. Journalist*innen sind damit so etwas wie die Verteiler im System der Sprache des Kapitalismus.

KAPITEL 5

Auf dem Weg zum Mars – Selbsterzählungen machen aus Unternehmer*innen Prophet*innen

»Regel Nummer eins an der Wall Street: Niemand – ob du jetzt Warren Buffett oder Jimmy Buffett heißt –, niemand kann vorhersagen, ob 'ne Aktie steigt, fällt oder sich seitwärts im Kreis dreht, schon gar nicht wir Broker, oder? Es ist alles Fugazi.«[1]

Mark Hanna zu Jordan Belfort im Film
The Wolf of Wall Street

Kaum eine Szene aus dem Hollywood-Blockbuster *The Wolf of Wall Street* ist so bekannt wie das Lunchtreffen von Jordan Belfort, gespielt von Leonardo DiCaprio, und dem erfahrenen Broker Mark Hanna, dargestellt von Matthew McConaughey. McConaughey spielt den exzentrischen Börsenmakler mit einer reizvollen Mischung aus Charme, Manie und Enthusiasmus. Souverän erklärt Hanna dem verunsicherten Belfort, dass die gesamte Finanzwelt ein Spiel sei, bei dem niemand gewinne außer den Makler*innen. All das Geld, die Zahlen, die herumschwirren, das sei alles *Feenstaub*. Die schlanken Hände wirbeln durch die Luft, ein Pfiff durch die Zähne, die weit aufgerissenen Augen fixieren den biederen jungen Belfort, und ein manisches Grinsen huscht über Hannas Gesicht. Dann beginnt er, rhythmisch zu summen und sich im Takt auf die Brust zu klopfen.

Einige Szenen später sehen wir Belfort, wie er selbst in ekstatischer Verzückung eloquente Reden in Bürolofts hält, völlig eingenommen von dem System, das wenige Einzelne auf Kosten vieler anderer reich werden lässt. Martin Scorseses erfolgreicher Film mit Starbesetzung erzählt einen Teil des Lebens des Betrügers und Börsenmaklers Jordan Belfort, von seinen ruhmlosen Anfängen als Broker über die wilden Zeiten mit Partys, Drogen und Sexarbeiterinnen bis hin zu seiner Verhaftung und einem Ausblick auf die Jahre danach. In der letzten Szene sehen wir DiCaprio als Belfort, der von dem echten Jordan Belfort in einem Cameo-Auftritt angekündigt wird. Der fiktive Belfort steht nun vor einem andächtig lauschenden Publikum und fordert schüchterne Männer in der ersten Reihe auf, ihm einen Stift zu verkaufen – alle scheitern, sind aber vollständig gebannt von dem Charisma des scheinbar geläuterten Betrügers.

Ausschnitte des Films sind überall auf YouTube, TikTok und Instagram zu finden, und er ist Gegenstand unzähliger Memes. Aus zahlreichen Szenen zusammengeschnittene Clips zeigen DiCaprio als Belfort beim exzentrischen Tanz, mit verzerrtem Gesicht bei Motivationsreden, in schicker Kleidung in noch schickeren Autos und dazwischen immer wieder McConaughey, der sich auf die Brust klopft – »Stop hating on the lifestyle« steht unter einem Clip. Andere Videos erklären, wie Belforts Outfits selbst zusammengestellt werden können, eine Modemarke wirbt sogar mit dem Film auf TikTok für ihren sogenannten *Old Money Style*. Auch Jordan Belfort selbst – der echte – taucht überall in den sozialen Medien auf, in unzähligen Videos darf er seine legendäre Verkaufstechnik präsentieren und Geschichten aus seinem wilden Leben erzählen. Wenn es das Ziel von Martin Scorsese und Leonardo DiCaprio war, aus Jordan Belfort eine Ikone des Wall-Street-Jetsets zu machen, dann ist ihnen das mit Bravour gelungen.

Hinter den glitzernden Bildern, der hervorragenden Schauspielleistung und der beeindruckenden Ausstattung des Films scheint allerdings eine andere Perspektive hervor. *The Wolf of Wall Street* ist in erster Linie ein Film darüber, wie ein Mann, der den Regeln des radikalen Finanzkapitalismus folgte und dabei Gesetze brach, sehr reich wurde, im Gefängnis landete, wieder herauskam und seitdem – immer noch reich – als charismatischer Redner durch die Lande zieht.

»Geld zu machen ist so einfach. Wirklich. Es ist nicht schwierig«, verkündete Belfort 2013 in einem Interview mit dem *New York Magazine* lapidar. Der Text beginnt damit, dass Belfort von einer Kellnerin erkannt wird, die enthusiastisch erklärt, dass sie und ihre Freund*innen große Fans sind und seine Karriere genau verfolgen. Ein »bona fide Jordan Belfort Groupie«, wie Interviewer Geoffrey Gray festhält.[2] Wieso war es so leicht für Belfort, an mehrere Millionen Dollar heranzukommen? Was sowohl in Scorseses Film als auch in den Interviews mit Belfort selten thematisiert wird, ist die Skrupellosigkeit, ohne die die Methode, mit der Belfort und sein Unternehmen Stratton Oakmont Geld machten, gar nicht möglich wäre. Belforts Betrugsmasche konzentrierte sich auf die US-amerikanische Mittelschicht. Seine Opfer waren keine gierigen Wall-Street-Banker, die mit riskanten Spekulationen scheiterten, sondern normale US-Amerikaner*innen, die nach einem Weg suchten, ihre Ersparnisse anzulegen – ein Umstand, den Belfort bis heute leugnet. *Pump and Dump* nennt sich das Schema (also *Aufpumpen und Wegwerfen*), mit dem er schnell ein riesiges Vermögen aufgebaut hat. Dabei werden Unternehmensanteile von kleinen Firmen angeboten, die eigentlich nicht viel wert sind, sogenannte *Pennystocks*. Am Telefon gaukelten die Mitarbeitenden von Stratton Oakmont ihren Opfern vor, sie hätten Informationen, dass ebendiese unbekannten Firmen das nächste große Ding seien. Wer jetzt investiere, könne aus ein paar tausend Dollar schnell einige hunderttausend machen. Wer von uns hätte nicht gehofft, im Januar 1990 Microsoft-Aktien für einen Dollar das Stück zu kaufen, um diese später für mehrere hundert Dollar pro Aktie wieder zu verkaufen und so reich zu werden? Genau dieses Heilsversprechen machte Belfort seinen Opfern. Was die Betrogenen nicht wussten: Stratton Oakmont hielt selbst zahlreiche Pennystocks dieser Firmen. Wenn es den Mitarbeitenden gelungen war, genug Anteile unter die Leute zu bringen, und sie den Preis so selbst nach oben manipuliert hatten, verkauften sie ihre Pennystocks und strichen den Gewinn ein. Nachdem dieser künstlich aufgeblähte Preis wieder auf sein Normalmaß zurückgefallen war, blieben Belforts Opfer auf den Kosten sitzen. Das klassische Angebots-und-Nachfrage-Schema der Volkswirtschaftslehre in Aktion. Diese *Pump-and-Dump*-Masche ist eine besonders perfide Form des Insider-Handels, aber aus Belforts Sicht vor allem eins – *easy Money*.

Diese Perspektive spielt in dem launigen Hedonismusspektakel mit DiCaprio so gut wie keine Rolle. Deswegen gehört zur Frage, wie wir die Finanzwelt, den Kapitalismus und seine Auswirkungen wahrnehmen, unweigerlich auch, welche Geschichten wir von alldem erzählen und in welcher Form. Denn die Sprache des Kapitalismus besteht nicht nur aus Begriffen und Metaphern, sondern auch aus den Erzählmustern, Narrativen und Bildern, die in Spielfilmen, Serien und Romanen auftauchen, ebenso wie in den Selbsterzählungen einzelner Personen, in der Werbung oder den sozialen Medien. Und genau wie sprachliche Bilder setzen sich auch Filmbilder und die Geschichten dahinter in unseren Köpfen fest und beeinflussen unsere Vorstellungen. Denn die meisten von uns kennen den Teil der Finanzwelt, der sich außerhalb unseres eigenen Bankkontos abspielt, eben nur aus Erzählungen, auch wenn wir die Entscheidungen, die in diesem Umfeld gefällt werden, direkt zu spüren bekommen. Es ist wichtig, sich darüber im Klaren zu sein, was uns aus diesem Umfeld erzählt wird und wie wir damit umgehen. Damit wir in Jordan Belfort nicht nur den charismatisch-zwielichtigen Draufgänger mit dem Gesicht DiCaprios sehen, sondern vor allem das, was er in erster Linie ist: ein Betrüger, der auf Kosten anderer Menschen zu sehr viel Geld gekommen ist.

Erzählungen prägen unsere Wahrnehmung. Geschichten unterhalten uns nicht nur, sondern verleihen dem, was wir sehen, erst einen Sinn. Die US-amerikanische Essayistin Joan Didion hat einmal geschrieben, man wolle eben, wenn man eine nackte Frau auf dem Fenstersims sieht, wissen, wie sie dahin gekommen ist.[3] Das ist, wenn man es genau nimmt, sogar die grundsätzliche Definition von Erzählung: der sinnhafte Zusammenhang mehrerer Ereignisse. Eine Erzählung besteht aus einzelnen Stationen, die so miteinander verbunden werden, dass sie entweder logisch aufeinander folgen, durch eine gemeinsame Idee zusammenhängen oder sich beinahe zwangsläufig auseinander ergeben. Daraus haben sich über die Jahrtausende Muster und Strukturen entwickelt, die sich mit kleinen Unterschieden immer wiederholen. Eines der bekanntesten Muster ist die sogenannte Heldenreise. Der junge Held bricht von zu Hause auf, stellt sich Herausforderungen, muss Entscheidungen treffen, scheitert, rappelt sich wieder auf, überwindet die größte Hürde seines Lebens und steht am Ende siegreich da. Von den Irrfahrten des Odysseus über die Geschichte des Parzival bis hin zur *Star-Wars*-Saga – in Variationen ist das der Verlauf unzähliger Filme, Serien und Romane.

Damit ein solches Muster erfüllt werden kann, müssen bestimmte Grundlagen vorhanden sein. Bei Erzählungen, die keinen realen Hintergrund haben, ist das kein Problem. Man denkt sich die Geschichte einfach aus. Leider passt die Realität nicht immer in diese Muster hinein. Aus diesem Grund werden bei Erzählungen, die auf realen Ereignissen basieren, oft bestimmte Elemente hervorgehoben, andere werden in den Hintergrund gerückt oder ganz weggelassen. Damit erfüllen Erzählungen eine ähnliche Funktion wie Metaphern oder sprachliche Bilder: Sie vereinfachen komplexe Sachverhalte und Zusammenhänge, machen sie zugänglicher und dadurch leichter konsumierbar. Das ist reizvoll – und manchmal gefährlich.

Es führt dazu, dass unser Alltag von Narrativen durchzogen ist – nicht nur Filme, Romane und Serien erzählen uns etwas, sogar Nachrichtensendungen, Sportberichterstattungen oder die Werbung präsentieren ihre Inhalte oft in Geschichten, die den sich wiederholenden Mustern folgen: Die Außenseitermannschaft, die im entscheidenden Spiel durch Zusammenhalt den unbesiegbar scheinenden Gegner schlägt, die Sängerin aus armen Verhältnissen, die ihrem Traum nachjagt und zum Popstar wird, der Kranke, der im Angesicht seiner Vergänglichkeit seine Wünsche verwirklicht. Auch das, was Steve Jobs in seiner eingangs erwähnten Rede in Stanford erzählt – sein Weg aus der Garage auf die Bühne der iPhone-Präsentation –, greift auf ein solches Muster zurück: den American Dream.

Doch bei all diesen Erzählungen, ob fiktional oder in der Realität, muss man berücksichtigen, dass es sich bei ihnen immer nur um ausgewählte Perspektiven auf eine Kette von Ereignissen oder das Leben einer Person handelt. Denn die meisten Erzählungen folgen einer Intention. Sie wollen unterhalten, aufklären, ein Produkt verkaufen oder ein bestimmtes Bild von etwas entwerfen. Hinter dieser Intention verschwinden beinahe gezwungenermaßen andere Facetten der dargestellten Ereignisse. Deswegen ist es grundsätzlich sinnvoll, hinter eine Erzählung zu blicken, um den Elementen auf die Spur zu kommen, die verdeckt werden. In *The Wolf of Wall Street* wird natürlich auch gezeigt, dass Belfort ein Betrüger ist und im Gefängnis saß, dass sein Drogenkonsum gefährlich war und dass in der Welt des Börsenkapitalismus ethisch und legal nicht immer alles mit rechten Dingen zugeht. Aber es sieht eben auch alles – man kann es nicht anders sagen – ziemlich geil aus. Und das finden offenbar auch Zehntausende Nutzer*innen von YouTube, TikTok und Instagram. Der Film ist keine kritische Reflexion der Hochfinanz, sondern eine schillernde und glitzernde Inszenierung des Hedonismus und daher teilweise mit dafür verantwortlich, dass Belfort heutzutage Star und Vorbild ist.

Wollen wir damit sagen, dass man solche Filme nicht mehr drehen sollte? Nein, natürlich nicht. Man darf sie auch immer noch genießen, wenn man sie unterhaltsam findet. Aber wie es bei True-Crime-Erzählungen über Gewaltverbrechen nun schon länger üblich ist, braucht es auch bei Wirtschaftskriminalität eine Debatte darüber, wie solche Geschichten ethisch vertretbar erzählt werden können. In *The Wolf of Wall Street* sehen wir ausschließlich die Seite des Täters. Belforts Opfer kommen in den fast drei Stunden quasi nicht vor. Das veranlasste die Tochter eines der Opfer 2013 dazu, einen offenen Brief an den Regisseur Scorsese und die Produzent*innen des Films zu schreiben. Darin fragt sie: »Was lässt Sie glauben, dass dieser Mann es verdient, Protagonist dieser Geschichte zu sein? Glauben Sie, seine Opfer werden sich das ansehen? Haben wir vergessen, welcher Schaden mit der verdammt guten Zeit einhergegangen ist, die er hatte? Oder kehren wir das unter den Teppich, um Kinokarten zu verkaufen?«[4]

Für unser grundsätzliches Verhältnis zu den Erzählungen des Kapitalismus ist es notwendig zu erkennen, was genau erzählt wird, aus welcher Perspektive Geschichten geschildert werden und welche Auswirkungen das auf unsere Wahrnehmung hat. Es kann hilfreich sein, sich bei den erzählten Geschichten zu fragen, welchen Zweck es hat, dass die Opfer nicht zu Wort kommen und dass die realen Auswirkungen von Handlungen nicht gezeigt werden. Würden in *The Wolf of Wall Street* Belforts Opfer dargestellt, die ihre Altersvorsorge und die College-Ersparnisse ihrer Kinder verloren haben, dann würden wir deutlicher erkennen, wie unangemessen die glorifizierende Darstellung seiner Verbrechen ist.

Von der Wall Street bis zum Mond – der Kapitalismus erzählt sich selbst

Einer der bekanntesten Filme überhaupt ist Francis Ford Coppolas *Apocalypse Now*[5] über den Vietnamkrieg. Zahllose Szenen sind zu ikonischen Momenten der Kinogeschichte geworden: die Kampfhubschrauber, die zum ohrenbetäubenden Sound von Richard Wagners *Walkürenritt* zum Angriff fliegen, Colonel Kilgores zynischer Kommentar – »Ich liebe den Geruch von Napalm am Morgen« – beim Anblick des brennenden Dorfes oder Marlon Brandos mehrfach wiederholtes »the Horror«. Die Liste solcher legendärer Momente, die ihren Weg in unser kulturelles Gedächtnis gefunden haben, ist lang und weist auf ein grundlegendes Problem hin, mit dem sich alle Filme, die Kriege zeigen, auseinandersetzen müssen: Wie kann man einen spannenden, atmosphärischen und unterhaltsamen Film über Krieg drehen und Krieg an sich gleichzeitig wirksam kritisieren? Geht das überhaupt? Oder kann es eigentlich gar keine Anti-Kriegsfilme geben? Die These, die dieser Debatte zugrunde liegt, wird dem französischen Regisseur François Truffaut zugeschrieben. Truffaut vertrat den Standpunkt, dass jeder Film, der im Krieg spielt, am Ende eben doch *für* den Krieg sei.[6] Wir wollen diese Überlegung aufgreifen und fragen: Kann man spannende Unterhaltungsfilme über Investmentbanking, die Wall Street oder auch einfach über das Leben im Kapitalismus drehen, die die Zustände und ihre Profiteure wirksam kritisieren? Kurz gesagt: Gibt es Anti-Kapitalismus-Filme?

Das Bild, das wir heute von Investmentbanker*innen haben, ist noch gar nicht so alt. Es stammt aus den 1980er Jahren und wurde unter anderem durch den Film *Wall Street*[7] von 1987 popularisiert. Der Regisseur Oliver Stone erzählt in dem Film die Geschichte des jungen Brokers Bud Fox, gespielt von Charlie Sheen. Fox ist fasziniert von dem überreichen und diabolischen Börsenspekulanten Gordon Gekko, den Michael Douglas darstellt, und tut alles dafür, dessen Gunst zu erlangen, um so an dem glorreichen Leben der High Society und dem aufregenden Alltag der Hochfinanz teilhaben zu können. Er gerät dadurch in illegale Geschäfte, zerstört beinahe die Firma, für die sein Vater seit Jahrzehnten arbeitet, und wird am Ende in Handschellen abgeführt. Hier gibt es eine interessante Parallele zu *The Wolf of Wall Street*: In beiden Fällen stammen die Protagonisten aus soliden US-amerikanischen Mittelstandsfamilien. Beide Filme zeichnen also zunächst eine soziale Aufstiegsgeschichte, in der junge Männer gesellschaftliche Schichten erreichen, die für sie eigentlich unerreichbar schienen. Gordon Gekko ist trotz oder gerade wegen seiner Rücksichtslosigkeit, seiner fehlenden Moral und seiner Ignoranz gegenüber anderen mit seinem Wahlspruch (»Gier ist – in Ermangelung eines besseren Wortes – gut.«) zum Vorbild zahlreicher junger, *weißer* Männer geworden, die an die Wall Street wollten. Michael Douglas bekundet in Interviews bis heute seine Überraschung darüber, dass Investmentbanker auf ihn zukommen und ihm erzählen, wie sehr seine Darstellung von Gekko ihre Karriere geprägt habe. Die Erklärung, die Douglas trotz seiner Irritation dafür findet, kommt dem tatsächlichen Grund vermutlich sehr nahe: Gekko hat alles, was in den Grenzen einer kapitalistischen und patriarchalen Leistungsgesellschaft erstrebenswert ist. Er sieht gut aus, hat ein riesiges Büro in Manhattan, eine Villa am Strand, attraktive junge Frauen um sich herum und ist darüber hinaus schlagfertig und cool. Dass er – wie der echte Jordan Belfort etwa zehn Jahre später –

am Ende des Films wegen illegalen Insider-Tradings ins Gefängnis muss, mutet wie eine Fußnote an, die der Film pflichtschuldig anfügt. Zwar gewinnen schlussendlich *die Guten*, trotzdem bleibt ein Beigeschmack zurück, der die kritische Position des Films zumindest fragwürdig erscheinen lässt.

Dabei ist es kein Zufall, dass *Wall Street* während der Amtszeit des vierzigsten Präsidenten der Vereinigten Staaten, Ronald Reagan, gedreht wurde. Die Wirtschaftspolitik des ehemaligen Schauspielers trug entscheidend dazu bei, ein System zu schaffen, in dem Figuren wie Gordon Gekko überhaupt wieder denkbar waren. In den Jahrzehnten nach dem Zweiten Weltkrieg waren die europäischen und nordamerikanischen Länder zunächst darum bemüht, neben einer politischen und gesellschaftlichen, auch zu einer ökonomischen Ordnung zurückzukehren. Nach den traumatischen Erlebnissen stießen hohe Steuern und die Forderung nach Umverteilungen sogar in gesellschaftlichen und politischen Milieus, in denen heute jede Forderung nach höheren Abgaben vehement bekämpft wird, auf breite Akzeptanz. So existierte unter dem republikanischen Präsidenten Dwight D. Eisenhower ein Spitzensteuersatz auf Einkommen von über neunzig Prozent. Unternehmensgewinne wurden zeitweise mit mehr als fünfzig Prozent besteuert. Eine kleine Einordnung: Die neunzig Prozent galten ab einem Einkommen von 200 000 US-Dollar für Singles, was auf das Jahr 2023 umgerechnet circa 2 200 000 US-Dollar entspricht. Das heißt, jeder Dollar über dieser Schwelle wurde mit neunzig Prozent besteuert. Heute herrscht in den USA ein Spitzensteuersatz von knapp vierzig Prozent für alle, die mehr als 418 000 US-Dollar im Jahr verdienen. Ähnliche Entwicklungen gab es auch in Kanada und Europa (hier vor allem in Großbritannien, Mittel- und Westeuropa sowie Skandinavien). Die wirtschaftliche Situation im Westen lässt sich zu dieser Zeit mit einer einfachen Formel zusammenfassen: hohe Steuern, hohe Wachstumsraten, geringe Ungleichheit.

Das bedeutete selbstverständlich nicht, dass es keine Ungleichheiten gab. Von der damaligen wirtschaftlichen Stabilität profitierten in erster Linie *weiße* Menschen. Insbesondere in den USA war die Bürgerrechtssituation der Schwarzen Bevölkerung zu jener Zeit verheerend. Es kann also keineswegs von einer goldenen Vergangenheit die Rede sein. Interessant ist aber, dass es eine Phase in der kapitalistischen Geschichte Europas und Nordamerikas gab, in der ein gesellschaftlicher Konsens darüber herrschte, dass auch hohe Abgaben zu einem Wohlstandswachstum für alle beitragen können.

Doch wie wir im vergangenen Kapitel von Hyman Minsky gelernt haben, konnte diese Stabilität nicht von Dauer sein – Stabilität führt zu Instabilität. Beginnend mit der ersten Ölkrise 1973, verschob sich die ideologische Beurteilung der gesellschaftlichen Zustände in den westlichen Staaten. Diese Entwicklung erreichte mit den Amtsantritten von Margaret Thatcher 1979 als Premierministerin Großbritanniens und Ronald Reagans als US-Präsident 1981 ihren Höhepunkt. In diesen und vielen anderen Staaten wurde die Wirtschaftspolitik in der Folge neoliberal. Das bedeutete geringe Steuern, weniger Sozialleistung und insgesamt ein Rückgang staatlicher Eingriffe. Diese Politik war so eng mit den jeweiligen Politiker*innen verbunden, dass sie in vielen Ländern nach ihnen benannt wurde: Reagonomics, Thatcherismus oder in Neuseeland, nach dem dortigen Finanzminister Roger Douglas, Rogernomics. Das Mantra der Eigenverantwortung und des Leistungsprinzips begann seinen Siegeszug, und die Prinzipien der Solidarität und des Gemeinschaftsgedankens wurden in den Hintergrund gedrängt.

Was hat das nun mit dem Film *Wall Street* und Gordon Gekko zu tun? Eine ganze Menge. In den USA wurden die Spitzensteuersätze auf Einkommen in dieser Zeit drastisch gesenkt. Lag jener Steuersatz zu Beginn der Reagan-Ära noch bei siebzig Prozent, sank er 1981 zunächst auf fünfzig Prozent, ehe 1986 eine weitere Reduzierung auf 28 Prozent beschlossen wurde. Damit wurden nicht nur die reichsten US-Amerikaner*innen enorm entlastet, sondern es wurde auch ein Umfeld geschaffen, in dem das Investmentbanking aufblühen konnte, nachdem es lange ein Schattendasein geführt hatte. Das erste goldene Zeitalter des Investmentbankings waren die sogenannten Goldenen Zwanziger, die mit dem Schwarzen Donnerstag 1929 relativ abrupt endeten: Der bis dahin größte Crash der US-amerikanischen Börse änderte die Sicht auf extravaganten Reichtum. Es war nun gesellschaftlich nicht mehr akzeptiert, Wohlstand zur Schau zu stellen, während es vielen sehr schlecht ging. Familien verzichteten darauf, neue Autos oder Kühlschränke zu kaufen, wenn sie sahen, dass ihre Nachbar*innen zu den enorm vielen Arbeitslosen jener Zeit gehörten. Die Große Depression in den 1930er Jahren und der Zweite Weltkrieg verschoben die Wahrnehmung der Bevölkerung von Luxus und Reichtum. Was einst bewundert worden war, galt nun als vulgär.[8] Das bedeutete vorerst das Ende der Wall-Street-Exzesse. Erst durch die Reagonomics, als sich das Streben nach Überreichtum steuerlich wieder lohnte, wandelte sich auch die gesellschaftliche Stimmung. Nachdem insbesondere die *weiße* Mittelschicht seit dem Ende des Zweiten Weltkriegs bis in die 1970er Jahre hinein von Stabilität und wirtschaftlichem Aufstieg profitierte, war nun der Wunsch nach Luxus wieder gesellschaftlich akzeptiert. Damit begann das zweite goldene Zeitalter des Investmentbankings. Entsprach das Volumen aller gehandelten Wertpapiere innerhalb der Vereinigten Staaten 1980 in etwa der Hälfte des US-amerikanischen Bruttoinlandsprodukts, so stieg dieser Wert bis zum Ende des Jahrhunderts auf fast 150 Prozent.[9] In der gleichen Zeit nahm die Ungleichheit in den Vereinigten Staaten drastisch zu. Als Reagan sein Amt antrat, gingen circa zehn Prozent des gesamten Einkommens der USA eines Jahres an das reichste Prozent der Bevölkerung, die ärmsten fünfzig Prozent kamen immerhin auf knapp zwanzig Prozent.[10] Heute ist es das reichste Prozent in den USA, das ein Fünftel des Gesamteinkommens erhält, mehr als die ärmere Hälfte der Bevölkerung. Der Trend hält also seit Beginn der Reagonomics stabil an. Dabei war Reagan nicht allein für eine Deregulierung der Finanzmärkte verantwortlich, dieser Prozess begann schon in den 1970er Jahren unter Jimmy Carter. Unter Reagan veränderte sich vor allem das gesellschaftliche Verhältnis zu Wohlstand und die Art und Weise, wie man an Geld kam. Waren insbesondere die 1950er und 1960er Jahre durch eine Demut geprägt und einen Willen zum gemeinschaftlichen Wiederaufbau, dominierte in den 1970er und 1980er Jahren das Streben nach Reichtum, und die Wall Street konnte dort weitermachen, wo sie ein halbes Jahrhundert zuvor aufgehört hatte.[11] Dieser Zeit entstammen auch die ersten Narrative über die Protagonist*innen der Finanzmärkte. Wirtschaftspolitische Entscheidungen und Erzählungen über den Kapitalismus befeuerten sich in der Folge permanent gegenseitig. Jede Erzählung über einen Gordon Gekko oder Patrick Bateman (die Hauptfigur aus Bret Easton Ellis' *American Psycho*) inspirierte eine neue Generation von Investmentbanker*innen, und jedes neue Allzeithoch des Dow Jones inspirierte neue Geschichten über ihre Akteur*innen. Gehen wir nun für den Moment einmal davon aus, dass Oliver Stone mit seinem Film *Wall Street* tatsächlich Kritik an bestimmten Auswüchsen des Achtziger-Jahre-Kapitalismus üben wollte. Folgt man dieser Prämisse, zeigen sich Probleme auf drei Ebenen, die verhindern, dass die Kritik wirksam ist, und stattdessen dafür gesorgt haben, dass der Film den gegenteiligen Effekt hatte: Junge Männer waren fasziniert von der aufregenden Börsenwelt und wollten dort Karriere machen.

Auf inhaltlicher Ebene ist nicht Gordon Gekko das Problem, sondern Bud Fox. Auch der junge Broker Fox wird am Ende abgeführt, weil Gekko ihn in seine Geschäfte hineingezogen hat. Er hat sich von dessen Gier-Mantra den Blick vernebeln lassen, seinen Working-Class-Vater verraten und muss nun vor Gericht. Dieser Verrat ist die Kritik, die der Film an Fox übt. Ohne Kritik kommt hingegen das System davon, in dem sich Gekko und Fox bewegen. Im Gegenteil: Es ist das System, das letzten Endes die Rettung darstellt. Fox schafft es, die Airline, für die sein Vater als Mechaniker arbeitet, vor der Zerschlagung durch Gekko zu retten, indem er einen anderen reichen Spekulanten davon überzeugt, Anteile zu kaufen und so zu garantieren, dass die Firma intakt bleibt. Der Film bestätigt also letztlich das System, das er stattdessen kritisieren könnte.

Die größte Schwierigkeit auf erzählerischer Ebene bereiten die Perspektiven und Räume, in denen die Wall-Street-Welt und ihre Figuren gezeigt werden. *Wall Street* hat damit ein ähnliches Problem wie Filme, die von sich behaupten, Anti-Kriegsfilme zu sein. Um das zu erläutern, kehren wir noch einmal zu *Apocalypse Now* zurück. Francis Ford Coppola hat indirekt zugegeben, mit dem Klassiker des modernen US-Kinos keinen Anti-Kriegsfilm geschaffen zu haben. Ein solcher Film dürfe nämlich, so Coppola, »niemals in der Nähe von Schlachtfeldern und Kriegsschauplätzen spielen, sondern eher in menschlichen Umständen, die weit davon entfernt liegen«[12]. Legt man diesen Maßstab auch an Filme wie *Wall Street* und *The Wolf of Wall Street* an, dürften diese nicht in den heiligen Hallen der Hochfinanz in Downtown Manhattan und den schicken Wolkenkratzerapartments und Strandvillen spielen, sondern müssten ihre Geschichten aus der Perspektive und den Räumen derjenigen erzählen, die aufgrund eines kaputten Systems und der Gier von Spekulant*innen ihre Ersparnisse, Jobs und Häuser verlieren. *Wall Street* müsste aus der Perspektive von Bud Fox' Vater erzählt werden. Gordon Gekko würde allenfalls als drohende Instanz im Hintergrund vorkommen.

Auf der dritten Ebene scheitert der Film am Ästhetischen, was wir mit einem Vergleich illustrieren wollen. Ein Jahr vor *Wall Street* kam ein anderer Film von Oliver

Stone in die Kinos, ebenfalls mit Charlie Sheen in der Hauptrolle. John C. McGinley – später bekannt als Dr. Cox aus der Krankenhausserie *Scrubs* – spielte darin (wie auch in *Wall Street*) eine prominente Nebenrolle. Der Film, um den es hier geht, bezeichnet sich selbst als Anti-Kriegsfilm. In *Platoon*[13] aus dem Jahr 1986 erzählt Stone – basierend auf eigenen Erlebnissen in Vietnam – von einem Trupp junger US-Soldaten, die im Chaos des Vietnamkrieges erkennen müssen, dass Gut und Böse nicht so klar zu unterscheiden sind, wie sie dachten. Zweifellos soll der Film die Schrecken eines sinnlosen Krieges auf kritische Weise darstellen und die Spuren zeigen, die er bei den Soldaten hinterlässt.

Interessant wird er für unsere Zwecke, weil sich erstaunliche ästhetische und strukturelle Parallelen zwischen den beiden Filmen von Oliver Stone erkennen lassen. In der Eingangsszene von *Wall Street* schwebt die Kamera bei Sonnenaufgang über Manhattan hinweg, dessen Wolkenkratzer in ein dunstiges rotes Licht getaucht sind, bevor wir als Zuschauer*innen in die U-Bahn-Schächte und Straßenschluchten eintauchen. In seiner Inszenierung des wilden chaotischen Manhattans werden so Erinnerungen an den vietnamesischen Dschungel mit seinen riesigen Bäumen und dem undurchdringlichen Dickicht wach, in dem Charlie Sheens und John C. McGinleys Figuren in *Platoon* kämpften. Die Kamera folgt Bud Fox in die Börsenfirma, wo er schließlich mit Marvin (McGinley) hinter reihenweise Bildschirmen sitzt – wie zuvor im Schützengraben. Durch die beiden Schauspieler Sheen und McGinley wird die Parallelität der beiden Filme überdeutlich. *Wall Street* erzählt die Welt der New Yorker Börse als Kriegsschauplatz. Offensichtlich wird das auch durch zahlreiche Kriegsmetaphern. Fox ruft Marvin zu: »Marv, I've got a feeling that we're gonna make a killing today!«, der antwortet lässig: »Yeah? Where's your machine gun?«[14] Und Gekko erklärt dem jungen Fox, dort draußen herrsche Krieg, Dabei beruft er sich auf den über 2500 Jahre alten Text *Die Kunst des Krieges* des chinesischen Militärstrategen und Philosophen Sun Tzu.[15]

Dass *Wall Street* an verschiedenen Stellen an die Metaphorik und Ästhetik von (Anti-)Kriegsfilmen anknüpft, verweist auf eine Erzählstrategie, die sich viele Geschichten aus dem Banking-Umfeld zunutze machen. Auf den ersten Blick liefern der Alltag an der Börse und die Geschäfte, die dort getätigt werden, nur bedingt Stoff für spannende Hollywoodfilme. Zu komplex und voraussetzungsreich sind die Vorgänge und Mechanismen des Systems, als dass man sie unterhaltsam erzählen könnte. Der Humor des Films *The Big Short*[16] über die Finanzkrise 2008 baut sogar teilweise auf der Prämisse auf, dass selbst hochspezialisierte Insider die komplizierten Finanzprodukte, mit denen sie handeln, nur im Ansatz verstehen. Auch der Arbeitsalltag der Akteur*innen dieses Systems, der Banker*innen, ist visuell nicht abwechslungsreich genug, um ihn ästhetisch ansprechend zu inszenieren. Ein Film, der das trotzdem tun will, muss mit filmästhetischen und erzählerischen Metaphern arbeiten. *Wall Street* tut das, indem er die Finanzwelt von Manhattan als Kriegsschauplatz zeigt. In *The Wolf of Wall Street* finden wir uns eher in einem hedonistischen Partytempel als an der Börse wieder, *Rogue Trader*[17] mit Ewan McGregor erzählt die Handelswelt als dynamisches Zockerparadies, und der brutale Thriller *American Psycho*[18] nach dem Roman von Bret Easton Ellis inszeniert einen Banker, der nur noch etwas fühlt, wenn er sich in Gewaltexzessen ergehen kann. Die Börsenwelt muss selbst mit Narrativen metaphorisiert werden, um sie gut erzählbar zu machen.

Wo liegt nun eigentlich das Problem? Es handelt sich um unterhaltsame Filme mit großartigen Schauspieler*innen, die zeitgenössische, relevante Geschichten erzählen. Alles so weit richtig. Aber sie liefern auch die erzählerischen Blaupausen, nach denen vor allem viele junge Männer ihre eigenen aufregenden Narrative in der Welt des Finanzhandels gestrickt haben. Jordan Belfort beschreibt in seiner Autobiographie *The Wolf of Wall Street*, auf der der Film von Scorsese basiert, dass er zur Hochzeit seiner illegalen Geschäfte den Spitznamen Gordon Gekko trug. Als *The Wolf of Wall Street* 2014 im Kino lief, berichtete die *Daily Mail* von etwa 150 Banker*innen in London, die sich als Figuren aus dem Film verkleideten und gemeinsam ins Kino gingen.[19] Und nicht nur Michael Douglas, auch Charlie Sheen und Christian Bale, der Patrick Bateman in *American Psycho* spielte, berichten, dass Investmentbanker*innen ihnen immer wieder begeistert erzählen, wie toll sie ihre jeweiligen Rollen finden. Es hilft also nicht, dass DiCaprio pflichtschuldig erklärt, *The Wolf of Wall Street* sei ein abschreckendes Beispiel (»a cautionary tale«[20]), und er hoffe, die Zuschauer*innen würden verstehen, was der Film über die Finanzwelt aussagen wolle. Angesichts von über hundert Börsenhändler*innen in Achtziger-Jahre-Anzügen, die begeistert ins Kino strömten, und Massen an Videos in den sozialen Netzwerken, die Jordan Belfort feiern, muss man sagen, dass die Zuschauer*innen ihren eigenen Blick auf diese Filme haben. Die Lebensläufe der handelnden Figuren und Personen – unabhängig davon, ob sie rein fiktiv sind oder auf realen Vorbildern basieren – werden anscheinend weniger als Warnung, sondern vielmehr als erstrebenswertes Vorbild einer aufregenden Karriere verstanden.

Alles eine Frage des Mindsets?

Seit einigen Jahrzehnten zieht sich eine bestimmte Typenfigur durch unsere moderne Erzählkultur, die unser Bild davon, was Erfolg und Leistung in einem kapitalistischen System bedeuten, stark beeinflusst. Nennen wir sie das *Unternehmergenie*.[21] Wir sehen sie als Jordan Belfort in *The Wolf of Wall Street*, wir sehen sie aber auch als Steve Jobs in den beiden Spielfilmen über den ehemaligen Apple-CEO und in den Videoaufnahmen seiner legendären Auftritte bei Produktpräsentationen. Elon Musk spielt diese Rolle in der Öffentlichkeit ebenso wie Adam Neumann, der das Start-up WeWork gegründet und beinahe in den Bankrott geführt hat, und der deutsche Start-up-Unternehmer und Investor Frank Thelen – wenn auch auf wesentlich niedrigerem ökonomischen Niveau. Tausende (vor allem) junge Männer auf TikTok und Instagram wollen es ihnen gleichtun. Diese Figur ist der Inbegriff des kapitalistischen Versprechens: ein Mensch, der durch harte Arbeit, Disziplin, Risiko und geniehafte Innovation ein oder mehrere erfolgreiche Unternehmen gründet und es zu Reichtum und Einfluss bringt. Darin verbirgt sich, nicht einmal gut versteckt, die Ursprungserzählung des Kapitalismus, nach der jeder durch ausreichende Leistung und Innovation ökonomischen Erfolg, Wohlstand und theoretisch auch Reichtum erlangen kann. Dass dieser Grundgedanke unseres Wirtschaftssystems in der aktuellen Form ganz sicher nicht stimmt, ist hinlänglich bekannt – sollte man meinen. In Wahrheit verbreiten viele Politiker*innen, Wirtschaftsexpert*innen, Influencer*innen und Unternehmer*innen aber weiterhin die Behauptung, dass allein Leistung und harte Arbeit der Weg zu ebenjenem guten Leben in Reichtum ist. Im Umkehrschluss tragen dadurch alle Menschen, die es nicht zu einem, zumindest in materieller Hinsicht, sorgenfreien Leben geschafft haben, selbst die Verantwortung für ihr Scheitern.

Nur damit an dieser Stelle kein Missverständnis aufkommt, wollen wir gleich einen naheliegenden Einwand vorwegnehmen: Es spricht nichts gegen harte Arbeit, und es spricht ebenso wenig etwas dagegen, dass Menschen die Gelegenheit haben, gute Ideen umzusetzen. Es spricht aber etwas dagegen, zu behaupten, Reichtum sei allein das Ergebnis von Leistung und Genialität. Wenn das so wäre, dann wären sehr viele Menschen sehr reich. Oder sollen wir wirklich glauben, dass durchschnittliche Angestellte 400-mal weniger leisten als die CEOs eines Unternehmens? Denn genau das Verhältnis von 400 zu eins war im Jahr 2021 der durchschnittliche Lohnunterschied zwischen US-amerikanischen CEOs und ihren Angestellten.[22] Was in den Geschichten der Unternehmergenies selten erzählt wird, sind die Voraussetzungen, die diese Menschen hatten, um sehr reich oder sogar überreich zu werden, und die Umstände, unter denen ihr Reichtum entstanden ist.

Die hier erwähnten Figuren erweisen sich als Musterbeispiele der kapitalistischen Grundidee. Gerade das macht sie so reizvoll: Folgt man ihrer Selbsterzählung und den Geschichten, die über sie kursieren, sind sie extrem risikobereit, extrem diszipliniert, extrem genial, extrem mächtig und deswegen extrem reich. Dadurch vereinen sie in sich Eigenschaften, über die viele von uns gerne selbst verfügen würden. Da all das bei ihnen zum Extrem erhoben ist, erscheinen sie als Genies. Als moderne Genies werden heute in der breiten Öffentlichkeit nicht mehr nur Menschen wahrgenommen, die ein Musikinstrument bis zur Perfektion beherrschen oder bahnbrechende wissenschaftliche Entdeckungen machen, sondern auch solche, die die kapitalistischen Strukturen zu ihren Gunsten auszunutzen wissen. Natürlich formuliert das niemand so explizit. Die Erzählungen handeln vielmehr von den grandiosen Visionen und Innovationen, die diesen Menschen zugeschrieben werden. Dass die vermeintlichen Genies dadurch überreich werden, erscheint fast wie ein irrelevanter Nebeneffekt. Steve Jobs wird die Aussage zugeschrieben, er habe mit 25 Jahren hundert Millionen Dollar besessen, aber das sei egal gewesen, weil er *es* nicht wegen des Geldes gemacht habe.[23] Vielleicht stimmte das ursprünglich sogar. Eine fast achtzig Meter lange Yacht im Wert von hundert Millionen Dollar hat er sich später dennoch gekauft. Ganz irrelevant schien das Geld für ihn am Ende also doch nicht gewesen zu sein.

In den Erzählungen über diese Genies spielt übermäßiger Reichtum eine entscheidende Rolle. Ihre Berühmtheit und die Bewunderung, die sie erfahren, hängen direkt damit zusammen. Wie stark die Genienarrative wirken und wie eng sie mit der Vorstellung von finanziellem Überreichtum verbunden sind, zeigt das Beispiel der Start-up-Betrügerin Elizabeth Holmes. Holmes gründete 2003 mit nur neunzehn Jahren im Silicon Valley das Start-up Theranos und behauptete, sie werde die diagnostische Medizin durch technische Innovation revolutionieren. Eine Sensation schien sich anzubahnen, die viele Investor*innen anlockte. Im Jahr 2015 wurde Holmes' Vermögen auf 4,5 Milliarden Dollar geschätzt. Doch im selben Jahr stellte sich heraus, dass das Unternehmen auf einem Betrug aufgebaut war und die medizinischen Tech-Innovationen auf falschen Daten beruhten. Interessant ist dieser Fall für uns vor allem deshalb, weil Holmes von frühester Jugend an den Wunsch äußerte, Milliardärin werden zu wollen, und Steve Jobs als ihr großes Vorbild angab.[24] Anders als Jobs es von sich selbst behauptete, war übermäßiger finanzieller Erfolg für Holmes also ein entscheidender Antrieb. Die Tatsache, dass ihr großes Vorbild durch die Gründung eines innovativen Unternehmens überreich geworden war, machte einen großen Teil ihrer Bewunderung aus. Holmes' Verehrung des Apple-Gründers ging so weit, dass sie ihm nicht nur unternehmerisch nacheiferte, sondern selbst im ikonischen schwarzen Rollkragenpullover auftrat, ihre Stimme tiefer ansetzte, um männlich assoziierte Autorität auszustrahlen, und wie Jobs auch oft Grünkohl-Shakes zu sich nahm.[25] Sie inszenierte sich selbst als Hauptfigur in einer Erzählung, die an ihrem Vorbild ausgerichtet war. Der Umstand, dass ihr Unternehmen – anders als Apple – keine weltverändernden Geräte entwickelte, sondern auf einem Betrug basierte, für den Holmes zu einer langen Gefängnisstrafe verurteilt wurde, zeigt zusätzlich, wie stark die Erzählungen von Unternehmergenies wie Steve Jobs wirken. Sie verkaufen den kapitalistischen Traum von erfolgreichem Unternehmertum und Überreichtum als aufregende Geschichte, die verschleiert, was für Dynamiken, Strukturen und Risiken in dem System angelegt sind. Das kann, wie im Fall von Holmes, dazu führen, dass der Wunsch, selbst Teil dieser Erzählung zu werden, in illegalen Praktiken und Betrug endet.

Doch selbst Überreichtum, der durch illegale Geschäfte erlangt wurde, ist offenbar kein Hindernis für aufregende Genieerzählungen. Denn auch wenn der fiktive Gordon Gekko und der reale Jordan Belfort, anders als Elon Musk, Steve Jobs oder Jeff Bezos, für die kriminellen Handlungen, durch die sie reich geworden sind, verurteilt wurden, werden sie als charismatische Genies erzählt, die über der Masse stehen. Der Literatur- und Kulturwissenschaftler Johannes Franzen hat gezeigt, wie dieses moderne Konzept des Genies dazu führt, dass Konsum das Gefühl der Teilhabe an dieser Genialität ermöglicht.[26] Wer heutzutage in der Aura des Genies baden möchte, stellt Franzen fest, geht nicht mehr ins Museum, sondern kauft einen Tesla oder wenigstens das neueste iPhone. In einer Rede im Jahr 1997, kurz nach seiner Rückkehr zu Apple, hat Steve Jobs das selbst mehr oder weniger wörtlich gesagt: »Oft denken Menschen, sie seien verrückt. Aber wir sehen in dieser Verrücktheit Genialität. Und für diese Menschen stellen wir Werkzeuge her.«[27] Die gegenwärtige Erzählung des Kapitalismus verbindet so Konsum mit dem Erlebnis des Geniehaften. Wer ein bestimmtes Produkt kauft, kauft die Vision des Genies gleich mit und darf sich selbst als etwas Besonderes fühlen.

Adam Neumann, der Gründer von WeWork, hat dieses Prinzip geradezu ins Absurde getrieben, indem er Menschen ihr Arbeitsleben als visionäres Sozialerlebnis verkauft hat. Sein Unternehmen hat konzeptionell gesehen nichts anderes angeboten als einen Schreibtisch in einem Großraumbüro, das mit den Insignien modern-urbaner Freizeitgestaltung ausgestattet ist: Tischtennisplatten, eine Bar, caféartige Sitzgruppen und kulturelle Veranstaltungen, die dort nach Ende eines Arbeitstages stattfinden. Verkauft wurde dieser Arbeitsplatz jedoch als visionäres Konzept von *New Work*, in dem Leben und Arbeit verschmelzen, wodurch eine neue, innovative Form der Produktivität entsteht, in der Arbeit als solche nicht mehr existieren sollte. Kurz gesagt: Neumann hat den Menschen Arbeit als Freizeit verkauft und ihnen dadurch das Gefühl gegeben, Teil einer genialen Vision zu sein. In der Welt von WeWork konnte jede*r das Gefühl kaufen, ein eigenes kleines Silicon-Valley-Start-up zu betreiben. Von einem kapitalistischen Standpunkt her ist diese Vision, so perfide sie ist, wirklich fast genial: kommodifizierte Arbeit. Es ist alles eine Frage der Erzählung.

Figuren wie Gekko und Belfort haben zwar keine Produkte hergestellt, durch deren Erwerb man ihrem vermeintlichen Genie nahekommen könnte, aber sie haben durch ihre Macht und ihr Charisma ähnlich wie Musk oder Jobs ekstatische Fans gewonnen, die ihnen bedingungslos wie Jünger folgen und es ihnen gleichtun wollen. Belfort tritt bis heute als Coach vor Tausenden

Zuschauer*innen auf, die sein wollen wie er. In *The Wolf of Wall Street* ist die Figur des Unternehmergenies sogar doppelt vorhanden: Bevor Belfort in diese Rolle schlüpft, folgt er zunächst selbst dem genialen Mark Hanna, der ihm als exzentrischer Trader vorlebt, welcher Habitus nötig ist, um in dem Business zu reüssieren.

Die Goldgräber*innen des Internets

Folgt man den Spuren, die die Erzählungen überreicher Unternehmergenies hinterlassen, landet man zwangsläufig in den sozialen Medien. In kaum einem anderen Umfeld wird in der digitalen Gegenwart des 21. Jahrhunderts so viel erzählt und dargestellt wie auf Instagram, YouTube und TikTok. Die Netzwerke haben jeweils über eine Milliarde Nutzer*innen. Die Geschichten und Visionen, die in fiktionalen Filmen und Romanen, in Autobiographien und in der öffentlichen Darstellung von Unternehmergenies über den Kapitalismus verbreitet werden, fallen hier nicht nur auf fruchtbaren Boden, sondern werden auch zu erzählerischen Mustern für Tausende junger Männer, die wie ihre Vorbilder sein wollen. Deutlich sichtbar wird das unter anderem bei dem deutschen Jungunternehmer David Döbele, der mit seiner Beratungsagentur Pumpkincareers junge Menschen ins Finanzbusiness bringen will. Seinem TikTok-Kanal folgen über 100 000 Accounts. Die Räumlichkeiten des Unternehmens in Frankfurt am Main bieten einen beeindruckenden Blick auf die Skyline der Finanzgebäude – ein Hintergrund, den Döbele gern für seine Videos wählt.[28] Die Bilder, die dabei entstehen, erinnern nicht zufällig an Szenen aus Filmen wie *Wall Street*, *The Wolf of Wall Street* oder *American Psycho*. Döbele nutzt das Flair dieser Filme, um seinen Kund*innen das vermeintlich aufregende Leben in den höchsten Finanzkreisen schmackhaft zu machen. Dabei nimmt er auf ebendiese Filme auch immer wieder direkt Bezug und behauptet gar, dass gerade sie einen guten Eindruck davon vermitteln würden, was für eine Atmosphäre in diesem Arbeitsbereich herrscht. Auch wenn er betont, dass er damit natürlich nicht die illegalen Geschäfte meine, ist diese Trennung nicht so leicht zu machen. Der Reiz, den diese Erzählungen verbreiten, hängt direkt damit zusammen, dass sie von furchtlosen und risikobereiten Männern handeln, die vor nichts zurückschrecken, um den richtigen und entscheidenden Deal abzuschließen. Döbele verkauft deswegen bei einem genaueren Blick auch weniger die Möglichkeit einer Karriere als die Aussicht, Teil eines Lifestyles zu werden. Sein Geschäftsmodell besteht im Verkauf einer Erzählung und dem mitgelieferten Versprechen, seine Kund*innen könnten darin eine Hauptfigur werden.

Die Erzählung, die Döbele und andere verbreiten, besagt, dass die Grundlagen für Reichtum und ökonomischen Erfolg die richtige Einstellung, Disziplin, Routinen und harte Arbeit sind. Die Anzahl der Accounts, die dieses Narrativ vorantreiben, ist riesig, sie reicht von User*innen mit wenigen hundert Follower*innen bis zu Jungunternehmer*innen wie Iman Gadzhi, dem auf TikTok und YouTube jeweils mehr als zwei Millionen Menschen folgen. Gadzhi erzählt seinen Follower*innen, dass es allein um ihre Lebensweise und ihre Gewohnheiten ginge, und veröffentlicht Videos zu Themen wie »Fünf Gewohnheiten für den Alltag, die dich mit 21 Jahren zum Millionär machen«, »Drei Dinge, die man vermeiden muss, um reich zu werden« oder »Siebzehn Regeln für das obere eine Prozent«. Döbele sagt ungefähr das Gleiche, wenn er stets wiederholt, man müsse eben bereit sein, bis zu neunzig Stunden in der Woche zu arbeiten. Es gehe um eine bestimmte Lebensweise. Die Kernthese solcher Aussagen lässt sich aus allen Erzählungen, die in diesem Kapitel erwähnt worden sind, herauslesen: Reichtum entsteht im Kapitalismus durch eine Art zu denken, zu handeln und zu leben. Wer die richtigen Routinen entwickelt, diszipliniert einem Ziel folgt, sich selbst perfektioniert und seinen Alltag dem ökonomischen Erfolg unterordnet, wird am Ende reich werden. Die Reise zu unermesslichem Wohlstand wird damit vor allem zu einer Reise der Selbstoptimierung, die eine gestählte Psyche ebenso wie einen gestählten Körper voraussetzt. An dieser Stelle zeigt sich auch, dass die Selbstoptimierungsnarrative vor allem männliche Erzählungen sind. Inhärenter Teil der Selbstdarstellung als erfolgreicher und vor allem reicher Unternehmer ist die Inszenierung der eigenen *Männlichkeit*. Ein erfolgreicher Geschäftsmann zu sein, ist gleichbedeutend damit, ein *echter Mann* zu sein. Die hervorgehobenen Attribute, die scheinbar notwendig sind, um in einer kapitalistischen Welt erfolgreich zu sein, sind dieselben Ideale, die einer stereotypen, heterosexuellen Männlichkeit in einer patriarchalen Gesellschaft zugeschrieben werden: Dominanz, Disziplin, Durchsetzungsvermögen, körperliche Stärke und eine rücksichtslos kompetitive Haltung gegenüber anderen (Männern).

Das lässt sich auch an dem Fall Elizabeth Holmes illustrieren, die sich in der Öffentlichkeit in einer dezidiert männlichen Ästhetik inszenierte. Es ist kein Zufall und sicherlich nicht ausschließlich der Bewunderung für Steve Jobs zuzuschreiben, dass sich Holmes in ihrer Zeit als erfolgreiche Unternehmerin von vielen weiblich gelesenen Verhaltensweisen entfernte. Diese Inszenierung legte sie wieder ab, als sie sich nach der Verurteilung wegen Betrugs in einer anderen Rolle zeigen musste. Ein Beitrag über Holmes, der im Mai 2023 in der *New York Times* erschien, kurz bevor sie ihre Gefängnisstrafe antreten musste, beginnt mit folgendem Absatz: »Der schwarze Rollkragen ist verschwunden. Genauso wie die Stimme. Seit die verurteilte Theranos-Gründerin auf ihre Gefängnisstrafe wartet, hat sie sich eine neue Persona zugelegt: hingebungsvolle Mutter.«[29] Es ist auffällig, dass hier explizit Holmes' (zeitweise tiefere) Stimme erwähnt wird, die sie inzwischen wieder abgelegt hat, weil sie nicht mehr die Typenfigur eines erfolgreichen Unternehmergenies darstellt. Männlich inszenierte Körperlichkeit und entsprechende Verhaltensmuster sind elementare Bestandteile dieser Erzählung, die – wie man an Holmes gut sehen kann – teilweise auch Frauen annehmen, wenn sie sich selbst in diesen Strukturen erzählen wollen.[30] Dahinter steckt nicht zuletzt die Vorstellung einer kapitalistischen Wettbewerbswelt, in der jede*r für sich allein um Reichtum kämpft. Die Selbstinszenierung als stark, diszipliniert und fokussiert ist damit Teil einer Strategie, sich zu behaupten. Das zeigt sich auch in den Business-Vlogs, den Videotagebüchern von Jungunternehmern. Dort erzählen die jungen Männer von ihrem scheinbar harten Arbeitsalltag, der meistens aus peniblen Morgenroutinen, Fitnessstudiobesuchen, der Lektüre von Persönlichkeitsentwicklungsbüchern, Zeit am Laptop und proteinreichen Mahlzeiten besteht. Was genau gearbeitet wird, worin das Business besteht, bleibt meist im Dunkeln oder wird versteckt hinter Schlagworten wie E-Commerce, Dropshipping, Sales, Krypto und Trading.

Hier schließt sich der Kreis zu den Filmen über Finanzkapitalismus, die ihren Gegenstand in andere metaphorische Erzählungen verpacken, um ihn konsumierbar zu machen, und zu den Unternehmergenies, die ihre Visionen verkaufen. Denn auch die jungen Männer auf TikTok haben nicht wirklich etwas zu erzählen. Ihr inszenierter harter Arbeitsalltag – der »Hustle« – ist eine Kompensationserzählung für etwas, das nicht erzählt werden kann, weil es nicht existiert. Die getakteten Tage mit ihren Ernährungsplänen und ihrem Produktivitätswahn sind selbstauferlegte Mühen, deren Präsentation in den sozialen Medien verdeckt, dass diese Form des Reichwerdens im Kapitalismus keine körperliche Leistung voraussetzt. Die Metapher des *Schürfens* vom englischen *mining* aus dem Feld der Kryptowährungen versinnbildlicht dieses Paradox nahezu perfekt. Das Verb *schürfen* steht in enger Verbindung mit den Goldsucher*innen, die um die Jahrhundertwende im unwirtlichen Nordwesten des nordamerikanischen Kontinents den Gefahren der Natur trotzen mussten, in der Hoffnung, durch einige Nuggets den Grundstein für Wohlstand zu legen. Der Goldfund von Keish, auch genannt Skookum Jim, Angehöriger der Tagish First Nation, in den eisigen Wassern am Klondike führte nicht nur zu einem Rausch des Reichtums, sondern auch zu einem Rausch des Erzählens. Romane von Jack London und Jules Verne, Filme von Charlie Chaplin und Walt Disneys Micky Maus berichten von kalten Wintern in Kanada, Kämpfen um Claims und dem Schicksal verzweifelter Suchender, die der Armut und den Wirtschaftskrisen dieser Zeit entfliehen wollten. Sogar Dagobert Duck, die reichste Ente der Comic-Geschichte, soll ihren Reichtum dem Goldrausch am Klondike verdanken.

Mehr als ein Jahrhundert später genügen wenige Klicks mit der Maus, und man ist Teil eines Goldrausches. In selbstgebauten Zelten im Wald schlafen, gegen wilde Tiere und andere Goldsucher*innen kämpfen und dann auf dem Feuer die letzten Vorräte kochen, das muss heute niemand mehr. Der Goldrausch des 21. Jahrhunderts sind die Kryptowährungen, die Daytrading-Apps, die E-Commerce-Businesses und die Dropshipping-Deals. Die Erzählungen von disziplinierten Morgenroutinen, gestählten Körpern und geschärftem Verstand verdecken, dass es sich um leistungsloses Einkommen handelt, das darin besteht, mit ein bisschen Glück die richtigen Zahlen an die richtigen Stellen zu setzen. Denn die Arbeit, mit der Menschen in diesen Bereichen reich werden, erzeugt keine sichtbaren Ergebnisse, außer der Veränderung des eigenen Kontostands. Während beispielsweise das Literaturgenie dem allgemein bekannten Narrativ nach angeblich im Rausch wochenlang schreibt, wenig schläft, dafür aber zu viel trinkt und sich schließlich im metaphorischen Kampf mit sich selbst am Ende immerhin ein Werk abgerungen hat, haben die Daytrader und Krypto-Spekulant*innen am Ende des Tages nichts Handfestes vorzuweisen. Auch deswegen sind sie so erpicht darauf, ihre extremen Alltagsroutinen so genau zu präsentieren: damit sie irgendeine Form der Rechtfertigung für ihren Reichtum haben.

Das unvorstellbare Ende des Kapitalismus

Die meisten der Filme und Romane, die bisher in diesem Kapitel erwähnt worden sind, behaupten von sich, sie stünden dem Kapitalismus kritisch gegenüber. Auch wenn wir versucht haben zu zeigen, dass sie in der Art, wie sie diese Kritik ausdrücken und darstellen, eher einen systemerhaltenden Effekt haben, kann man ihnen zumindest die kritische Intention nicht ganz absprechen. Tatsächlich ist die Masse an Erzählungen, die den Kapitalismus für einzelne Menschen oder soziale Gruppen kritisch darstellen, in nahezu allen Erzählmedien – von Romanen bis Blockbusterfilmen – unüberschaubar groß.

Vor allem in den letzten Jahren wurden viele dieser Geschichten erzählt. Filme wie *Triangle of Sadness*, *The Menu*, *Parasite* oder *Glass Onion* und Serien wie *The White Lotus* oder *Succession*[31] erzählen sehr erfolgreich von Menschen, deren Überreichtum sie abgehoben, empathielos und letztlich auch frustriert hat werden lassen. Der Ton reicht dabei von lakonischer Belustigung über beißend brutale Satire, überdrehte Verhöhnung bis hin zu frustrierender Selbstzerfleischung. Die Kernaussage besteht letztlich immer darin, dass sehr reiche und überreiche Menschen eigentlich ein schlechteres Leben führen als die restlichen 99 Prozent – in zwischenmenschlicher ebenso wie in moralischer Hinsicht. Es sind entsprechend auch

Erzählungen für die 99 Prozent, für diejenigen, die unabhängig davon, ob sie in finanziellen Sorgen oder relativem Wohlstand leben, zu den gezeigten finanziellen Mitteln niemals Zugang haben werden – es sind Erzählungen *für uns*. Uns zeigen diese Filme, dass die Auswüchse des Kapitalismus, die nötig sind, um so einen Reichtum anzuhäufen, schlecht sind, und dass wir gut daran tun, dieses Spiel gar nicht erst mitzuspielen. Es sind Narrative, die uns Zuschauer*innen letztlich ein gutes Gefühl vermitteln sollen, weil sie uns zeigen, wie wenig erfüllend das Leben im übermäßigen Reichtum tatsächlich ist.

In seinem theoretischen Essay *Kapitalistischer Realismus* hat der britische Kulturtheoretiker Mark Fisher in Anlehnung an Fredric Jameson und Slavoj Žižek den Satz geprägt: »Wir können uns eher das Ende der Welt als das Ende des Kapitalismus vorstellen.«[32] Das Zitat fasst pointiert zusammen, was Fisher in seinem kurzen Buch darlegt: Der Kapitalismus hat sich so sehr als die einzig denkbare Wirtschaftsform etabliert, dass wir kaum in der Lage sind, uns eine Welt ohne ihn vorzustellen, auch wenn wir wissen, dass die Auswirkungen dieses Systems in seiner aktuellen Form für die allermeisten Menschen negative Folgen haben. Dass die wenigen Länder weltweit, die sich dem kapitalistischen System entziehen, allen voran Nordkorea, nicht als erstrebenswerte Gegenbeispiele taugen, verfestigt den Eindruck, der Kapitalismus sei unausweichlich. Fisher markiert den Beginn des kapitalistischen Realismus in den 1980er Jahren, als Thatcher und Reagan den Grundstein für die bereits beschriebenen ökonomischen Entwicklungen legten, die sich kulturell unter anderem in

Romanen wie Tom Wolfes *Fegefeuer der Eitelkeiten* und in Filmen wie *Wall Street* niederschlugen. Thatchers häufig genutzter Ausspruch »There is no alternative«, mit dem sie Kritik und Bedenken an einem unregulierten Markt abwehrte, ist das politische Bonmot für den kapitalistischen Realismus: Es mag nicht alles perfekt, für viele sogar schlecht und gesellschaftlich fatal sein, aber es ist das einzig denkbare System, deswegen müssen wir wohl damit leben. *Deal with it.*

Die Aussage lässt sich auf sämtliche Erzählungen in diesem Kapitel anwenden. Sie kritisieren die Auswüchse eines zügellosen Kapitalismus, sind aber nicht in der Lage oder willens, Alternativen zu entwerfen. Das erscheint auf den ersten Blick vor allem als phantasieloses und fatalistisches Erzählen. Dabei darf allerdings nicht vergessen werden, dass zumindest die Filme und Serien, über die wir bisher gesprochen haben, von gigantischen Milliardenunternehmen produziert werden, die kein ernsthaftes Interesse daran haben dürften, dass sich der Status quo fundamental verändert. Tatsächlich identifiziert Fisher diese Art der kritischen, aber alternativlosen Erzählung als einen der Grundsteine des kapitalistischen Realismus und als geradezu lebensnotwendig für den Kapitalismus selbst. Fisher beschreibt die Haltung, die sich hier zeigt, als *gestischen Antikapitalismus*. Ein solcher Gestus stärkt die wahrgenommene Alternativlosigkeit, weil selbst aus der Darstellung der unzumutbarsten Zustände keine Utopie erwächst. Dadurch führen diese Erzählungen zu Interpassivität, ein Begriff, den sich Fisher von dem österreichischen Philosophen Robert Pfaller borgt.[33] Demnach können wir Genuss und Befriedigung darin finden, andere bei einer Tätigkeit zu beobachten, die wir selbst gerne ausführen oder gutheißen. Wenn wir also einer kapitalismuskritischen Erzählung folgen, empfinden wir Genugtuung, weil sie »unseren Antikapitalismus für uns ausführt und uns erlaubt, ungestraft weiter zu konsumieren«.[34]

In *Triangle of Sadness* wird im wörtlichen Sinne gezeigt, warum die spätkapitalistischen Zustände, die auf einem Schiff für Überreiche herrschen, *zum Kotzen* sind. Margo, die einzige Figur in *The Menu*, die der Arbeiterklasse entstammt, durchschaut die Intrigen und moralischen Untiefen der reichen Gesellschaft und beobachtet am Ende aus der Ferne, wie die anderen Protagonist*innen gejagt und getötet werden. In drei so unterschiedlichen Romanen wie *Johann Holtrop* von Rainald Goetz, *American Psycho* von Bret Easton Ellis oder *Fegefeuer der Eitelkeiten* von Tom Wolfe werden die Akteur*innen der Finanzspekulationen als moral- und gefühllose Menschen gezeigt. Das Geld, der Reichtum und die Gier haben sie verdorben. Dadurch haben diese Erzählungen neben der Unterhaltung vor allem den Effekt, uns Rezipient*innen darin zu bestätigen, dass unsere kritische Haltung gegenüber dem Kapitalismus richtig ist. Ihr Konsum ist nicht zuletzt ein Streicheln unserer kapitalistisch geschundenen Seelen.

Was diesen Geschichten aber fehlt, ist eine Vision, wie das aktuelle kapitalistische System überwunden werden könnte, ohne dass die Alternative durch die vermeintlich realsozialistischen Diktaturen des 20. Jahrhunderts und der Gegenwart von vornherein unter dem Verdacht des Totalitarismus steht. Aus diesem Grund zieht Fisher den Begriff des Postkapitalismus dem des Sozialismus vor.[35] Der Postkapitalismus trägt keinen historischen Ballast mit sich und ist offener für neue Ideen. Postkapitalismus ist nicht der uns scheinbar bekannte Sozialismus, sondern etwas, das aus der Überwindung des gegenwärtigen Kapitalismus entstehen würde.[36] Doch für diese Idee fehlen uns noch die Narrative. Die Leerstelle einer postkapitalistischen Vision der Kapitalismuskritik ist absolut prägend für das populäre Erzählen – und zwar seit langer Zeit. Man weiß nicht genau, warum Franz Kafkas Romanfragment *Der Verschollene*[37] – ursprünglich bekannt unter dem Titel *Amerika* – plötzlich abbricht, aber es ist bezeichnend, dass Kafka den sozialen und ökonomischen Abstieg eines jungen Einwanderers in der US-amerikanischen Arbeitswelt beschrieben hat und genau an der Stelle nicht weiterkam, als Karl Roßman im *Theater von Oklahoma* ankommt, das Züge einer utopischen Gemeinschaft hat, in der jeder Arbeit findet und aufgenommen wird.

Natürlich gibt es, selbst wenn sie eher die Ausnahme sind, auch Erzählungen, die eine Alternative zu unserem modernen Finanzkapitalismus entwerfen, ohne sich vollständig in realitätsfernen Utopien zu verlieren. Das beeindruckendste Beispiel der letzten Jahre ist wohl der Roman *Das Ministerium für die Zukunft* des US-Amerikaners Kim Stanley Robinson. Wer das Buch nach den ersten fünfzig Seiten zur Seite gelegt hat, könnte an dieser Stelle zu Recht unser Urteilsvermögen anzweifeln. Denn Robinson lässt seine Geschichte mit einer Katastrophe beginnen. Im Jahr 2025 kommt es zu einer Hitzewelle in Indien, die mehr als zwanzig Millionen Todesopfer fordert. Das erste Kapitel vermittelt erschreckend realistisch die beklemmende Macht der durch den Kapitalismus ausgelösten Klimakrise. In Anbetracht der bedrohlichen Hitzewellen, die sich in den letzten Jahren in Südasien häufen und immer extremer werden, ist das leider kein dystopisches, sondern ein sehr realistisches Szenario. Im Roman führt diese Katastrophe zu einem ersten globalen Umdenken. Unter dem Dach der Vereinten Nationen wird das Ministerium für die Zukunft gegründet, in dem die weltweiten Bemühungen im Kampf gegen die Klimakrise koordiniert werden sollen.

Interessant für unsere Perspektive ist vor allem, wie innerhalb der fiktionalen Handlung der Kapitalismus Stück für Stück umgebaut wird. Robinson zeigt unter anderem, wie zentral der Zustand unseres Wirtschaftssystems für unser Überleben sein kann. So legt er die Rolle der Zentralbanken dar, die in der Lage sind, die Finanzmärkte so zu beeinflussen, dass diese tatsächlich einen positiven Beitrag im Kampf gegen die Klimakatastrophe leisten können. Durch die Einführung einer digitalen Währung, des sogenannten Carbon Coins, wird ein Anreiz für Unternehmen und Spekulant*innen geschaffen, auf die Rettung der Menschheit zu wetten. Außerdem werden sie für die Vermeidung von CO_2 bezahlt, wobei gleichzeitig Mechanismen erläutert werden, die dafür sorgen, dass dadurch nicht wieder die Reichen reicher und die Armen ärmer werden.

Das Ministerium für die Zukunft beschreibt keinen Umsturz des kapitalistischen Systems von heute auf morgen, sondern eine mehrere Jahrzehnte andauernde Verschiebung, die zu einem gerechteren und nachhaltigeren Wirtschaftssystem führt, das zwar in Teilen noch nach marktwirtschaftlichen Grundsätzen funktioniert, aber wenig mit unserem heutigen Verständnis von Kapitalismus zu tun hat. Am Ende des Romans ist die Menschheit im Postkapitalismus angekommen. So heißt es an einer Stelle: »Kapitalismus: nach einem langen, kraftstrotzenden Leben inzwischen unheilbar krank und schmerzgeplagt; im Koma; ein Zombie ohne Plan und ohne Hoffnung auf Genesung. Man sollte ihn wohl von seinem Elend erlösen.«[38]

Robinson zeigt auch, wie äußere Einflüsse auf das Wirtschaftssystem wirken müssen, damit diejenigen in den entsprechenden Machtpositionen tatsächlich etwas ändern, angefangen von zunehmend dramatischer werdenden Naturkatastrophen, Massenprotesten oder Migrationsbewegungen bis hin zu ökoterroristischen Gruppen, die den Flugverkehr von Privatjets der Überreichen attackieren. *Das Ministerium für die Zukunft* endet in den 2040er Jahren nicht mit einer heilen Welt; Robinson gönnt uns Leser*innen kein Happy End. Der Abschluss der Handlung ist zwar hoffnungsvoll – die Menschheit ist an einem Punkt angekommen, an dem sie das Leben auf dem Planeten bewahren kann –, aber auch mit einer Warnung verbunden: Wenn die Anstrengungen nicht fortgesetzt werden, steht das Schlimmste noch bevor.

Robinsons Roman zeigt, dass es möglich ist, ein globales System zu skizzieren, das die heutige Form des Kapitalismus überwunden hat, ohne sich der Illusion hinzugeben, dass eine solche Veränderung von heute auf morgen möglich ist, und ohne eine sozialistische Idealwelt zu entwerfen. Dass diese postkapitalistische Utopie in einem Roman beschrieben wird, den man dem Genre Climate-Fiction zuordnen kann, ist kein Zufall. Sogenannte Genre-Literatur, die vom etablierten Kulturbetrieb häufig beiläufig als Unterhaltung eingeordnet wird, scheint besser ausgestattet zu sein, um solche Utopien zu erzählen. Ein anderes Beispiel dafür ist Ursula K. Le Guins 1974 veröffentlichter Roman *Freigeister* (frühe Übersetzungen erschienen in Deutschland unter dem Titel *Planet der Habenichtse* und *Die Enteigneten*), der verschiedene anarchistische und sozialistische Gesellschaften auf den Doppelplaneten Anarres und Urras beschreibt, die in Konkurrenz zu extrem kapitalistischen Gesellschaften stehen[39]. Diese Erzählungen bleiben aber die Ausnahmen, und bei allem Erfolg, den *Das Ministerium für die Zukunft* hatte, ist es doch weit davon entfernt, so sehr im kulturellen Gedächtnis verankert zu sein wie viele der anderen Erzählungen, von denen in diesem Kapitel die Rede war.

Es ist ein beachtliches Missverhältnis, dass ausgerechnet im Kapitalismus, der seit jeher auch mit dem Argument seiner Innovationskraft verteidigt wird, erzählerische Visionen über funktionierende postkapitalistische Systeme so rar sind. Und es ist ein Indiz dafür, dass die Narrative, die mit dieser vermeintlichen Innovationskraft in Verbindung stehen, genauso im kapitalistischen Realismus feststecken wie Filme, Serien und Romane. Eine der absurdesten Visionen eines Unternehmergenies sind die Raumfahrt- und Mars-Besiedelungs-Phantasien von Elon Musk. Auf der Website seines Unternehmens SpaceX wird er mit den Worten zitiert: »Man möchte morgens aufwachen und daran glauben, dass eine großartige Zukunft bevorsteht – und genau darum geht es bei einer raumfahrenden Zivilisation. Es geht darum, in die Zukunft zu vertrauen und zu glauben, dass sie besser sein wird als die Vergangenheit.«[40] Die Hoffnung auf eine bessere Welt und die Lösung für die Probleme unseres aktuellen Zusammenlebens, die nicht zuletzt eng mit den Folgen eines unkontrollierten Kapitalismus zusammenhängen, liegen also in der Raumfahrt und der Besiedelung anderer Planeten. Solche Pläne hat Musk auch an anderer Stelle schon geäußert. Das Problem der kapitalismusinternen Innovationen offenbart sich hier deutlich. Es handelt sich statt um Heilung um Symptombekämpfung, die letztlich dazu führt, dass Visionen, die das aktuelle System überwinden könnten, gar nicht erst entworfen werden. Getreu dem Motto: Bevor wir unser Verhalten so anpassen, dass wir unseren Planeten retten können, entwickeln wir lieber Technologien, um ihn zu verlassen. Dieser fast schon religiöse Glaube daran, dass es innerhalb des kapitalistischen Systems schon irgendwie zu technischen Innovationen kommen wird, die uns retten werden, ist auch die Grundlage vieler insbesondere (neo-)liberaler politischer Parteien und vielleicht eine der gefährlichsten Erzählungen über den modernen Kapitalismus überhaupt.

Utopien scheinen also in einem kapitalistischen Erzählen nur dann möglich zu sein, wenn sie vermeintliche Heilungen für Symptome eines dysfunktionalen Systems ersinnen, ohne es selbst in Frage zu stellen. Erzählungen, die zumindest die inhärente Fehlerhaftigkeit des Kapitalismus anerkennen und seine Auswüchse kritisieren wollen, erweisen sich am Ende als Stützen dieses Systems. Unsere These, dass es keine antikapitalistischen Erzählungen geben kann, könnte also eigentlich noch radikaler ausfallen. Folgt man Fishers Argumentation, könnte man so weit gehen, zu behaupten, dass antikapitalistische Erzählungen das System Kapitalismus nicht in Gefahr bringen können, weil sie nur zeigen, was nicht funktioniert. Einen wirksamen Beitrag zur Überwindung des Kapitalismus könnten demnach nur pro-postkapitalistische Erzählungen leisten, in denen das aktuelle System bereits in positiver Weise überwunden wurde.

KAPITEL 6

Gratismentalität – Politik und die Wirkung ökonomischer Bilder

»Es gab einen Fall von *Bad Banking*. Einige unserer Banker haben sich im Umgang mit dem Vermögen ihrer Kunden entweder als unfähig oder unehrlich erwiesen. Sie haben das ihnen anvertraute Geld für Spekulationen und unsichere Geschäfte verwendet. Selbstverständlich betraf das nicht die Mehrheit unserer Banken. Es ist die Aufgabe der Regierung, diesen Fall zu klären, und das so schnell wie möglich – und diese Aufgabe wird gerade erledigt.«[1]

*Im Sinne des Arguments findet sich der*die Urheber*in des Zitats in den Endnoten.*

Von wem stammt diese Aussage wohl? Vielleicht von Joe Biden, der sich nach zahlreichen Bankenpleiten im Jahr 2023 an die Bevölkerung wendet? Handelt es sich um ein Zitat von Barack Obama oder Angela Merkel, die über die globale Finanzkrise von 2007/2008 sprechen? Oder war es am Ende gar der damalige russische Präsident Boris Jelzin, der sich über die russische Bankenkrise 1998 äußerte?

Keine dieser Vermutungen trifft zu. Tatsächlich ist dieses Zitat neunzig Jahre alt und stammt von Franklin D. Roosevelt, der sich 1933 im Zuge der US-Bankenkrise, die sich in den Nachwehen der Großen Depression ereignete, an die Nation wandte. Dass uns diese Aussage so bekannt vorkommt und wir sie wahrscheinlich ohne weiteres in den letzten zwanzig Jahren verorten würden, liegt daran, dass wir ähnliche Formulierungen ständig zu hören bekommen. Es ist ein altes Klischee, dass Politiker*innen immer wieder das Gleiche sagen, wieder und wieder die gleichen Behauptungen aufstellen und die gleichen Dinge fordern. Wie Politiker*innen über Finanz- und Wirtschaftskrisen sprechen, folgt einem bestimmten Muster: Die Krise und ihre negativen Auswirkungen auf die Bevölkerung werden benannt, gleichzeitig wird jedoch darauf hingewiesen, dass einige wenige schwarze Schafe die Schuld tragen. Das System an sich, so wird betont, sei aber selbstverständlich stabil. Zum Abschluss wird versprochen, dass der Staat sich um alles Weitere kümmert und solche Krisen in Zukunft nicht mehr vorkommen werden. Oder um es mit den Worten Herbert Hoovers, Roosevelts

Vorgänger im Weißen Haus, zu sagen: »Das einzige Problem am Kapitalismus sind die Kapitalisten. Sie sind zu gierig!«[2] Die Quintessenz ist dabei immer dieselbe: Das Problem sind nicht die existierenden Strukturen an sich, sondern diejenigen, die sie ausnutzen. Wenn wir diese Menschen nur daran hindern, dann wird schon alles laufen. Es ist immer ein wenig wie in diesem Gedicht von Hans Magnus Enzensberger: »Ja, wenn die Leute nicht wären / dann sähe die Sache schon anders aus.«[3] Es ist nun aber einmal so, dass ein System, auch das kapitalistische, nie ohne »die Leute« existiert. Die Leute – *wir* – sind das System. Deswegen ist die rhetorische Finte von Politiker*innen, eine Trennung zwischen den sogenannten *Bad Bankern* und dem Rest aufzumachen, vor allem genau das: eine rhetorische Strategie, um die grundlegenden Verhältnisse als solches nicht in Frage stellen zu müssen. Um zu verstehen, wie und wieso Politiker*innen sich in ihren Reden und Äußerungen der Sprache des Kapitalismus bedienen, müssen wir uns deswegen zuerst ihre Rolle innerhalb unserer politischen und ökonomischen Strukturen anschauen.

Die Darmflora unseres politischen Systems

Es steht außer Frage, dass Politiker*innen wie keine zweite Berufsgruppe auf Sprache und ihre strategische Verwendung angewiesen sind. Die Vermittlung politischer Inhalte ist ein Teil ihres Kerngeschäfts. Politiker*innen müssen die Bevölkerung im Wahlkampf und darüber hinaus von sich überzeugen, sie müssen ihre Politik erklären, Entscheidungen rechtfertigen, mit konkurrierenden politischen Kräften Kompromisse finden und diese dann wiederum kommunizieren. In nahezu allen politischen Systemen ist Sprache eines der mächtigsten Werkzeuge. Wie wichtig der richtige Sprachgebrauch für diejenigen ist, die politische Macht innehaben oder sie gerne haben wollen, ist seit Jahrtausenden bekannt. Schon im antiken Athen wurden politische Entscheidungen von der Ekklesia, der Athener Volksversammlung, getroffen, die zunächst durch rhetorisch besonders gelungene Reden überzeugt werden musste. Nicht umsonst ist eine der wichtigsten Theorien des berühmten griechischen Philosophen Aristoteles jene zur Rhetorik.

Wie einflussreich und wirkmächtig die Verbindung zwischen Sprache und politischer Macht sein kann, offenbaren die propagandistischen Bemühungen vieler autoritärer Regime. Dort ist Sprache der erste Schritt, um Gewalt gegen Minderheiten und politische Gegner*innen vorzubereiten. Dass im Nationalsozialismus von *Blutschutzgesetzen* gesprochen wurde, die nicht-jüdischen Menschen die Hochzeit mit Jüdinnen und Juden untersagten, ist ein besonders grausames Beispiel dafür, wie Sprache genutzt werden kann. Aber gerade an den Extremen erkennt man, dass Worte Gewalt ausüben, auch politische. Die Formulierung suggeriert den Schutz eines reinen deutschen Volkes, um in der Bevölkerung Zustimmung zu gewinnen. Die gleichzeitige Entmenschlichung der Jüdinnen und Juden bereitete den Weg für die Grausamkeiten, die folgen sollten. Der jüdisch-deutsche Literaturwissenschaftler Victor Klemperer hielt diese sprachlichen Vorbereitungen des Holocaust durch die Nationalsozialist*innen auf bedrückende Weise in seinem Werk *Lingua Tertii Imperii (Sprache des Dritten Reiches) – Notizbuch eines Philologen*, das in Teilen auf seinen Tagebüchern aus der NS-Zeit beruht, fest.[4] George Orwell hat in seinem berühmtesten Roman *1984* die Legitimation eines Unrechtsregimes durch Sprache literarisch umgesetzt und damit einen Grundlagentext geschaffen, der heute vom gesamten politischen Spektrum für die eigenen Zwecke (miss)gedeutet wird.[5] In seinem Essay *Politics and the English Language* konkretisierte er seine Bedenken über politische Sprache und stellte klar, dass diese nicht nur für autoritäre Regime gelten: »In unseren Zeiten dienen politische Reden und Schriften großteils der Entschuldigung des Unentschuldbaren«[6]. Historische Momente, wie die brutale britische Kolonialherrschaft in Indien oder das Abwerfen der Atombomben auf die japanischen Städte Hiroshima und Nagasaki, könnten laut Orwell politisch nur durch sprachliche Ablenkungen von den tatsächlichen Fakten gerechtfertigt und entschuldigt werden.

Wenn so über den Zusammenhang zwischen Sprache und Politik nachgedacht wird, geht es meistens um die Ausübung von staatlicher Gewalt. Die vom typisch US-amerikanischen Pathos aufgeladene Bezeichnung *Operation Iraqi FREEDOM*, die die Regierung von George W. Bush für den zweiten Irakkrieg im Jahr 2003 wählte, ist ein weiteres Beispiel, dem sich noch zahlreiche hinzufügen ließen. Bush wollte durch die Vermeidung des Wortes »Krieg« nicht nur eine größere Zustimmung für den Einmarsch innerhalb der Bevölkerung erreichen, sondern auch in den verschiedenen politischen Lagern in Washington Unterstützer*innen gewinnen. Für Politiker*innen ist

Sprache das wichtigste Instrument, um die Bevölkerung in ihrem Sinne zu überzeugen und zu beeinflussen und ihre Entscheidungen so darzustellen, als seien sie zum Besten aller Menschen im Land. Diese Einflussnahme auf die Bevölkerung durch das eigene Sprechen muss nicht immer so drastisch sein wie in den eben erwähnten Beispielen, sondern kann auch subtiler vonstattengehen. Die ehemalige britische Premierministerin Margaret Thatcher hat ihre Sprache angepasst, um sympathischer bei den Wähler*innen rüberzukommen, wohingegen der spätere Premier David Cameron nachweislich Wähler*innengruppen mit seinem *Upper-Class-Akzent* abschreckte.[7] Die ehemalige Schwarze US-Außenministerin Condoleezza Rice griff in ihren politischen Reden auf ein bildungsbürgerliches Sprachregister zurück, das ihren hohen Bildungsgrad widerspiegelte, ergänzte es aber gezielt um Ausdrücke aus dem afroamerikanischen Englisch. Gleichzeitig vermied sie Begriffe und Redewendungen, die aus den Regionen im Süden der USA stammen, in denen sie aufgewachsen war. So versuchte sie, sowohl Schwarze Wähler*innen als auch die (größtenteils *weiße*) konservative Wählerschaft der Republikanischen Partei anzusprechen, ohne dabei rassistische Vorurteile zu bedienen.[8]

Sprache hat in politischen Kontexten also eine enorme Relevanz und Macht. Geht es um die Sprache des Kapitalismus, spielt jedoch noch eine zusätzliche Besonderheit eine entscheidende Rolle: die vielbeschworene Alternativlosigkeit. Da es eine klare Alternative zum Einmarsch in den Irak gab – nämlich keinen Krieg zu führen –, musste George W. Bush die Wähler*innen und Abgeordneten davon überzeugen, dass von diesen beiden Optionen eine die bessere war. In unserem kapitalistischen System ist das anders. Wie wir bereits gezeigt haben, besteht eine der großen Leistungen der Sprache des Kapitalismus eben darin, dass sie eine Alternative kaum vorstellbar macht.

Sprachlich lässt sich der Kapitalismus mit wenigen Beispielen leicht kritisieren, zu offensichtlich sind die Bereiche, in denen er versagt. Eine glaubhafte Alternative zu skizzieren, und zudem einen Weg aufzuzeigen, wie man dahin gelangt, ist hingegen ein hochkomplexes Unterfangen. In der alltäglichen politischen Kommunikation erscheint es fast unmöglich. Gerade in Wahlkämpfen, in denen es wichtig ist, in kurzer Zeit viel Zustimmung zu bekommen, ist kaum Platz für differenzierte Grundsatzdebatten über das Wirtschaftssystem. Wer von uns würde sich schon eine stundenlange Diskussion über den ökonomisch wahrscheinlich schmerzhaften Übergang in ein postkapitalistisches System anschauen und anschließend die Partei wählen, die sich für diesen Weg ausspricht? Zwar können und werden einzelne Komponenten des Kapitalismus kritisiert, das System grundsätzlich zu hinterfragen ist aber im politischen Alltag der Bundesrepublik Deutschland und der meisten anderen kapitalistisch organisierten Staaten nicht vorgesehen. Deshalb bedienen sich nicht nur Politiker*innen wirtschaftsliberaler Parteien und politischer Strömungen der Sprache des Kapitalismus, sondern auch kapitalismuskritische Parteien. So spricht die Die Linke in dem Grundsatzpapier *Nach der Ampel links* aus dem Januar 2023 davon, dass »[d]er Weg raus aus Klimakrise, internationaler Eskalation und sozialer Ungleichheit, […] mit einer grundlegend anderen Wirtschaftspolitik [beginnt]«[9]. Die vorhandene Wirtschaftspolitik soll also grundlegend erneuert werden, ohne am System selbst etwas zu verändern. Es sind Formulierungen wie diese, die dazu führen können, dass unser kapitalistisches System selbst von denen ungewollt gestützt wird, die eigentlich seine Abschaffung oder zumindest gravierende Umwandlung im Sinn haben. Und zwar insbesondere dann, wenn sie in der Regierungsverantwortung sind. Denn Parteien in den Demokratien Europas und Nordamerikas repräsentieren Gruppen, deren Interessen und Narrative sich teilweise drastisch widersprechen.

Nach einer erfolgreichen Wahl versprechen die Politiker*innen nahezu aller Parteien regelmäßig, Politik für die Bürger*innen zu machen und Staats- oder Regierungsoberhaupt aller zu sein – besonders wenn der Wahlkampf sehr polarisierend geführt wurde. Emmanuel Macron betonte nach seinem knappen Sieg gegen die rechte Gegenkandidatin Marine Le Pen 2022, Präsident aller Franzosen sein zu wollen, und Joe Biden unterstrich bei seiner Vereidigung 2021, dass er die US-Amerikaner*innen miteinander versöhnen wolle. Wenn Politiker*innen aber in der Position sind zu gestalten, müssen sie sich auch auf Forderungen einlassen, die ihren eigenen politischen Haltungen widersprechen. Das ist umso stärker der Fall, je mehr sie von anderen politischen Kräften abhängig sind. Das konnte man in den vergangenen Jahren in Deutschland häufig an den Konflikten der Ampel-Koalition aus SPD, den Grünen und der FDP beobachten. Sogar innerhalb von Parteien kommt es ständig zu Richtungskämpfen, an deren Ende einige Mitglieder Positionen vertreten müssen, für die sie selbst nicht hundertprozentig einstehen. Dadurch kann der Eindruck von Willkür entstehen. Die Politikwissenschaftlerin Susan Stokes findet für das Dilemma politischer Parteien eine einprägsame Metapher. Parteien und ihre politischen Vertreter*innen seien in unserer Demokratie wie die Darmflora in den Tiefen unseres Verdauungstrakts: Es ist nicht angenehm, an sie zu denken, aber sie sind unabdingbar dafür, den politischen Körper in guter Gesundheit zu halten.[10]

Was bedeutet das nun aber für die Rolle, die Politiker*innen in der Sprache des Kapitalismus spielen? Zum einen sind sie diejenigen, die unsere Gesellschaft gestalten müssen. Sei es der Arbeitsmarkt, unsere Sozialsysteme oder der Mietmarkt, die Aufgabe von Politiker*innen ist es, dort die Rahmenbedingungen zu setzen und die bestmöglichen Lösungen zu finden. Daraus folgt auch, dass vor allem Parteien in Regierungspositionen die Verantwortung dafür tragen, wie gut diese Märkte und Systeme dann in der Realität funktionieren. Es ist daher nicht verwunderlich, dass der Wunsch entsteht, diese Verantwortung für ihr Versagen von sich wegzuschieben. Und die Sprache des Kapitalismus liefert dafür einige sehr erfolgreiche Strategien.

Der Markt – ein unzähmbares Biest

Im Mai 2010 verkündete Angela Merkel die Einführung eines europäischen Rettungsschirms für die Länder, die von der Finanzkrise am härtesten getroffen worden waren. Um eine Verschärfung der europäischen Staatsschuldenkrise und ein potenzielles Ausscheiden von Staaten wie Griechenland oder Italien aus dem Euro zu verhindern, sei diese Maßnahme »alternativlos«, so erklärte es die damalige Bundeskanzlerin.[11] Und auch wenn es heute unter Expert*innen als Konsens gilt, dass diese Entscheidung für Deutschland und Europa damals absolut richtig war, wirft das kleine Wort »alternativlos« immer noch einen langen Schatten. Nicht nur wurde es 2010 zum Unwort des Jahres gewählt. Das Wort war auch der Namenspate für die AfD (Alternative für Deutschland) und ist somit heute untrennbar mit der ersten, in Teilen offen rechtsextremen Partei im Deutschen Bundestag verbunden.

Aussagen von Politiker*innen haben in vielen Fällen ein stärkeres Gewicht und tiefgreifendere Folgen als die von Ökonom*innen, Unternehmer*innen oder Medienschaffenden. Denken wir nur an die Finanzkrise 2008 zurück, als weltweit befürchtet wurde, dass es zu sogenannten *Bank Runs* kommen könnte. Mit ihrer Versicherung: »Wir sagen den Sparerinnen und Sparern, dass ihre Einlagen sicher sind«[12], beruhigten Angela Merkel und der damalige Finanzminister Peer Steinbrück viele Menschen und bewahrten zumindest deutsche Banken vor einem Ansturm an Kund*innen, die ihr Geld abheben wollen, so wie es in Großbritannien und Island der Fall war.

Die Mär der Alternativlosigkeit ist eine der zentralen Funktionen der Sprache des Kapitalismus. Manchmal explizit ausgedrückt, wie von Angela Merkel im Zuge der europäischen Staatsschuldenkrise, manchmal implizit, wie bei der Rettung von Banken, die angeblich »too big to fail« sind. In diesen Behauptungen schwingt grundsätzlich die angenommene Alternativlosigkeit zu unserem kapitalistischen Wirtschaftssystem als Ganzem mit:

Wir müssen wohl oder übel mit den Schwächen des Kapitalismus klarkommen, weil es eben nicht anders geht. Dieser Eindruck kann jedoch nur entstehen, wenn die kapitalistischen Strukturen mit physikalischen Gesetzen gleichgesetzt werden: Da er der Schwerkraft unterliegt, fällt ein Apfel vom Baum auf den Kopf eines Physikers, der darunter sitzt – dazu gibt es keine Alternative. Wie der Ökonom Benjamin Friedman zeigt, war es tatsächlich Isaac Newtons Verständnis der Welt, das die großen Denker*innen des 18. Jahrhunderts beeinflusste, als sie erstmals versuchten, das ökonomische Zusammenleben von Gesellschaften im Detail zu beschreiben.[13] Wie Newton es für die ihn umgebende Natur tat, versuchten Adam Smith und David Hume, universell gültige Gesetze für das wirtschaftliche Miteinander zu formulieren. Bereits vor fast 250 Jahren wurde also die Vorstellung entwickelt, dass auch ökonomische Märkte nach einer Art Naturgesetz funktionieren. Eine Vorstellung, die sich in den Wirtschaftswissenschaften bis heute erhalten hat.[14]

Bei keiner anderen Politikerin wurde diese Haltung so explizit wie bei der britischen Premierministerin Margaret Thatcher. Sie war schon Jahrzehnte vor Angela Merkel für ihren Ausspruch »es gibt keine Alternative« bekannt, der ihr den Beinamen *TINA* Thatcher einbrachte (als Abkürzung des englischen Originalzitats »there is no alternative«). Immer wieder begründete sie ihre angeblich alternativlosen politischen Maßnahmen – Steuersenkungen, der Abbau staatlicher Sozialleistung oder Deregulierungen – mit der grundsätzlichen Überlegenheit der freien Märkte. Besonders deutlich wird das in einer Rede aus dem Jahr 1980, in der es um die hohen Inflationsraten in Großbritannien zu jener Zeit ging. Relativ zu Beginn der Rede hält sie fest: »Unter der richtigen Regierung sind die Menschen frei und bereit, persönlich Verantwortung zu übernehmen. Das hilft den Menschen, erwachsen zu werden; es stärkt die Familie, es führt zu einer toleranten und großzügigen Gesellschaft.«[15] Diese Ansprache funktioniert nur, wenn dem implizit eine Regierung gegenübersteht, die nicht nach Thatchers neoliberalen Überzeugungen agiert und ihre Bevölkerung vermeintlich unfrei, unselbständig und intolerant zurücklässt – in ihren Augen also eine *falsche Regierung*.

Bei Thatcher war diese Gegenüberstellung so effektiv, weil sie als Alternative zum Kapitalismus auf das Schreckgespenst einer dysfunktionalen Form des Sozialismus zurückgreifen konnte: Niemand konnte ernsthaft wollen, dass in Großbritannien Zustände herrschen wie in den Sowjetrepubliken. Aufgrund des kollektiven Glaubens an die Überlegenheit freier gegenüber staatlich gelenkter Märkte konnte Thatcher 1980 auch behaupten, zu hohe Löhne und staatliche Sozialausgaben seien schuld an der hohen Inflation. Staatliche Leistungen abzubauen war für sie also völlig logisch und ohne Alternative.[16]

Was bei Margaret Thatcher besonders hervorsticht, ist ein zentrales Element in der Art und Weise, wie Politiker*innen die Sprache des Kapitalismus nutzen: ihre Bezugnahme auf Märkte. Es war bereits die Rede davon, dass der Markt oft als ein eigenes Wesen charakterisiert wird. Wir müssen ihn *beruhigen*, wenn *er in Aufruhr ist*. Wir beobachten seine Entwicklung, um die Wirksamkeit politischer Maßnahmen zu bewerten, immer in der Angst, ihn wieder zu *verschrecken*. In dieser Logik erscheinen Markteingriffe durch den Staat als etwas äußerst Heikles. Als die Energiepreise im Winter 2022/2023 extrem stark erhöht wurden und es in den politischen Diskussionen um mögliche Reaktionen darauf ging, mahnte Wirtschaftsminister Robert Habeck »vorsichtige Markteingriffe« an.[17] Ganz so, als handele es sich bei einem staatlichen Eingriff in die Struktur des Marktes um eine riskante medizinische Operation an einem lebendigen Organismus. Und selbst als sich die deutsche Regierung schließlich für die Begrenzung der Energiepreise entschied, stellte Finanzminister Christian Lindner klar: Staatliche Markteingriffe sind kein Dauerzustand.[18]

Wenn über Märkte in dieser Art und Weise gesprochen wird, dann macht das eine sprachliche Trennung zwischen ihnen und dem Staat auf, die suggeriert, es handle sich um zwei voneinander völlig unabhängige Entitäten. Erinnern wir uns noch einmal an unsere Definition von Märkten. Märkte organisieren Tauschverhältnisse und bestehen aus drei Elementen: einer Gruppe, die etwas anbietet, einer Gruppe, die etwas nachfragt, und einer dritten Gruppe, die sicherstellt, dass grundlegende Regeln eingehalten werden. Ohne diese dritte Gruppe, also eine Autorität oder Institution, die die beiden anderen Gruppen dazu zwingt, sich an die vereinbarten Regeln zu halten, kommen Märkte nicht zustande. Wenn ich etwas produziere, aber die realistische Befürchtung haben muss, dass es mir von stärkeren Menschen einfach weggenommen wird, wieso sollte ich dann noch etwas produzieren?

Diese Autoritäten und Institutionen, die das Funktionieren von Märkten sicherstellen, können viele verschiedene Formen annehmen. Sie können etwa einzig und allein auf kollektiv geteilten moralischen Wertvorstellungen basieren. Denken wir nur an Vertrauenskassen in größeren Büros, wo niemand kontrolliert, ob ich den geforderten Euro für meinen Schokoriegel wirklich bezahle. Oder an die vor allem in den USA üblichen *Penny Pools*, die nach dem Prinzip »nehmen Sie einen Penny, lassen Sie einen Penny da« funktionieren und dabei helfen sollen, das Bezahlen mit Bargeld bequemer zu machen. Wenn man 5,01 Dollar für etwas zahlen muss, aber nur einen Fünf-Dollar-Schein hat, kann man sich einen Penny nehmen, den man, wenn man das nächste Mal 4,99 Dollar mit einem Fünf-Dollar-Schein zahlt, wieder reinlegen kann. Diese Mikromärkte funktionieren in den allermeisten Fällen gut, auch ohne explizite Autorität, die das Einhalten der Regeln überwacht.

Das andere Extrem bilden Märkte, die sich außerhalb unseres Rechtsrahmens bewegen. Wenn wir uns verschiedene Gangs vorstellen, die sich eine Stadt aufteilen, um dort ihre Geschäfte abzuwickeln – wie wir das aus zahlreichen Hollywoodfilmen und -serien kennen –, dann gibt es dort keine externe Autorität, keine unabhängigen Gerichte, die sicherstellen, dass sich alle an die Regeln halten. Stattdessen sind es Machthierarchien, die das Funktionieren dieser Märkte sicherstellen (auf vergleichbare Art und Weise funktionieren viele Schwarzmärkte).

In unserer kapitalistischen Marktwirtschaft ist die entscheidende und kontrollierende Autorität der Staat. Ohne den Staat gäbe es den modernen Finanzkapitalismus überhaupt nicht. Das hat selbst Milton Friedman erklärt, als er die Rolle des Staates als »Schiedsrichter« charakterisierte.[19] Jeder einzelne Handelsabschluss, jede Unternehmensgründung, jeder Arbeitsvertrag basiert in unserem System auf Gesetzen, die der Staat erlassen hat. Die Behauptung, es gebe »freie Märkte«, weshalb »Markteingriffe« durch den Staat etwas Widernatürliches seien, das minimiert werden sollte, gehört zu den wirkmächtigsten Lügen der Sprache des Kapitalismus. Da jede marktwirtschaftliche Handlung also auf den Staat und sein juristisches System angewiesen ist, ist es irrwitzig, Märkte und Staaten sprachlich voneinander trennen und staatliche Eingriffe in den Markt als etwas Außergewöhnliches markieren zu wollen. Wir haben sogar Institutionen eingerichtet, die deutlich zeigen, dass unsere kapitalistischen Märkte auf den Staat angewiesen sind. Wieso bräuchten wir in Deutschland sonst ein Kartellamt, das verhindert, dass Unternehmen Preise miteinander absprechen? Die Annahme der perfekten Konkurrenz zwischen Firmen, die dazu führt, dass sie sich im Preiskampf gegenseitig unterbieten und die Kund*innen davon durch niedrige Preise profitieren, ist nichts weiter als eine theoretische Vereinfachung. In Wahrheit haben Unternehmen selbstverständlich einen Anreiz, sich zu Kartellen zusammenzuschließen, um ihre Gewinne zu maximieren. Deswegen braucht es eine Kontrollinstanz, die dafür sorgt, dass es genau dazu nicht kommt.

Der Markt als eigenständige Entität, die vom Staat behutsam beobachtet und sonst in Ruhe gelassen werden muss, ist aber so tief in die Sprache des Kapitalismus eingebrannt, dass die Profiteure des kapitalistischen Systems weiterhin auf der Überlegenheit und Effizienz von freien Märkten pochen und so gegen höhere Steuern oder stärkere Regulierungsmaßnahmen argumentieren können. Dass es sich bei der Behauptung, der moderne Finanzkapitalismus sei das innovativste und effizienteste Wirtschaftssystem und der Staat nur ein hemmender Faktor, um einen Mythos handelt, der einer Überprüfung in der Realität nicht standhalten würde, wollen wir an zwei Beispielen illustrieren. Kehren wir dafür ein letztes Mal zu Steve Jobs zurück. Er ist die Verkörperung des innovativen Unternehmergenies, verantwortlich für eine der bahnbrechendsten technischen Innovationen, die wir dem Kapitalismus vermeintlich zu verdanken haben. Schließlich hat das iPhone unser Leben in den vergangenen zwei Jahrzehnten stärker verändert als jede andere Erfindung. Wie falsch oder zumindest unvollständig dieses Bild ist, zeigt die Ökonomin Mariana Mazzucato in ihrem Buch *Das Kapital des Staates.* Dort legt sie dar, dass keines der technischen Bestandteile des iPhones tatsächlich von Apple geschweige denn von Steve Jobs persönlich erfunden wurde.[20] Vielmehr handelt es sich bei allem, was Smartphones so nützlich macht, um staatlich geförderte und innerhalb staatlicher Strukturen entwickelte Neuerungen: der Touchscreen, der Zugang zum Internet oder auch das GPS. Steve Jobs ist, so kann man argumentieren, kein technischer Visionär, sondern eher ein Marketing-Genie, das staatlich finanzierte Innovationen in die richtige Kombination gebracht hat und so zum Multimilliardär geworden ist. Seine Leistung bestand vorrangig darin, bereits vorhandene Technologien in einer ansprechenden Ästhetik zu präsentieren. Das ist keine geringe Leistung, und Steve Jobs hatte mit Sicherheit enormen Einfluss darauf, wie wir heute kommunizieren. Wenn man aber der Darstellung von Mazzucato folgt, wäre es trotzdem durchaus gerechtfertigt, Unternehmen wie Apple, die von staatlicher Grundlagenforschung profitieren, wesentlich stärker zu besteuern. Schließlich ist es eben nicht allein der genialen Erfindungsgabe von Steve Jobs und der Innovationsoffenheit des Kapitalismus zu verdanken, dass es das iPhone gibt, sondern vor allem staatlichen Strukturen.[21] Dass der Staat aber für seine Forschungstätigkeit nur selten Anerkennung bekommt, liegt an den Mustern, die wir im vorigen Kapitel dargestellt haben. Steve Jobs kann sich als Visionär inszenieren und ein konkretes Produkt präsentieren. Sich als Staat für die Erfolge jahrzehntelanger Grundlagenforschung feiern zu lassen, die in der Zusammenarbeit von Hunderten Menschen besteht, die alle einen kleinen Teil zum endgültigen Erfolg beitragen, ist deutlich schwieriger. Es fehlt schlicht eine Symbolfigur, der zugejubelt werden kann. Wir lieben eben Heldengeschichten, und der Kapitalismus weiß sie zu erzählen.

Als zweiter zentraler Vorteil wird freien Märkten neben Innovationsfähigkeit oft Effizienz zugeschrieben. Begründet wird das insbesondere mit dem Mechanismus, der angewendet wird, um Angebot und Nachfrage zu koordinieren: den Preisen. In der Theorie sollten Märkte nämlich zu effizienten Preisen führen. Etwas, das selten ist, muss teurer sein, um einen Mangel zu signalisieren. Etwas, das viele haben wollen, wird teurer sein und dazu führen, dass mehr Menschen dieses Produkt herstellen, um von den hohen Preisen zu profitieren. Preise können uns in der Theorie Informationen liefern, wie selten oder häufig etwas vorhanden ist, und die Produktion und Nachfrage nach Produkten steuern. So führen Märkte zumindest in der Theorie dazu, dass unsere Wirtschaft sich selbst effizient koordiniert. Auch deswegen tun Politiker*innen sich mit Eingriffen in den Preismechanismus so schwer. Wie ineffizient dieser Mechanismus in der Realität aber tatsächlich ist, und welche dramatischen Folgen sein Versagen haben kann, hat der Journalist Rupert Russell in seinem Buch *Price Wars* an vielen Beispielen illustriert. Russell erläutert, wie in verschiedenen Regionen der Erde Preise zu Krisen geführt haben. Sei es in Venezuela, wo extrem hohe Inflationsraten für eine massenhafte Verarmung der Bevölkerung verantwortlich gewesen sind, oder in der Ukraine, wo es auch die hohen Ölpreise der 2000er und 2010er Jahre waren, die Putin und Russland die finanziellen Möglichkeiten für den Angriff auf das Nachbarland gegeben haben.[22] Der Preismechanismus ist mittel- und langfristig eben nur selten effizient. Und nichts macht das deutlicher als die Klimakatastrophe. Wäre die Preisbildung wirklich in der Lage, zukünftige Kosten mit zu berücksichtigen, dann wären fossile Energieträger seit Jahrzehnten unbezahlbar. Tatsächlich muss aber der Staat durch eine CO_2-Steuer in den Markt eingreifen, um das Risiko der Klimakrise preislich auch nur ansatzweise abzubilden.[23]

Die Ineffizienz des Preissystems wird auch auf den Mietmärkten in deutschen Großstädten sichtbar. Dass Mieten in Berlin, München, Köln oder Frankfurt so hoch sind und im vergangenen Jahrzehnt immer weiter erhöht wurden, liegt nicht daran, dass die Wohnungen heute so viel schöner und größer sind. Potenzielle Mieter*innen können am wenigsten für die Vielzahl an Ursachen: Gestiegene Nachfrage, der Abbau von Sozialwohnungen und die Konzentrierung des Mietmarktes auf wenige Anbieter*innen haben dazu geführt, dass die Gruppe der Vermieter*innen mehr Marktmacht hat und dementsprechend in der Lage ist, höhere Mieten durchzudrücken. Es handelt sich um ein Versagen des Marktes, der einen Eingriff der Politik nicht nur rechtfertigt, sondern notwendig macht, was in Berlin mit dem Mietendeckel versucht worden ist.

All diese realpolitischen Phänomene gehen auf die sprachliche Markierung des Marktes als eigenständige Entität zurück, die er schlicht nicht ist. Es ist übrigens auch kein Zufall, dass sich Politiker*innen auf die juristischen Grenzen ihres Handlungsspielraums zurückziehen, wenn staatliche Korrekturen der versagenden Märkte von Gerichten gestoppt werden, wie im Fall des Berliner Mietendeckels. Auf gleiche Weise begründen die Ampel-Koalition und vor ihr die unionsgeführten Regierungen Kürzungen im Haushalt mit dem Einhalten einer Schuldenbremse. In beiden Fällen wird betont, dass man sehr gerne etwas tun würde, aber leider durch die Verfassung daran gehindert werde. Die Juristin Katharina Pistor hat in *Der Code des Kapitals* gezeigt, wie eng die Anwendung von Recht mit dem Kapitalismus verbunden ist und wie sehr diese Verbindung die Gewinner*innen des kapitalistischen Systems zusätzlich bevorzugt.[24] Genau wie die freien Märkte ist aber auch unsere Verfassung etwas, das vom Staat – also am Ende von allen Bewohner*innen dieses Staates – geschaffen worden ist. Der Verweis auf rechtliche Grenzen ist ein sprachlicher Taschenspielertrick. Wenn es einen politischen Konsens darüber gibt, dass beispielsweise die Schuldenbremse in ihrer jetzigen

Form nicht sinnvoll ist, kann der Bundestag die Verfassung mit der nötigen Mehrheit jederzeit anpassen.

In der sprachlichen Trennung von Markt und Staat in Form verschiedener metaphorischer Bilder, die den Markt als eigene, schwer zu kontrollierende Entität und als Grundzustand einer effizienten und innovativen Gesellschaft darstellt und damit implizit eine Alternativlosigkeit behauptet, zeigt sich eine zentrale Wesensart der Sprache des Kapitalismus, die im politischen Alltag ihre ganze zerstörerische Kraft entfaltet. Ein anderes Beispiel, das diese Trennung sprachlich manifestiert, ist der Name, den die Sprache des Kapitalismus dem Wirtschaftssystem, in dem wir leben, gegeben hat: eine Marktwirtschaft. Dem effektiven Markt stehen die ineffektiven Planwirtschaften des Sozialismus aus der zweiten Hälfte des 20. Jahrhunderts gegenüber. Diese sprachliche Unterscheidung ist natürlich unsinnig, denn auch in einer Marktwirtschaft wird geplant. Was die Arbeits- und Produktionspläne der DDR oder die chinesischen Fünfjahrespläne von den Planungen in freien Marktwirtschaften unterscheidet, ist lediglich die Wirtschaftseinheit, die diese Planungen vornimmt. Auf der einen Seite staatliche Gremien, auf der anderen Seite Unternehmen und wir, die Haushalte. In der ökonomischen Theorie unterscheiden sich diese beiden Prämissen nicht einmal gravierend voneinander. Die dezentrale Wirtschaftsplanung von Unternehmen und Haushalten kommt im Optimum der Modelle der Ökonom*innen zum exakt gleichen Ergebnis wie der sogenannte *allwissende Planer*. In der Vergangenheit galten Märkte nur als der effizientere (oder weniger ineffiziente) Weg, um unsere Wirtschaft zu organisieren.

Diesen vermeintlichen Effizienzvorteil der freien Märkte kann man heute mehr denn je in Frage stellen und sollte dies auch sprachlich markieren.

Spätrömische Dekadenz oder die Abwertung von Armut

Jeder Mensch ist seines Glückes Schmied. Der Kapitalismus ist auf diese zentrale Erzählung angewiesen. Dass also allein Leistung, Beharrlichkeit und Innovation theoretisch jedem Menschen Wohlstand einbringen können. Das kapitalistische System braucht den Glauben an dieses Narrativ, um seine Ungleichheit rechtfertigen zu können. Wer viel leistet und sich anstrengt, der schafft es auch nach oben. Und selbst wenn zusehends mehr Personen diesem Credo skeptisch gegenüberstehen, verhält sich der größere Teil doch, als würde es zutreffen. Die meisten gehen studieren oder absolvieren eine Ausbildung in der Hoffnung, dass sich diese Mühe lohnen werde und man später genug Geld verdiene, um ein finanziell sorgenfreies Leben führen zu können. Selbst wenn man keine hohe Position anstrebt, hofft man, es durch eine universitäre oder anders gelagerte Ausbildung in unserem kapitalistischen System zu etwas zu bringen. In der Sprache des Kapitalismus folgt aus diesem zentralen Versprechen ein logischer Schluss, den man vor allem in der Sprache von Politiker*innen ausmachen kann: Wer arm ist, ist selbst schuld.

Wie wir bereits gezeigt haben, haben Politiker*innen eine besondere Funktion in unserem System. Sie sind als Gestaltende zumindest in der Theorie verantwortlich dafür, den gesellschaftlich erwirtschafteten Wohlstand zu verteilen. Ihnen würde es also zufallen, dafür zu sorgen, dass es ebenso wenig überreiche Menschen gibt wie Menschen, die sich kaum die grundlegendsten Güter für ein menschenwürdiges Leben leisten können. In einem kapitalistischen System, in dem von freien Märkten genauso ausgegangen wird wie davon, dass alle für ihren eigenen Wohlstand verantwortlich sind, haben Politiker*innen aber ein Interesse daran, von Armut Betroffene ganz im Sinne der kapitalistischen Logik die Schuld an ihrer eigenen Armut zuzuschreiben und das auch sprachlich zu markieren. Denn wenn für ihre Situation lediglich die Menschen selbst verantwortlich sind, dann besteht auch kein Handlungsbedarf, und das System muss nicht in Frage gestellt werden. Es ist eine der perfidesten Finten des Kapitalismus, zu behaupten, dass allein Leistung zu Wohlstand führt, weil sich dadurch der Grund für krasse Einkommensunterschiede und Armut von selbst ergibt: Manche Menschen sind offenbar zu faul.

Ein besonders extremes Beispiel für diese Logik stammt aus dem Jahr 2010, als der damalige Vizekanzler Guido Westerwelle in der Debatte um die Erhöhung der Hartz-IV-Sätze von der »spätrömischen Dekadenz« sprach. Der frühere Außenminister schrieb in einem Kommentar mit dem Titel *Von der deutschen Mittelschicht spricht niemand* in der *WELT*: »[Die] Leichtfertigkeit im Umgang mit dem Leistungsgedanken besorgt mich zutiefst. Die Missachtung der Mitte hat System, und sie ist brandgefährlich. Wer dem Volk anstrengungslosen Wohlstand verspricht, lädt zu spätrömischer Dekadenz ein. An einem solchen

Denken kann Deutschland scheitern.«[25] Dazu stellte er all jene, die sich für höhere soziale Zahlungen für arme Menschen einsetzen, in die Nähe des Sozialismus. In diesem Zitat zeigt sich vieles, was die Sprache des Kapitalismus ausmacht. Menschen in Armut, die von staatlichen Leistungen abhängen, wird vorgeworfen, sie müssten sich für ein gutes Auskommen nicht einmal anstrengen. Ihre Faulheit würde vom Staat belohnt werden, obwohl sie nichts leisten. Ähnlich argumentierte unter anderem auch die Vorsitzende der Mittelstands- und Wirtschaftsunion Gitta Connemann, die im Sommer 2023 behauptete: »Das Bürgergeld frisst Abermilliarden, ohne Gegenleistung. Wer arbeiten kann, soll auch arbeiten müssen.« Sie sprach außerdem von einer »Pflicht auf Leistung«.[26] Beide Aussagen implizieren, dass ein relevanter Anteil der Menschen, der auf staatliche Hilfe angewiesen ist, nicht arbeiten will. Der Begriff der »spätrömischen Dekadenz« von Westerwelle ist zudem noch mit historischem Ballast aufgeladen. Die Zufriedenheit der römischen Bürger*innen und ihr vermeintlich anstrengungsloser Wohlstand werden häufig für den Zerfall des Römischen Reiches verantwortlich gemacht. Die Römer seien irgendwann zu satt, zu zufrieden, zu dekadent geworden. Ihr Reich sei um sie herum zerfallen, weil niemand mehr etwas leisten wollte. Diese Erzählung zapfte Westerwelle mit seiner Rede von der »spätrömischen Dekadenz« an und schob den Menschen, die auf staatliche Unterstützung angewiesen sind, auch noch die Schuld für den schlechten Zustand der deutschen Wirtschaft in die Schuhe.

Dass er denjenigen, die staatliche Hilfen verteidigten, in seinem Text vorwirft, sie würden damit den Sozialismus befürworten, ist ein weiteres Beispiel für die sprachliche Strategie des Kapitalismus. Als einzige Alternative zum Kapitalismus wird auf ein System verwiesen, das sich historisch als nicht tragfähig erwiesen hat und zudem verbunden ist mit der Vorstellung von grausamer Unterdrückung. Der Zeitungskommentar des damaligen Außenministers ist ein Sinnbild dafür, wie Armut in der Sprache des Kapitalismus markiert wird.

Diese grundlegenden Strukturen im Sprechen über Armut zeigen sich natürlich nicht immer auf so extreme Weise. Selbst politische Parteien, die sich eigentlich links verorten, bedienen sich dieser Muster. In der von der SPD und den Grünen entworfenen Agenda 2010 und insbesondere in den Hartz-IV-Reformen wird das mehr als deutlich. »Fordern und Fördern« lautete das Credo von Hartz IV. Sprachlich verdeutlichte dieses Motto gemeinsam mit dem Sanktionssystem, das zur Durchsetzung von Maßnahmen und Vorgaben der Agentur für Arbeit eingerichtet wurde, wer aus einer kapitalistischen Sicht eigentlich Schuld an der Armut habe: die armen Menschen selbst. Indem markiert wird, dass der Staat zwar hilft, es im Zweifel aber Sanktionen gibt, wenn die Menschen nicht richtig mitziehen, bewegt man sich wieder im kapitalistischen Narrativ: Um Erfolg zu haben, muss man sich nur genug anstrengen. Im Umkehrschluss bedeutet das, wer sich nicht genug anstrengt, hat keine staatliche Unterstützung verdient und muss bestraft werden. Am Ende führt dieser Mechanismus zu einem ähnlichen Effekt, wie wir ihn am Anfang des Kapitels bereits erläutert haben. Dort waren es die berühmten schwarzen Schafe unter den Banken, die sprachlich als Ausnahmen gekennzeichnet werden müssen, um deutlich zu machen, dass nicht das System an sich problematisch ist, sondern nur einige wenige, die es ausnutzen. Geht es um Armut, ist die Logik ähnlich. Es muss sprachlich klargestellt werden, dass nicht das System per se Armut hervorbringt und erhält, sondern, dass die armen Menschen die Ausnahmen des Systems – die schwarzen Schafe – sind, die wegen ihrer fehlenden Leistungsbereitschaft selbst Schuld an ihrer Situation tragen.

Dieses Denkmuster durchzieht auch die mediale Darstellung von Armut. In Deutschland hat sich so der Begriff des *Hartz-IV-TVs* etabliert, der (pseudo-)dokumentarische Serien beschreibt, in denen arme Menschen porträtiert werden. Dazu zählen erfolgreiche Formate wie *Frauentausch*, *Hartz und herzlich* oder *Armes Deutschland*. Hier werden die Klischees über Menschen, die in Armut leben, in ihrer Darstellung ins Extreme gesteigert. Ob gewollt oder nicht, wird so die Behauptung reproduziert, arme Menschen seien faul, dumm und am Ende selbst verschuldet in diese Situation gelangt. Wie verheerend solche Stereotype über gesellschaftliche Gruppen sein können, zeigt ein anderes Beispiel.

Die Welfare Queen

Als Ronald Reagan sich 1976 zum ersten Mal darum bemühte, Präsident der USA zu werden, erzählte er bei seinen Wahlkampfveranstaltungen immer wieder die gleiche Geschichte. Zwar ging es um eine bestimmte Person, aber er wandte eine typische rhetorische Strategie an, mit der Politiker*innen häufig arbeiten, um anhand eines Schicksals einen größeren Zusammenhang zu verdeutlichen. Politische, wirtschaftliche und soziale Zusammenhänge sind meist so komplex, dass ihre detaillierte Erläuterung kaum für eine emotionale Rede vor großem Publikum taugt. Hier greift wieder das Prinzip von Erzählungen. Anders als die Darlegung einer gesellschaftlichen Lage oder die Erklärung einer komplexen wirtschaftlichen Situation, kann die Geschichte einer bestimmten, beispielhaften Figur ein Publikum emotionalisieren. Bekannt geworden ist so zum Beispiel die Figur »Joe the Plumber«, die auf Joe Wurzelbacher zurückgeht und im US-amerikanischen Präsidentschaftswahlkampf 2008 immer wieder als Beispiel für den typischen Kleinunternehmer herangezogen wurde.[27] Wurzelbacher konfrontierte den damaligen Senator Barack Obama bei einer Wahlveranstaltung damit, dass seine Steuerpläne den Klempnerbetrieb, den er kaufen wollte, benachteiligen würden. Es war nicht Obamas ausführliche Antwort, in der er relativ detailliert die Be- und Entlastungen seines Vorschlags erklärt, die in der öffentlichen Wahrnehmung hängen blieb, sondern die Figur des besorgten Kleinunternehmers, dem die demokratische Partei das Leben schwermacht. In Erinnerung blieb Joe der Klempner.

Ganz ähnlich verhält es sich auch mit der Geschichte, die Ronald Reagan seinen potenziellen Wähler*innen wiederholt auftischte. Er sprach von einer Frau aus Chicago, die über achtzig Identitäten besaß, mehr als dreißig Adressen und vier nicht existierende verstorbene Ehemänner. Für jeden dieser fiktiven Ehemänner erhielt sie Veteranen-Unterstützungen, und für jede Identität und Adresse beantragte sie Sozialhilfe. Reagan berichtete von den Pelzmänteln, die sie trug, und dem Cadillac, den sie fuhr. Diese Frau aus Chicago, so Reagan, habe durch ihren elaborierten Sozialhilfebetrug ein steuerfreies Einkommen von 150 000 US-Dollar erhalten. Die Geschichte kam bei seiner Wählerschaft so gut an, dass er sie vier Jahre später, als er sich erneut (und diesmal erfolgreich) für das Präsidentenamt bewarb, wiederholte, nur fand er jetzt für die Frau aus Chicago einen konkreten Titel: *Welfare Queen*.

Der Mythos der Welfare Queen (»Sozialhilfekönigin«) gehört zu den einflussreichsten Bildern, die die Sprache des Kapitalismus in den USA hervorgebracht hat, und hat zur Abwertung von Schwarzen alleinerziehenden Müttern, die auf staatliche Sozialleistungen angewiesen sind, geführt. Reagan musste nicht betonen, dass diese Frau aus Chicago Schwarz war, seine Wählerschaft wusste ganz genau, über was für eine Frau er da sprach. Denn wie es bei diesen politischen Erzählungen über einzelne beispielhafte Figuren meistens der Fall ist, hatte auch Reagans Welfare Queen ein reales Vorbild. 1974 erschien in der *Chicago Tribune* ein Artikel über Linda Taylor, eine Schwarze Frau, die tatsächlich verschiedene Identitäten genutzt hatte, um unrechtmäßig an Sozialleistungen zu kommen. In diesem Artikel diente Taylors Fall allerdings vorrangig als Beispiel für die Unfähigkeit der staatlichen Institutionen, einen solchen Betrug zu erkennen und zu verhindern.[28] Erst als sich die Öffentlichkeit mehr und mehr für die Person Linda Taylor zu interessieren begann, verschob sich der Fokus auf ihr Leben, und sie wurde zur beispielhaften Welfare Queen. Von nun an musste der sehr spezielle und bizarre Fall als allgemeingültiges Beispiel dafür herhalten, alleinstehende Schwarze Frauen mit Kindern unter den vagen Generalverdacht zu stellen, unrechtmäßig, wenn nicht gar betrügerisch von Sozialleistungen zu profitieren. Aus einem ungewöhnlichen Einzelfall wurde durch die Erzählung von der Welfare Queen ein rassistisches Fallbeispiel für ein vermeintlich zentrales Problem des Sozialstaates.

Dabei waren nicht nur Reagans Horrorerzählungen über Taylor übertrieben – sie wurde schlussendlich für Betrug im Wert von 8 000 US-Dollar verurteilt und besaß nur vier falsche Identitäten –, sondern die gesamte Prämisse, auf der das rassistische Bild der Welfare Queen aufbaute, war falsch. Damals wie heute ist der größte Teil der Sozialleistungsempfänger*innen in den USA *weiß*. Auch der Komplexität von Taylors Leben wurde die Berichterstattung zu ihrer Zeit nicht gerecht. Wie der Journalist Josh Levin in seinem Buch *The Queen* zeigt, war Taylor, die als Martha Louise White zur Welt kam, seit ihrer Jugend Opfer von sexualisierter Gewalt und Rassismus.[29] Ihre bloße Existenz war 1926, als sie als Tochter einer *weißen* Frau und eines Schwarzen Mannes geboren wurde, juristisch ein Verbrechen. Darüber hinaus wurden ihre kriminellen Aktivitäten erstaunlich verzerrt dargestellt. Der große und lang anhaltende Einfluss, den Taylors relativ unbedeutender Sozialbetrug auf die Politik hatte, steht in keinem Verhältnis zu anderen Verbrechen, an denen sie beteiligt gewesen sein soll. So war sie in mehrere Kindesentführungen und ungeklärte Todesfälle verwickelt.[30] Da es sich bei den Opfern jener Verbrechen allerdings um Schwarze handelte, interessierte sich die mehrheitlich *weiße* Öffentlichkeit nicht für sie. Viel wichtiger war der potenzielle Schaden, den die (*weißen*) Steuerzahler*innen durch Taylor erlitten hatten.

Taylors Geschichte und der Mythos der Welfare Queen sind das ideale Beispiel dafür, dass sich die Sprache des Kapitalismus rassistische und sexistische Strukturen in unserer Gesellschaft zunutze macht, um das kapitalistische System zu stützen. Das Bild der Welfare Queen als alleinerziehende Schwarze Frau, die durch Sozialleistungen Anreize hat, immer mehr Kinder zu bekommen, um nicht arbeiten zu müssen und sich auf Kosten der hart arbeitenden Bevölkerung ein entspanntes Leben zu machen, ist nicht zuletzt dank Reagans Erzählung tief in das US-amerikanische Bewusstsein eingedrungen. Sie dominierte in den 1980er und 1990er Jahren den Diskurs rund um die Leistungen des Sozialstaats in den USA und ist mit dafür verantwortlich, dass massive Eingriffe, von denen Millionen arme Familien betroffen waren, eine breite Zustimmung in der Bevölkerung fanden. Darüber hinaus dienen Figuren wie die Welfare Queen oder Joe the Plumber als stereotypische Narrative, die Politiker*innen und die Medien nutzen, um ganze Bevölkerungsgruppen ohne die notwendige Komplexität und Differenzierung zu charakterisieren. Ein deutsches Beispiel für eine sehr ähnliche Erzählung ist die Erfindung des Namens *Florida-Rolf* durch die *Bild*-Zeitung im Sommer 2003. In mehreren Artikeln berichtete die Zeitung empört von Rolf John, der in Miami lebte, aber aus Deutschland Sozialhilfe bezog – im Gegensatz zu Linda Taylor allerdings völlig rechtmäßig. Auch hier wurde der Sonderfall zum Fallbeispiel popularisiert, an dem gezeigt werden sollte, wie faule Schmarotzer den Staat ausnutzen.[31]

Der Kern dieser Erzählungen, so unterschiedlich sie in ihren Details auch sind, berührt die zentrale Annahme des Kapitalismus: Wer hart arbeitet, hat ein gutes Leben. Erst aus diesem kapitalistischen Glaubenssatz heraus kann die Sichtweise entstehen, die in Sozialhilfe grundsätzlich eine Unterstützung für faule Menschen sieht. Es ist auch kaum verwunderlich, dass diese Behauptung immer wieder so gut funktioniert. Wenn wir gesellschaftlich anerkennen würden, dass es nur zu einem kleinen Teil von unserer Leistung abhängt, wie unser Berufsleben abläuft und wie viel Einkommen und Vermögen wir haben, dann müssten wir den zentralen Grundsatz unseres Wirtschaftssystems in Frage stellen, und sehr viele Menschen müssten sich damit auseinandersetzen, dass ihre ökonomische Situation – sei sie gut oder schlecht – nur am Rande ihr Verdienst ist. Deswegen verweisen Politiker*innen immer wieder gerne auf die sogenannte »hart arbeitende Mitte der Gesellschaft«[32]. Das Bild bezieht sich auf Menschen der Mittelschicht, die Vollzeit arbeiten und damit auch genug Geld verdienen, um ihre Familien ernähren und ein gutes Leben führen zu können. Wenn wir von der Mittelschicht sprechen und dabei hart arbeitende Menschen besonders hervorheben, dann funktionieren diese Bilder aber nur, weil wir implizit eine Unterschicht und ihre angeblich faulen Mitglieder mit aufrufen. Und es gibt noch einen weiteren Grund, wieso dieses Bild im politischen Alltag so populär ist. Wie wir bereits beschrieben haben, sehen sich die meisten Bürger*innen als Teil einer diffusen Mittelschicht. Sprechen Politiker*innen diese Mittelschicht an, dann fühlen sich davon deutlich mehr potenzielle Wähler*innen adressiert, als ihr eigentlich angehören. Es handelt sich also um eine sehr effektive Sprachstrategie.

Diese Unterscheidung zwischen der hart arbeitenden Mitte und den faulen Armen schwang auch mit, als Finanzminister Christian Lindner 2022 in der Debatte um die Verlängerung des Neun-Euro-Tickets von *Gratismentalität* sprach und damit gegen eine Fortsetzung der niedrigen Preise im Nahverkehr argumentierte. Die dahinterliegende Logik funktioniert so: Wenn der Staat den öffentlichen Nahverkehr subventioniert und Tickets zu sehr günstigen Preisen anbietet, dann verteilt er das Geld, das er von den *Leistungsträger*innen der Gesellschaft* einsammelt, an diejenigen, die eben nichts leisten. In dem Begriff *Gratismentalität* schwingt nicht nur die Abwertung von armen Menschen mit, sondern auch die Behauptung, sie würden keinen fairen Teil zum gesellschaftlichen Leben beitragen. Denn nur wenn ich unterstelle, dass einige Menschen keine Steuern zahlen, kann ich ernsthaft behaupten, sie würden etwas, das durch Steuern finanziert ist, gratis erhalten. In unserer Vorstellung sind Steuern oft mit der Einkommenssteuer verbunden, und das ist auch nachvollziehbar. Wenn ich jeden Monat auf meinem Lohnzettel sehe, dass mehrere hundert Euro von meinem Brutto-Verdienst abgezogen werden, bis schließlich die Summe herauskommt, die auf meinem Konto landet, nehme ich das sehr explizit wahr. Aber natürlich zahlen auch Menschen ohne Lohnarbeit, die von Arbeitslosengeld leben, Steuern. Sie zahlen bei jedem Einkauf im Supermarkt Mehrwertsteuer und bei jedem Tanken CO_2-Steuer. Und da diese Steuersätze für alle gleich sind, sind Menschen, je weniger Geld sie zur Verfügung haben, stärker davon betroffen. In Lindners *Gratismentalität* wird sprachlich ein weiteres zentrales Motiv des Kapitalismus markiert: Wer arm ist, leistet nichts für unsere Gesellschaft.[33]

Aber kommen wir noch einmal zurück zur Welfare Queen. Stereotype dieser Art sind in den USA keineswegs auf die Republikanische Partei beschränkt: Es war der demokratische US-Präsident Bill Clinton, der 1994 eine der größten Herabsetzungen von Sozialleistungen in der US-Geschichte beschloss. Und auch wenn der Begriff der Welfare Queen heute aufgrund seiner rassistischen Konnotation kaum mehr Verwendung findet, bleibt das darunterliegende Narrativ in den USA omnipräsent. Egal ob Mitt Romney in seinem Wahlkampf gegen Barack Obama oder Donald Trump, immer wieder nutzen Politiker*innen den Vorwurf, dass ihre politischen Konkurrent*innen Sozialleistungen für diejenigen erhöhen wollen, die einfach nur zu faul zum Arbeiten sind.

Dass es ausgerechnet das Bild der Welfare Queen in Kombination mit Ronald Reagans Lügengeschichte über Linda Taylors Straftaten war, das diesen nachhaltigen Einfluss auf die US-Politik hatte, hatte handfeste Gründe. Wie die Politikwissenschaftlerin Carly Hayden Foster zeigen konnte, war es die Verbindung aus rassistischen, sexistischen und klassistischen Stereotypen, die das Bild der Welfare Queen so erfolgreich machte.[34] Darin verbanden sich drei bekannte Vorurteile miteinander und schufen ein Bild, das man den Menschen leicht vermitteln konnte, weil es auf fruchtbaren Boden traf. Zuerst bediente es sich der rassistischen Behauptung, dass Schwarze eine unkontrollierbare sexuelle Energie besitzen und unter anderem aus diesem Grund mehr Kinder bekommen, als sie ernähren können. Zweitens spielte es auf die Vorstellung der berechnenden und hinterhältigen Frau an, die sich zu ihrem eigenen Vorteil schwängern lässt. Und drittens zielte die Erzählung der Welfare Queen darauf ab, Arme seien faul und selbst schuld an ihrer Situation.

Hieran können wir exemplarisch sehen, dass es keinen Sinn macht, die Sprache des Kapitalismus losgelöst von anderen Diskriminierungsformen in unseren Gesellschaften zu betrachten. Wer in unserem kapitalistischen System profitiert, hängt eben nicht nur von Talent, Fleiß und Ehrgeiz ab, sondern wird ganz entscheidend durch das Geschlecht, die Hautfarbe und die soziale Klasse bestimmt. Um dieses System zu stützen, fließen in die Sprache des Kapitalismus also genau die sexistischen, rassistischen und klassistischen Elemente ein, die unsere Gesellschaft auch als Ganzes bestimmen.

Entmenschlichte Arbeiter*innen

Das zeigt auch die politische Auseinandersetzung um wirtschaftspolitische Themen in Deutschland immer wieder. Als Gerhard Schröder im Jahr 2000 ein Einreise-Programm für IT-Fachkräfte auflegen wollte, konterte der damalige CDU-Vorsitzende in Nordrhein-Westfalen und frühere Bildungsminister Jürgen Rüttgers in einem Zeitungsinterview mit dem Satz: »Statt Inder an die Computer müssen unsere Kinder an die Computer.«[35] Rüttgers Aussage wurde in der verkürzten Form »Kinder statt Inder« zum Slogan rechter Parteien und Bewegungen.

Aus diesem Extrembeispiel lässt sich ein Muster ableiten, das bis heute einen festen Platz in der Debatte um die Einwanderung von Fachkräften in Deutschland hat, auch wenn sich ein wichtiger Parameter verschoben hat. War Jürgen Rüttgers vor etwa zwanzig Jahren noch davon überzeugt, dass sich der deutsche Fachkräftemangel durch eine bessere Familien- und Bildungspolitik in den Griff bekommen lässt, ist es heute breiter Konsens, dass Deutschland seinen Wohlstand ohne die Einwanderung nicht wird halten können. Schon jetzt fehlen Hunderttausende Fachkräfte.[36] Als Detlef Scheele, der Vorstandsvorsitzende der Bundesagentur für Arbeit, 2021 über die Herausforderung des Fachkräftemangels in Deutschland sprach und darauf hinwies, dass es für seine Bewältigung Arbeitsmigration brauche, fügte er explizit hinzu, dass es ihm »hier nicht um Asyl, sondern um gezielte Zuwanderung für die Lücken am Arbeitsmarkt«[37] gehe. Diese explizite Aufteilung in gute und schlechte Zuwanderung führt am Ende zwangsläufig zur Unterscheidung zwischen guten und schlechten Migrant*innen. Fast alle deutschen politischen Parteien scheinen sich darin einig zu sein, dass Fachkräften die Einwanderung erleichtert werden muss, sie für den Rest aber erschwert werden sollte. Das gegeneinander Ausspielen von guter und schlechter Einwanderung führt dazu, dass Möglichkeiten, anders mit Einwanderung umzugehen, gar nicht wahrgenommen werden. Auch Menschen, die auf der Flucht sind und nach Deutschland kommen, könnten durch gezielte wirtschaftspolitische Maßnahmen unterstützt werden, um entweder eine Ausbildung anzufangen oder aber ihre schon vorhandenen Kenntnisse in Deutschland einzubringen. Dieses Vorgehen ist natürlich kosten- und zeitintensiver, könnte sich langfristig aber für alle Beteiligten auszahlen. So hingegen führt die sprachliche Unterscheidung von gewollter und ungewollter Einwanderung dazu, dass sich ein bestehendes System an Ungleichheiten weiter verfestigt.

In dieser Debatte lässt sich noch ein zentrales Merkmal der Sprache des Kapitalismus festmachen – die Entmenschlichung von Arbeiter*innen. In einem Interview, in dem es um ein neues Einwanderungsgesetz ging, das von der Ampel-Regierung diskutiert wurde, sagte der CDU-Vorsitzende Friedrich Merz: »Wir haben viele Menschen hier, die im Arbeitsmarkt in Deutschland einfach nicht verwendbar sind.«[38] Das ist die vollständige Reduzierung von Menschen auf ihre Funktion als Arbeitskraft im kapitalistischen System. Nur wenn man das kapitalistische System als alles bestimmenden Faktor einer Gesellschaft und ihrer Art zu leben versteht, kann man Menschen aufgrund ihrer angenommenen Arbeitskraft oder Leistungsfähigkeit als nützlich oder nutzlos für eine Gesellschaft bewerten. Was Friedrich Merz hier so klar ausspricht, liegt dem sprachlichen Umgang mit Migration meistens wesentlich weniger deutlich zugrunde. Migration wird entweder als eine Einwanderung in den Arbeitsmarkt oder eine Einwanderung in das Sozialsystem wahrgenommen. Diese Entmenschlichung von Arbeiter*innen hat auch eine wirtschaftswissenschaftliche Tradition. 1961 hat der Ökonom Theodore Schultz, der ebenfalls an der University of Chicago forschte, seine Theorie des sogenannten *Humankapitals* veröffentlicht.[39] Die Theorie an sich ist, wie so oft in diesen Fällen, gar nicht das eigentliche

Problem. Schultz zeigte, dass Länder, die zwar über viele Produktionsmittel – sogenanntes physisches Kapital – verfügten, aber kaum über eine entsprechende Menge an gut ausgebildeten Menschen, nicht effizient wachsen können. Er plädierte dafür, dass Regierungen nicht nur auf Innovationen im Bereich der Technik achten sollten, sondern dass für eine positive Gesamtentwicklung auch die Entwicklung der eigenen Bevölkerung beispielsweise durch Investitionen in Bildung unumgänglich sei. Das große Problem an dem Begriff *Humankapital* ist, dass er den Menschen ausschließlich als Produktionsfaktor wahrnimmt. Dadurch fällt es deutlich leichter, Forderungen zu stellen, die die Lebensqualität von Menschen drastisch reduzieren. Das erklärt wiederum, wieso Politiker*innen in Krisenzeiten fordern, das Rentenalter oder die Wochenarbeitszeit anzuheben. In diesem Moment wird der Mensch einzig in seiner Rolle als *Humankapital* im Produktionsprozess betrachtet und nicht als menschliches Wesen. Die konkrete Bedeutung für die Lebensentwürfe einzelner Personen, für ihre Gesundheit und insgesamt ihre Lebensqualität spielt keine Rolle mehr. In der Sprache des Kapitalismus ist der Mensch kein Individuum, sondern lediglich Produktionsfaktor.

Das koloniale Erbe der Sprache des Kapitalismus

Die rassistischen und kolonialistischen Sprachmuster der Sprache des Kapitalismus tauchen aber nicht nur auf, wenn es darum geht, über Migrationsfragen zu diskutieren. Auch in der internationalen Zusammenarbeit zwischen Staaten begegnen sie uns ständig. Wie wir bereits gezeigt haben, sind Ausdrücke wie »Dritte Welt«, »Entwicklungsländer« oder »Entwicklungshilfe« postkolonialistisch konnotiert. Wir wollen die absurde Logik dahinter an einem drastischen Beispiel verdeutlichen.

In dem Karibikstaat Haiti fand einer der erfolgreichsten Sklav*innenaufstände in der Geschichte der Menschheit statt. Seit 1659 war ein Teil der Insel Hispaniola von Frankreich unter dem Namen Saint-Domingue kolonisiert. Dort brach 1791 der Aufstand gegen die Kolonialherrschaft aus, der dazu führte, dass sich Haiti 1804 als erstes Land von seiner Kolonialmacht befreien konnte und seine Unabhängigkeit verkündete. Im Zuge dieser Revolution wurden Hunderttausende Sklav*innen befreit und konnten danach ein selbstbestimmtes Leben führen. Was folgte, war eine bizarre Täter-Opfer-Umkehr. Frankreich verlangte Entschädigung für die enteigneten Plantagenbesitzer. Nicht nur wegen deren physischen Besitztümern wie Grundstücken, Gebäuden oder Ähnlichem, nein, Frankreich forderte Entschädigung für den Verlust ihrer Sklav*innen. In der Logik der Kolonialmacht waren die Sklav*innen Besitztümer der Plantagenbetreiber. Der Verlust dieses Besitzes durch die Revolution musste folglich entschädigt werden. Eine heute unvorstellbare Verdrehung von Recht und Unrecht. Nicht die früheren Sklav*innen wurden für ihr erlittenes Leid entschädigt, sondern die Kolonialist*innen, die sich nicht mehr an deren Ausbeutung bereichern konnten, erhielten Kompensationen. Unter Androhung eines Handelsembargos war das junge Land Haiti gezwungen, den Reparationszahlungen zuzustimmen, um seine Unabhängigkeit zu wahren. Zwischen 1825 und 1950 leistete Haiti Zahlungen an Frankreich.[40] Wie hoch der ökonomische Schaden durch diese Reparationen ist, ist kaum zu beziffern.[41] Dass Haiti heute zu einem der ärmsten Länder der Welt gehört, während die Dominikanische Republik, die ebenfalls auf der Karibikinsel Hispaniola liegt, relativ wohlhabend ist, ist auch dieser historischen Ungerechtigkeit geschuldet. Haiti musste seit seiner Gründung einen erheblichen Anteil der eigenen Wirtschaftsleistung für Zahlungen an Frankreich aufbringen und hatte so einen nicht auszugleichenden Nachteil, was die eigene ökonomische Weiterentwicklung betraf.

Ein ähnliches Vorgehen legte Frankreich auch in den 1960er Jahren an den Tag, als viele der früheren französischen Kolonien in Afrika ihre Unabhängigkeit erlangten. Im Jahr 1960 schrieb der damalige französische Außenminister Michel Debré an die Regierung des Gabuns: »Wir geben euch die Unabhängigkeit unter der Bedingung, dass sich der Staat nach seiner Unabhängigkeit an die vereinbarten Handelsverträge hält. Das eine geht nicht ohne das andere.«[42] Diese Handelsverträge waren natürlich zum Vorteil Frankreichs und sollten den Einfluss in den früheren Kolonien auch nach deren Unabhängigkeit sichern. So verboten sie, dass Gabun »rüstungsrelevante Rohstoffe« an andere Länder außer Frankreich lieferte.

Wenn heute also französische Politiker*innen Haiti oder Gabun »Entwicklungshilfe« anbieten, dann handelt es sich dabei um einen zynischen Ausdruck, der die eigene koloniale Vergangenheit und die unrühmliche Rolle in der haitianischen Geschichte ausblendet. Das Gleiche gilt für fast alle europäischen Nationen. Viele der Länder, die wir heute mit sogenannter Entwicklungshilfe unterstützen, sind auf diese Form der Unterstützung überhaupt nur angewiesen, weil ihre wirtschaftliche Lage eine direkte Folge der Kolonialverbrechen europäischer Staaten ist. Durch den Begriff »Entwicklungshilfe« wird jedoch suggeriert, dass die europäischen Nationen großzügige Spenderinnen wären, die aus gutem Willen versuchten, die »unterentwickelten« Länder zu unterstützen. Wenn aber die Länder, die bis heute durch die Kolonialzeit geprägt sind, Reparationszahlungen verlangen – wie Haiti es nach dem verheerenden Erdbeben 2010 von Frankreich forderte oder die Herero in Namibia von Deutschland –, hört die Freigebigkeit schnell auf. Bis heute weigert sich die französische Regierung, Entschädigungen zu zahlen. Auch die deutsche Regierung hat in ihrem Abkommen mit Namibia explizit keine Reparationszahlungen erwähnt. Stattdessen ist dort die Rede von einem Programm »zum Wiederaufbau und zur Entwicklung«, das als »Geste der Anerkennung des unermesslichen Leids, das den Opfern zugefügt wurde«, verstanden werden soll.[43] Sprachlich wird hier die eigene Schuld minimiert. Selbst wenn es offizielle Entschuldigungen und Schuldeingeständnisse durch Politiker*innen gibt, wie vom damaligen SPD-Außenminister Heiko Maas gegenüber den Herero, ist spätestens beim Geld Schluss. Begriffe wie »Reparationen« oder »Entschädigungen«, die einen rechtmäßigen Anspruch der Opfer auch sprachlich abbilden würden, werden vermieden. Stattdessen wird mit gutmütigen Gesten und »Entwicklungs- oder Wiederaufbauhilfen« hantiert, freiwilligen Zahlungen, die einzig und allein der Großzügigkeit der Täter entspringen. Oder wie der frühere ivorische Finanzminister Mamadou Koulibaly feststellt: »Die Ausbeutung kommt heute im Gewand der Entwicklungshilfe.«[44]

Wie mit Politiker*innen umgegangen wird, die versuchen, Reparationen von den früheren Kolonialmächten zu erhalten, lässt sich ebenfalls in Haiti beobachten. Der erste demokratisch gewählte Präsident Haitis, Jean-Bertrand Aristide, forderte in den 1990er Jahren Wiedergutmachungszahlungen von Frankreich. Nur ein Jahr nach seiner Wahl musste er, bedroht durch einen Staatsstreich des Militärs, ins Exil fliehen. Wie eine Gruppe Journalist*innen der *New York Times* aufdeckte, war die Einflussnahme von französischer und US-amerikanischer Seite für diesen Staatsstreich mitverantwortlich. Insbesondere Frankreich hatte aufgrund der Reparationsforderungen Aristides ein großes Interesse daran, dass dieser kein politisches Amt mehr ausübte. »Es hat unsere Arbeit ein ganzes Stück leichter gemacht«, gab der damalige französische Botschafter Haitis Thierry Burkard zu Protokoll.[45]

Ob wir wollen oder nicht

Politiker*innen haben nicht nur die Aufgabe, unser politisches System zu gestalten, sondern tragen auch die Verantwortung für das Versagen dieses Systems. Wenn Menschen keine Wohnung finden, die sie sich leisten können, wenn die Preise für Energie oder Nahrungsmittel so stark erhöht werden, dass Familien Existenzsorgen bekommen, wenn auf Finanzkrisen reagiert werden muss oder wenn es darum geht, die Verantwortung für die Geschichte des eigenen Landes und seine Kolonialzeit zu übernehmen – dann tragen Politiker*innen die politische Verantwortung für diese Situationen. Die Sprache des Kapitalismus gibt Politiker*innen das Werkzeug an die Hand, sich dieser Verantwortung zu entziehen. Sei es die künstliche Trennung von Staat und Markt, die behauptete Alternativlosigkeit von Unternehmensrettungen oder die Abwertung von Menschen in Armut, indem ihnen die Schuld an ihrer eigenen Situation zugeschrieben wird. Es geht immer darum, sprachlich zu markieren, dass das System, so wie wir es gestalten, funktioniert und Krisen oder Verlierer*innen innerhalb dieses Systems die Ausnahme sind. Manchmal müssen vielleicht ein paar schwarze Schafe zur Vernunft gebracht werden, aber alles in allem ist unser Wirtschaftssystem stabil. So ähnlich wie bei Bankenrettungen, wo Gewinne privatisiert und Verluste sozialisiert wurden, ist es auch in der politischen Sprache des Kapitalismus: Erfolge werden der eigenen Arbeit zugeschrieben, Missstände außerhalb des eigenen Handlungsspielraums oder als kurzfristige Abweichung vom Status quo verortet. Sich selbst und der Bevölkerung gegenüber ehrlich zu sein und einzugestehen, dass es radikalere Einschnitte bräuchte und es in den vorhandenen Strukturen schlicht nicht möglich ist, einige der fundamentalsten Probleme unserer Gegenwart zu lösen, scheint nicht mehrheitsfähig zu sein. Dabei steht die Menschheit vor einer Herausforderung, die dazu führen wird, dass wir den modernen Finanzkapitalismus vorbehaltlos hinterfragen müssen, ob wir wollen oder nicht: die Klimakatastrophe.

KAPITEL 7

… sie werden erhöht – der Weg zu einer Sprache des Postkapitalismus

»Die grundsätzliche Frage […] ist also, ist der Postkapitalismus vorstellbar? Ist es möglich, etwas von der libidinösen, technologischen Infrastruktur des Kapitals beizubehalten und über das Kapital hinauszugehen?«[1]

Mark Fisher

Uns bleibt nicht mehr viel Zeit. Der Weltklimarat IPCC hat berechnet, dass die Menschheit bis 2050 CO_2-neutral sein muss, um das 1,5-Grad-Ziel zu erreichen. Das bedeutet, dass wir, wenn wir den Temperaturanstieg auf der Erde auf 1,5 Grad im Vergleich zum vorindustriellen Zeitalter begrenzen wollen, ab dem Jahr 2050 unseren CO_2-Ausstoß auf Netto-Null reduziert haben müssen. Zu den größten Hindernissen auf dem Weg zu diesem Ziel zählen der Kapitalismus und die Wirkung seiner Sprache. Denn wenn über die Klimakatastrophe gesprochen wird, treffen alle Elemente der Sprache des Kapitalismus zusammen und verhindern eine klare Sicht auf notwendige Veränderungen unserer Lebensweise.

»Klimaneutral«, »Grünes Wachstum« und »Technologieoffenheit« – die Sprache der Klimakrise

Die Größe des eigenen Fußabdrucks kann man ausrechnen. Zumindest wenn es um den sogenannten CO_2-Fußabdruck geht. Das Internet ist voll von Tests dieser Art, mit denen man herausfinden kann, in welchem Maß der eigene Lebensstil dem Weltklima schadet. Dabei gibt es unterschiedliche Varianten. Die Natur- und Umweltschutzorganisation WWF hat einen eigenen *Environmental Footprint Calculator* auf ihrer Website,[2] und die *New York Times* hat einen Ratgeber herausgegeben, wie man seinen persönlichen *Carbon Footprint* minimieren kann.[3] Diese

Tests, die mit kleinen Unterschieden alle ähnlich funktionieren, sind so etwas wie die universellen Gewissensbarometer des klimabewussten Menschen.

Das Konzept eines schädlichen Fußabdrucks, den ein einzelner Mensch auf der Erde in Form von Umweltverschmutzung hinterlässt, ist etwa dreißig Jahre alt und geht zurück auf die beiden britischen Forscher William Rees und Mathis Wackernagel.[4] Seitdem wurden verschiedene dieser Rechner entwickelt, die vor allem darauf zielen, das Verhalten von Einzelpersonen mit Blick auf die Umwelt zu bewerten. Die beiden britischen Forscher haben damit – vermutlich unbewusst – ein Konzept geschaffen, das sehr wirksam und hilfreich für Großkonzerne ist, um von ihrem eigenen schädlichen Verhalten abzulenken. Eines dieser Unternehmen ist der Mineralölkonzern British Petroleum – besser bekannt unter dem Kürzel BP. Von ihm stammt das Konzept des CO_2-Fußabdrucks, der sich speziell auf die klimaschädlichen Auswirkungen von CO_2 konzentriert. Mit einer großen Kampagne popularisierte der Konzern die Idee, dass wir als Einzelpersonen herausfinden können, wie viel wir dem Klima schaden.[5] Dabei gehört BP selbst zu jenen zwanzig Unternehmen auf der Welt, die für ein Drittel des gesamten CO_2-Ausstoßes seit 1965 verantwortlich sind.[6] Einem der größten Umweltsünder in der Geschichte der Menschheit – der Konzern liegt in dem genannten Ranking auf Platz sechs – ist es gelungen, uns davon zu überzeugen, dass wir erst einmal bei uns selbst anfangen sollten, wenn es darum geht, CO_2 einzusparen. Wie der Journalist Mark Kaufmann in einem Essay aus dem Jahr 2021 festhält, glückte dem Konzern damit einer der größten und erfolgreichsten Werbestunts in der Geschichte des Marketings. Sicherlich ist es sinnvoll, weniger oder bewusster Fleisch zu konsumieren, das Fliegen auf ein Minimum zu reduzieren und im Alltag verantwortungsbewusst mit Ressourcen umzugehen. Die Tatsache, dass diese Ratschläge von BP kommen, macht sie nicht falsch. Angesichts der absurden Mengen CO_2, die solche Konzerne Tag für Tag ausstoßen, wirken diese Bemühungen aber geradezu lächerlich gering. Und wie Kaufmann weiter festhält, hat uns ausgerechnet die Coronapandemie gezeigt, wie wirkungslos unsere individuellen Bemühungen sind. Denn obwohl die meisten von uns während der Lockdowns nur zu Hause in den eigenen vier Wänden saßen, ging die Zahl der klimaschädlichen Gase, die in die Erdatmosphäre geblasen wurden, kaum merklich zurück.[7]

Während wir penibel darauf achten, mit unseren CO_2-Füßen so wenig Spuren wie möglich zu hinterlassen, übersehen wir die CO_2-Schwaden von BP und anderen Konzernen am Horizont, die damit immer höhere Gewinne einfahren. Die Frage nach dem *Cui bono?* lässt sich in diesem Fall glasklar beantworten. Wem verschafft die Sprache des Kapitalismus einen Vorteil? Im Kampf gegen die Klimakrise eindeutig jenen Akteuren, die von der Zerstörung unseres Planeten ganz direkt profitieren.

Dieses Prinzip einer sprachlichen Perspektivenverschiebung ist bezeichnend dafür, wie Unternehmen mit der Klimakrise umgehen. Viele von uns bemühen sich vermutlich, im Supermarkt Produkte zu kaufen, die klimaneutral gefertigt wurden. Ein grünes Siegel, das Versprechen, dass wir die Umwelt nicht zusätzlich belasten, eine recycelbare Verpackung, und fertig ist der Traum vom nachhaltigen Konsum. Das Problem ist nur, dass dieser Traum oft eben genau das ist: ein Traum. Das vermeintliche Zauberwort »Klimaneutralität« bedeutet nämlich nicht CO_2-frei. Unternehmen haben zwei Möglichkeiten, um bei der Produktion ihrer Lebensmittel, Kleidungsstücke oder Kosmetikprodukte ein Gütesiegel für Klimaneutralität zu erhalten. Entweder sie bringen ihre Netto-CO_2-Bilanz tatsächlich auf null, was teuer und aufwendig ist, oder aber sie investieren in Projekte irgendwo auf der Welt, die CO_2 einsparen sollen. Diese zweite Möglichkeit ist häufig deutlich billiger. Dank ihr können Unternehmen in Europa oder den USA ohne großen Aufwand von heute auf morgen klimaneutral werden. Die Produktion dieser Unternehmen ist also mitnichten frei vom Ausstoß klimaschädlicher Gase. Stattdessen gehen die Konzerne eine Art Ablasshandel ein. Wie effektiv die Projekte sind, in die das Geld fließt, und wann sie tatsächlich einen positiven Effekt zur Reduktion der globalen CO_2-Belastungen zeigen, ist dabei völlig unklar.[8] Inzwischen sieht selbst die Europäische Kommission ein, dass es sich bei der Hälfte der Produkte, die angeblich klimaneutral sind, um sogenanntes *Greenwashing* handelt.[9] Die wahre Zahl dürfte noch deutlich höher liegen. Das Konzept der Klimaneutralität ist Teil einer sprachlichen Kapitalismusstrategie, die umweltbewussten Konsument*innen vermitteln soll, dass Shopping-Trips auch weiterhin in Ordnung sind. Einen tatsächlich effektiven Beitrag im Kampf gegen die Klimakatastrophe leistet es aber nicht. Wieder profitieren Klimasünder ganz unmittelbar von der Sprache des Kapitalismus.

Dass sich Unternehmen der Sprache des Kapitalismus bedienen, um sich im Kampf gegen die Klimakatastrophe aus der Verantwortung zu stehlen, ist kaum verwunderlich. Von Wissenschaftler*innen könnte man da schon anderes erwarten. So sollten es insbesondere Ökonom*innen sein, die uns als Gesellschaft einen Weg zeigen, wie wir die Klimaschutzziele, die wir als Menschheit vereinbart haben, durch ökonomisches Umdenken erreichen können. Schließlich sind sie es, die die Funktionsweise unseres Wirtschaftssystems am besten verstehen sollten. Nur bleiben realistische und praktikable Vorschläge aus der Welt der Ökonomie bisher absolute Mangelware. Das beste Beispiel für das Versagen der Ökonomie auf dem Feld des Klimaschutzes lieferte der Wirtschaftswissenschaftler William Nordhaus. Er gehört zu den renommiertesten Vertreter*innen seines Fachs und gilt als einer der führenden Expert*innen, wenn es darum geht, die Klimakrise und unser Wirtschaftssystem zusammenzudenken. Nordhaus entwickelte das sogenannte DICE-Modell (kurz für *Dynamic Integrated Climate-Economy model*), mit dem es möglich sein sollte, die Auswirkungen der Klimakrise auf die Wirtschaft zu analysieren.[10] Er kam mit Hilfe seines Modells zu dem äußerst erstaunlichen Ergebnis, dass es aus wirtschaftlicher Sicht optimal wäre, wenn die globale Temperatur bis 2100 um 3,5 Grad steigt.[11] Erstaunlich ist das deshalb, weil der IPCC in einem Sonderbericht darauf hingewiesen hatte, was für katastrophale Folgen es für die Menschheit hätte, sollte das Ziel einer maximalen globalen Erwärmung von 1,5 Grad nicht eingehalten werden können. Nordhaus hatte schlichtweg übersehen, dass Menschheit und Wirtschaft nicht dasselbe sind. Am

8. Oktober 2018, dem Tag, an dem der IPCC seinen Bericht veröffentlichte, erhielt William Nordhaus für seine Forschung den Wirtschaftsnobelpreis.[12] Als Reaktion auf diese Preisvergabe schrieb die Klimaforscherin Claudia Wieners auf ihrem Blog: »God does not play DICE – But Bill Nordhaus does!«[13] Erst zwei Jahre nachdem Nordhaus den Nobelpreis erhalten hatte, gelang es einer Gruppe Forschender, das DICE-Modell so zu kalibrieren, dass es tatsächlich mit den Zielen des Pariser Klimaabkommens in Einklang zu bringen ist.[14]

Die Geschichte von William Nordhaus zeigt eindrücklich, wie weit die Wirtschaftswissenschaften von plausiblen Lösungen im Kampf gegen die Klimakatastrophe entfernt sind. Für viele Ökonom*innen bilden die Klimakatastrophe und die Wirtschaft einfach ein Paar sich ausschließender Möglichkeiten. Wir müssen nur den besten Trade-Off finden. Es ist das Denkkonzept, mit dem Ökonom*innen arbeiten: Wenn zwei Dinge nicht miteinander in Einklang zu bringen sind, kann ich so lange das Verhältnis der beiden zueinander variieren, bis ich den optimalen Mix habe. Oder anders ausgedrückt: Um wie viel Prozent müsste ich das Wirtschaftswachstum reduzieren, um ein Grad Klimaerwärmung zu verhindern? Hier kommen wir zurück zur Sprache des Kapitalismus. Denn die Grundvorstellung, die diesem Denken zugrunde liegt und die auch immer wieder kommuniziert wird, ist, dass der Markt durch den Preismechanismus effizient ist und wir nur die Preise richtig festlegen müssen, um die Klimakatastrophe aufzuhalten. Je höher der Preis für den CO_2-Ausstoß ist, desto besser für das Klima und desto schädlicher für die Wirtschaft. So ist es kaum verwunderlich, dass CO_2-

Steuern in den Augen von Ökonom*innen die wichtigste Waffe sind, um die Preise entsprechend zu korrigieren.[15] Diese Vorstellung ist absurd. Um die drastischen Folgen der Klimakrise tatsächlich abzubilden, müsste die Steuer so unvorstellbar hoch sein, dass von heute auf morgen niemand mehr die entsprechenden Preise bezahlen könnte. Hinzu kommt, dass es Folgen der Klimakatastrophe gibt, die sich preislich überhaupt nicht sinnvoll ausdrücken lassen. Das Aussterben zahlreicher Tierarten, die Zerstörung von Korallenriffen, die Tatsache, dass Menschen aus ihrer Heimat vertrieben werden: Dafür gibt es keinen Preis, der sich auf irgendeinem Markt einpendeln könnte. Sprachlich vermitteln Nordhaus und Co. aber genau das – wir müssen nur den optimalen Preis für CO_2 finden, und alles wird gut. Und wenn es nicht gut wird, tja, dann war es wirtschaftlich gesehen auch nicht optimal.[16]

Diese Überlegungen führen zu einem weiteren Begriff der Sprache des Kapitalismus, der sich in Debatten rund um die Klimakatastrophe großer Beliebtheit erfreut: *Green Growth* (»Grünes Wachstum«). Die Idee dahinter erscheint zunächst einmal charmant. Wenn die Preise auf fossile Brennträger durch Steuern so stark erhöht werden, dass diese Technologien unrentabel werden, dann lohnt es sich für Unternehmen und Investor*innen ganz automatisch, in nachhaltige und sogenannte grüne Technologien zu investieren. Bundeskanzler Olaf Scholz sprach sogar davon, dass diese »grüne Transformation« Deutschland Wachstumsraten wie zu Zeiten des Wirtschaftswunders in den 1950er und 1960er Jahren bescheren würde.[17] Hinter diesem Ziel des Grünen Wachstums steckt die Idee einer Entkopplung unserer Wirtschaftsleistung von schädlichen Umweltfolgen (wie eben dem Ausstoß von CO_2). In der Fachsprache bezeichnet man diesen Prozess als *Decoupling*. Bisher war in der Geschichte der Menschheit ein stärkeres Wirtschaftswachstum immer auch mit einer stärkeren Belastung der Natur verbunden. Grünes Wachstum macht nun das verlockende Versprechen, dass dieser Zusammenhang in Zukunft nicht mehr gilt.[18]

Das Konzept des Grünen Wachstums ist so gefährlich, weil es eine große sprachliche Macht besitzt. Es suggeriert nämlich, dass wir nicht viel verändern müssen, um die Klimakatastrophe zu verhindern. Wir müssen nichts weiter tun, als unsere Wirtschaft von fossilen auf grüne Energieträger umzustellen. Das klingt doch machbar. Es ist naheliegend, dass wir uns angesichts der gigantischen Herausforderung der Klimakatastrophe nach Stabilität und Bekanntem sehnen.

Begriffe wie Grünes Wachstum sind ein zentraler Bestandteil des Versuchs, die Folgen der Klimakrise sprachlich zu entschärfen und Warnungen von Wissenschaftler*innen übertrieben darzustellen. Das geht sogar so weit, dass Friedrich Merz 2023 in einem Interview mit der *Zeit* feststellte: »Es ist eben nicht so, dass die Welt morgen untergeht«[19]. Natürlich hat er damit objektiv gesehen recht, wahrscheinlich geht die Welt sogar überhaupt nicht unter. Wahrscheinlicher ist die Vorhersage, die der US-amerikanische Astrophysiker Neil deGrasse Tyson tätigt: »Die Klimakatastrophe wird die Erde nicht unbewohnbar machen, aber sie wird sie zur Hölle auf Erden machen.«[20] Doch auch das wird nicht morgen geschehen. Was Merz aber ignoriert, ob mutwillig oder aus Unwissenheit, sei einmal dahingestellt, ist, wie schwerfällig und langsam die Maßnahmen wirken, die wir gegen die Klimakrise ergreifen müssen. Wenn wir heute nicht reagieren, geht die Welt zwar morgen nicht unter, aber wir werden trotzdem keine Möglichkeit mehr haben, unsere Untätigkeit von gestern zu korrigieren.

In eine ähnliche Kerbe schlagen auch die FDP und Finanzminister Christian Lindner, wenn sie von »Technologieoffenheit« sprechen und so den Eindruck erwecken, man könne einfach die Marktkräfte Lösungen für die Rettung des Klimas finden lassen. Hier greift wieder die Erzählung der Innovationskraft des Kapitalismus, dessen freie Marktwirtschaft durch Wettbewerb stets die besten Lösungen hervorbringt. Eine Einmischung der Politik wäre in dieser Vorstellung nur schädlich. Doch es ist vor allem staatlich finanzierte Grundlagenforschung, die zu neuen bahnbrechenden Technologien und Erfindungen führt. Wenn die FDP aber beschließt, dass Technologieoffenheit für sie ein zentraler Wert ist,[21] dann nimmt sie sich und die Politik insgesamt aus der Verantwortung. In diesem Sinne ist es dann nicht mehr die Aufgabe gewählter Politiker*innen, Lösungen zu finden, indem gezielt Projekte gefördert und Technologien subventioniert werden, die besonders vielversprechend wirken. Stattdessen übernimmt eine unsichtbare kreative Kraft, die schon irgendwie dafür sorgen wird, dass sich unsere Probleme von alleine lösen.

Ob Unternehmen, Ökonom*innen oder Politiker*innen – angesichts der Klimakrise wird jedes Register der Sprache des Kapitalismus gezogen. Sei es die Anpreisung einfacher Lösungen, die Reduktion von Komplexität oder die Verschiebung von Verantwortlichkeiten. Vor allem wird die Sprache des Kapitalismus in diesem Kontext eine Sprache, die eine falsche Hoffnung suggeriert: Grün, Wachstum, Offenheit – positive Begriffe, die vermitteln sollen, dass der Kapitalismus die Lösung für unsere Probleme bereithält und wir nichts grundlegend verändern müssen. Nicht nur multinationale Konzerne profitieren also von der Sprache des Kapitalismus, sondern auch Politiker*innen. Um die eigene Macht zu erhalten, greifen sie, bewusst oder unbewusst, auf das kapitalistische Sprachsystem zurück. Dass dieses Sprachsystem, das sich über Jahrhunderte entwickelt hat, ausgerechnet beim Thema Klimakrise seine gesamte Kraft entfaltet, ist kein Zufall. Die Klimakatastrophe bedroht das Wachstumscredo, das für den Kapitalismus überlebensnotwendig ist. Eine Ära des kapitalistischen Wirtschaftswachstums hat uns jedoch in die Situation geführt, in der wir heute sind.[22] In der Sprache des Kapitalismus tritt die Verteidigung dieser Wachstumslogik unzweideutig hervor. Die Frage, die sich nun also stellt: Haben wir dem nichts entgegenzusetzen?

Drei Wege aus der Krise und wie sie sich im Dickicht verlieren

Dass die Sprache des Kapitalismus es fast unmöglich gemacht hat, sich umsetzbare Alternativen zu unserem kapitalistischen System vorzustellen, heißt natürlich nicht, dass es keine gibt. Wir wollen an dieser Stelle drei Vorschläge vorstellen, wie ein postkapitalistisches System aussehen könnte, und zeigen, dass es im Kern die Sprache des Kapitalismus ist, die verhindert, dass sie als echte gesellschaftliche Alternativen wahrgenommen und demokratisch diskutiert werden.

In ihrem Buch *Das Ende des Kapitalismus* beschreibt Ulrike Herrmann, wie ein Wirtschaftssystem aussehen könnte, mit dem sich ein endgültiger Klimakollaps noch abwenden ließe. Das von ihr entworfene System bezeichnet sie als Überlebenswirtschaft. Herrmann orientiert sich dabei an der britischen Kriegswirtschaft ab 1939. Um den Krieg gegen Nazideutschland gewinnen zu können, richtete die britische Regierung, die Hitlers Stärke und Willen zum Krieg lange unterschätzt hatte, die Wirtschaft in relativ kurzer Zeit komplett auf den Krieg aus. Den Menschen im Vereinigten Königreich verlangte dieser radikale Umbau einiges ab. Privater Konsum war nicht mehr so bedenkenlos möglich wie zuvor, und seltene Produkte wurden nun anhand eines Punktesystems verkauft. Trotz dieser Einschränkungen fanden die Maßnahmen eine breite, demokratische Zustimmung. Im Rückblick empfanden viele Brit*innen diese Zeit nicht als besonders entbehrungsreich, sondern erfüllend. Das lag unter anderem daran, dass alle Menschen in diesem System gleich behandelt wurden und es deutlich weniger Möglichkeiten für die wohlhabenden Menschen gab, sich Privilegien durch Geld zu erkaufen. Auch wenn natürlich nicht sämtliche Vorteile dieser Art verschwanden (reiche Menschen und besonders der Adel konnten weiterhin Produkte in Mengen bekommen, die den meisten Menschen nicht zugänglich waren), herrschte systemisch gesehen eine wesentlich größere Gleichheit. Bemerkenswert ist, auf welche Art und Weise die britische Regierung ihre Wirtschaft umstellte. Die einzelnen Unternehmen verblieben zwar in privater Hand und konnten entscheiden, wie sie ihre Produktion organisierten, aber die britische Regierung gab vor, was produziert werden sollte, und verteilte entsprechend Ressourcen. Waren es zu Zeiten des Zweiten Weltkriegs insbesondere die Arbeiter*innen, die den einzelnen Unternehmen zugeteilt wurden, wäre es in Herrmanns Überlebenswirtschaft grüne Energie, die der Staat an die Firmen vergeben würde. Und waren die rationierten Produkte damals vor allem solche, die man aus dem Ausland hätte importieren müssen, wie Schokolade, wären es bei Herrmann Produkte, die besonders klimaschädlich sind und die sich auch die Reichsten dann nicht einfach mit mehr Geld kaufen könnten. In Herrmanns Überlebenswirtschaft gäbe es weiterhin private Unternehmen und privaten Besitz. Ein schönes Leben wäre noch immer möglich, es wäre nur anders organisiert.[23]

Auch die Argumentation des Philosophen Kohei Saito beruht auf der Annahme, dass der Kapitalismus mit seinem Wachstumszwang unvereinbar damit ist, die Klimakatastrophe noch zu verhindern. In seinem Buch *Systemsturz* beschreibt Saito die Notwendigkeit eines postkapitalistischen Systems.[24] Herrmann und Saito sind sich darin einig, dass die Lösung nicht in mehr, sondern in weniger (und qualitativ anderem) Wirtschaftswachstum liegt.[25] Wo Herrmann aber die britische Kriegswirtschaft als Vorbild für eine Alternative heranzieht, entwickelt Saito das Konzept eines *Degrowth-Kommunismus*. Dabei macht sich der Philosoph seine Arbeit an einer neuen Marx-Engels-Gesamtausgabe zunutze, für die auch bisher unbekannte Aufzeichnungen von Karl Marx aus seinen späteren Lebensjahren herangezogen wurden.[26] Der späte

Marx verstand laut Saito Kommunismus explizit als ein ökologisches Unterfangen, das für die Umverteilung des Wohlstands nicht auf mehr Produktivität setzt, sondern auf eine nachhaltige Wirtschaftsweise, die im Einklang mit den Ressourcen der Natur steht. Daraus leitet Saito in *Systemsturz* einen demokratischen Degrowth Kommunismus ab, der insbesondere auf lokale und gemeinsam verwaltete Produktionsprozesse setzt und sich damit radikal vom Sozialismus der Sowjetunion im 20. Jahrhundert unterscheidet.

Ein dritter Vorschlag stammt aus dem Reich von Big Data und dem Diskurs um Künstliche Intelligenz. Hier gibt es verschiedene Ansätze, für die unterschiedliche Bezeichnungen gefunden wurden: *Big Data Planwirtschaft*, *Planwirtschaft 2.0*, *Smarte Planwirtschaft* oder *Hybride-Markt-Planwirtschaft*. Egal, wie man sie nennt, die Idee dahinter ist immer die gleiche: Ein grundlegendes Problem der sozialistischen Planwirtschaften war es demnach, dass die jeweiligen Planungsorgane nicht über die notwendigen Daten und Informationen verfügten, um die Wirtschaft sinnvoll und zentral planen zu können. In Zeiten wachsender Rechenleistungen, der Digitalisierung und der damit einhergehenden Omnipräsenz von Daten könnte dieses Kernproblem des Informationsmangels früherer Planwirtschaften behoben werden. Durch Algorithmen ließe sich bestimmen, wie die Produktionsprozesse und -pläne einer Volkswirtschaft aussehen müssten. Dadurch könnten natürliche Ressourcen, Arbeitskräfte und Kapital möglichst effizient und zum Wohle der gesamten Bevölkerung eingesetzt werden. Die Journalisten Leigh Phillips und Michal Rozworski haben in ihrem Buch *The*

People's Republic of Walmart (frei übersetzt: *Die Volksrepublik Walmart*) gezeigt, dass diese Art des Wirtschaftens heute bereits existiert. Sie argumentieren, dass ausgerechnet Einzelhandelsgiganten wie Amazon oder eben Walmart, die zu den mächtigsten und weltumspannendsten Repräsentanten des modernen Kapitalismus und unserer Überflussgesellschaft zählen, firmenintern wie Planwirtschaften organisiert sind.[27] Um ein Unternehmen, das auf mehreren Kontinenten mit Tausenden Mitarbeitenden agiert, effizient und möglichst reibungslos zu führen, braucht es eine minutiöse Planung und zahlreiche Daten darüber, was, wann, wie und wo benötigt wird. Viele Unternehmen sind inzwischen größere Wirtschaftseinheiten als die meisten Länder auf der Erde, was die Vermutung nahelegt, dass diese Form der zentral organisierten Planungen nicht völlig realitätsfern ist. Amazon beispielsweise wäre mit seinem Umsatz im Jahr 2022 unter den dreißig wirtschaftsstärksten Nationen der Welt. Der Kerngedanke dieser *Big Data Planwirtschaft* ist es also, die modernen Möglichkeiten, die uns Künstliche Intelligenz, neuronale Netzwerke und Big Data liefern, so einzusetzen, dass ein stärker zentral geplantes Wirtschaftssystem möglich ist und Gesellschaften nicht mehr der Willkür von einigen wenigen Überreichen ausgesetzt sind.

Was alle Ansätze eint, ist, dass sie eine Zukunft jenseits des Kapitalismus darstellen, die uns nicht zurück in düstere Zeiten führt. In jedem Szenario wäre ein angenehmes Leben möglich, und wir würden weiter in einem demokratischen System leben. Es wäre eben nur nicht das marktwirtschaftliche kapitalistische System, das wir heute kennen. Aber die drei Zukunftsentwürfe haben noch eine weitere Gemeinsamkeit. Sowohl Herrmann als auch Saito und die meisten Vertreter*innen der *smarten Planwirtschaft* räumen ein, dass ihre Vorschläge einen Haken haben: Es ist nicht klar, wie der Übergang von unserem aktuellen Wirtschaftssystem zu jenem postkapitalistischen System genau aussehen könnte. Dabei geht es nicht um die ökonomische Transition, dafür gibt es in allen Fällen Lösungsansätze, sondern um den demokratischen Prozess, der dazu führen soll, dass wir den Kapitalismus verlassen. So räumt Herrmann am Ende ihres Buchs ein: »Eine Überlebenswirtschaft scheint derzeit politisch nicht durchsetzbar. [...] Es wäre [aber] fatal, wenn nur noch gedacht würde, was politisch als mehrheitsfähig gilt. Dann könnte man das Denken ganz einstellen – und würde die Gegenwart zur Zukunft erklären.«[28] Saito hingegen hält frustriert fest: »Gerade in Zeiten der Klimakrise müsste sich die Tür für weitaus innovativere und mutigere Politikansätze öffnen. Doch anstatt der Phantasie für Vorstellungen einer anderen Gesellschaft freien Lauf zu lassen, bleibt die Wurzel des Übels, das Wirtschaftswachstum, unangetastet, wird der bisherige Weg mit ganzer Kraft weiterverfolgt.«[29] Und auch die realen Fortschritte, die in *Systemsturz* beschrieben werden und die Saito Hoffnung machen, dass eine Veränderung nicht so weit weg ist, wie wir sie uns vorstellen, entpuppen sich als äußerst fragil. So nennt er beispielsweise die Stadtregierung Barcelonas und die Arbeit ihrer progressiven Bürgermeisterin Ada Colau, die viele seiner vorgeschlagenen Maßnahmen umgesetzt hat, als positives Beispiel. Colau ist allerdings 2023 wieder abgewählt worden. Die nachfolgende Regierung hat bereits damit begonnen, einige der fortschrittlichen Projekte rückgängig zu machen.[30]

Da wir aber selbstverständlich und glücklicherweise demokratisch erreichte politische Mehrheiten brauchen, um Veränderungen durchzusetzen, muss eine offene Auseinandersetzung mit dem kapitalistischen System entstehen. Die Bücher von Herrmann, Saito sowie Phillips und Rozworski waren allesamt Bestseller und zeigen unzweifelhaft, dass ein Interesse an Alternativen zum Kapitalismus besteht. Aber woran liegt es dann, dass wir heute weit von politischen und demokratischen Mehrheiten für konkrete postkapitalistische Systeme entfernt sind, wie auch immer sie aussehen mögen? Was allen beschriebenen Ansätzen fehlt, ist eine Auseinandersetzung mit der Sprache, die im Kapitalismus entstanden ist und ganz entscheidend dazu beiträgt, unser heutiges Wirtschaftssystem zu stabilisieren. Die Frage, die sich also stellt, ist: Wie kann man das Gespräch über Alternativen zum Kapitalismus ernsthaft in Gang setzen?

Die Wunderwaffe des Kapitalismus

Am 22. Januar 1984 spielten im Super Bowl, dem Finale der US-amerikanischen Football-Liga NFL, die Washington Redskins (heute: Washington Commanders[31]) gegen die Los Angeles Raiders. An das Spiel selbst erinnern sich wahrscheinlich nur noch hartgesottene Football-Fans. Über den Sport hinaus hatte dieser Super Bowl aber durchaus eine größere kulturelle Bedeutung. Im dritten Viertel des Spiels wurde während eines Time-outs ein Werbespot für einen neuen Computer von Apple, den ersten Macintosh, ausgestrahlt. In dem etwa einminütigen Kurzfilm von Ridley Scott, dessen dystopische Ästhetik aus Filmen wie *Blade Runner* oder *Alien* man auch in dem Werbespot wiedererkennt, sieht man graue Gestalten mit starrem Blick durch eine dunkle Röhre marschieren, sie folgen offensichtlich einer höheren Macht und haben keinen eigenen Willen. Dazwischen taucht für kurze Momente immer wieder eine rennende junge Frau auf, sie trägt rote Shorts, ein strahlend weißes Top, und ihre blonden Haare fliegen in alle Richtungen, verfolgt wird sie von Wachen in Kampfmontur. Die grauen Gestalten trotten in einen großen Saal, wo auf einer Leinwand ein überdimensioniertes männliches Gesicht beschwörend auf sie einredet. Die Frau sprintet in den Raum hinein und wirft, gerade bevor die Wachen sie erreichen, einen Hammer auf den Bildschirm und zerschmettert so die Kontrollinstanz in einem weißen Lichtblitz. Ein Schriftzug wird eingeblendet: »Am 24. Januar 1984 wird Apple Computers den Macintosh vorstellen. Und du wirst erkennen, warum 1984 nicht sein wird wie *1984*.« Das Bild wird schwarz, und in der Mitte taucht das Apple-Logo in Regenbogenfarben auf.[32]

Der legendäre Werbespot für den ersten Macintosh trug dazu bei, dass die Werbespots in den Pausen der Übertragung des Super Bowl in den folgenden Jahren immer aufwendiger produziert wurden. Inzwischen sind sie ein Highlight in jeder Übertragung des NFL-Finales. Legendär ist dieser Spot nicht zuletzt, weil seine Bildsprache auf bemerkenswerte Weise mit den visuellen Codes des Kalten Krieges spielt. Der bereits erwähnte Kulturtheoretiker Mark Fisher eröffnete im Herbst 2016 seine Vorlesungsreihe *Postcapitalist Desire* mit diesem Clip. In seiner zweiteiligen Interpretation steht die graue Masse willenloser Gestalten für Menschen, die entweder von großen Computerkonzernen der Zeit, vor allem IBM, kontrolliert werden, oder aber durch die kommunistische Ideologie der Sowjetunion manipuliert und unterdrückt werden. Sie vegetieren im farb- und freudlosen Trott dahin. Beide Deutungsansätze sind plausibel. Die Anspielung auf den Roman *1984* von George Orwell am Ende des Spots macht die Assoziation mit dem Sowjetkommunismus ein wenig offensichtlicher. Dem Unternehmen Apple kommt in dieser Auslegung die Rolle des kapitalistischen Retters zu, der mit den Waffen der Unterhaltung, Innovation und Kreativität die dröge Lebenswelt der geknechteten Massen im Kommunismus zerstört. In einem weiteren Werbespot aus den 1980er Jahren, den Fisher ebenfalls als Beispiel anführt, schmuggelt ein Mann eine Levi's-Jeans, das modegewordene Symbol des US-amerikanischen Freiheitstraums, durch den Zoll in die Sowjetunion.[33]

Fisher liest aus diesen Werbespots die Sehnsucht nach einer kapitalistischen Welt heraus, die den sozialistischen Gesellschaften der Zeit, insbesondere in der Sowjetunion, zugeschrieben wird und einen erträumten Kontrast zum tristen Alltag im Kommunismus darstellt. Unabhängig davon, ob sich die Mehrheit der Menschen in den sozialistischen Staaten der 1980er Jahre tatsächlich nach einem Leben im Kapitalismus sehnte, können wir feststellen, dass diese Werbespots das zumindest behaupten. Ausgehend von dieser Erkenntnis, stellt Fisher seinen Studierenden und sich selbst die Frage: Gibt es heutzutage so etwas wie ein Verlangen nach einer Welt nach dem Kapitalismus – eine postkapitalistische Sehnsucht?

Es geht uns nicht darum, diese Frage zu beantworten. Entscheidend ist, welchen Einfluss Sprache und Erzählungen auf unsere Wünsche und unser Begehren haben. Das machen die Beispiele, die Fisher als Einstieg in die Diskussion mit seinen Studierenden wählt, besonders deutlich. Sie stammen aus einem Bereich, der für die Sprache des Kapitalismus und ihre Wirkung essenziell ist: Werbung.

Werbung ist so etwas wie die Wunderwaffe des Kapitalismus. Sie spricht uns direkt als Konsument*innen an und fordert uns dazu auf, zu konsumieren. Das ist entscheidend für die Existenz und das Fortbestehen des Kapitalismus. Er ist auf Wachstum angewiesen, und das kann nur durch stetigen Konsum garantiert werden. Das Problem, das der Kapitalismus lösen muss, besteht darin, dass wir eigentlich nur eine gewisse Menge an Produkten brauchen – alles, was wir darüber hinaus kaufen, ist theoretisch Überfluss. Wenn wir alle nur das kaufen würden, was wir wirklich benötigen, würden die meisten Menschen wesentlich weniger konsumieren. Werbung – egal, in welchem Medium wir mit ihr konfrontiert werden – hat deswegen das Ziel, ein Begehren in uns zu wecken und uns ein positives Gefühl zu vermitteln, das in direkter Verbindung zu dem beworbenen Produkt steht. Wir sollen mehr konsumieren, als wir eigentlich müssten: Ein kühler Softdrink – erzählt uns die Werbung – erfrischt uns an einem heißen Sommertag besser als kaltes Wasser. Wir sehen junge, normschöne Menschen, die in eisblaues Wasser eintauchen, am Strand das beworbene

Getränk trinken und erfrischt und energetisch ihren Tag genießen. In Spots für Mode präsentiert man uns Menschen, die elegant und selbstsicher durch die Straßen von Metropolen schlendern, ihre Kleidung als Ausweis und Grund für ihr Selbstbewusstsein. Ein Markenlogo auf einem Schuh macht diesen Schuh um ein Vielfaches wertvoller und kann einen einfachen Gebrauchsgegenstand in ein begehrtes Sammlerstück verwandeln. Influencer*innen zeigen uns auf Instagram und TikTok ihr durchgestyltes Leben in hippen Metropolen oder im ausgebauten Van – die Produkte, die sie wie im Vorbeigehen bewerben, enthalten das Versprechen, dass auch wir diesen Traum eines von warmem Licht durchfluteten Instagram-Lifestyles leben können.

Werbung in all den Variationen und Medien, in denen sie existiert, lässt in uns ein Begehren entstehen. Ihre Kernbotschaft ist stets: Es wird dir besser gehen, dein Leben wird besser sein, wenn du dieses Produkt besitzt, wenn du dieses Lebensmittel konsumierst, wenn du diese Reise gemacht hast. Die Macht des Kapitalismus resultiert in erster Linie aus der Behauptung, dass nur ein Leben in diesem Wirtschaftssystem ein gutes ist, weil nur der Kapitalismus persönliche Entfaltung, Erfolg und Wohlstand möglich macht. Die beiden Werbespots für Apple und Levi's aus den 1980er Jahren sind in dieser Hinsicht erstaunlich ehrlich in ihrer Botschaft. Beide Clips bauen einen Gegensatz zwischen dem guten Leben im Kapitalismus und einem schlechten außerhalb auf. In Zeiten des Kalten Krieges konnte dieses Außerhalb nur Sozialismus bedeuten. Werbung im Kapitalismus ist auch heute noch nichts anderes als Propaganda für die kapitalistische

Idee davon, was ein erstrebenswertes Leben in all seinen erdenklichen Facetten ausmacht. Und ein solches Leben wollen wir schließlich alle. Was ist nun aber das Magische an dieser Wunderwaffe des Kapitalismus? Ganz einfach. Wir wissen, dass Werbung uns manipuliert, und trotzdem funktioniert sie. Wenn die Sprache des Kapitalismus unser Verhalten und unsere Wahrnehmung der Realität sogar in einem Kontext verändert, in dem wir uns dessen absolut bewusst sind, wie stark beeinflusst sie uns dann erst, wenn sie nur unterbewusst wirkt?

Was wir fordern, was wir hoffen

Wir haben in diesem Buch über Begriffe der kapitalistischen Sprache gesprochen, die tief in unseren Wortschatz und unseren Alltag eingegraben sind. Wir haben analysiert, wie sich der Kapitalismus in Metaphern, beispielhaften Erzählungen – seien sie faktual oder fiktional – und selbst in Kapitalismuskritiken als alternativlos präsentiert, und wir haben dargelegt, wie Politiker*innen und Wissenschaftler*innen die Sprache des Kapitalismus nutzen, um ihre Entscheidungen und Empfehlungen zu rechtfertigen. Wie einflussreich diese Sprache nicht nur für den Fortbestand des Kapitalismus ist, sondern wie sie genutzt wird, um eine der größten Herausforderungen der Menschheitsgeschichte – die Bekämpfung der Klimakatastrophe – zu manipulieren, haben wir ebenfalls aufgezeigt. Am Ende stehen für uns eine Überzeugung und eine Herausforderung. Dieser Überzeugung wollen wir mit diesem Buch Ausdruck verleihen, die Herausforderung muss von weitaus mehr Menschen angegangen werden als von uns beiden.

Wir wollten mit diesem Buch vermitteln, was die Sprache des Kapitalismus ist, wie sie sich in unserem Alltag zeigt und wie sie Erzählungen prägt. Wie sie am Ende stets dazu beiträgt, den Kapitalismus als alternativlos erscheinen zu lassen, und diejenigen verbirgt, die in diesem System profitieren. Die Sprache des Kapitalismus ist eine tragende Säule des Kapitalismus. Sie zu dekonstruieren und ihre Wirkung aufzuzeigen, ist deswegen gleichzeitig ein Rütteln an dieser Säule. Der erste Schritt, um Systeme zu verändern und sie dadurch vielleicht im weiteren Verlauf zu überwinden, besteht darin, sie in all ihren Facetten zu begreifen. Das bedeutet nicht zuletzt zu verstehen, wie sie Sprache verwenden und welchen Einfluss das auf das Bestehen eines jeweiligen Systems hat. Ein Verständnis der Sprache des Kapitalismus trägt daher direkt dazu bei, den Kapitalismus zu hinterfragen. Nur so können wir Alternativen entwerfen und den Kapitalismus überwinden, der nicht nur sehr vielen Menschen sehr viel Leid zugefügt hat und weiterhin zufügt, sondern auch im Angesicht der Klimakatastrophe nicht mehr in der aktuellen Form fortbestehen kann, wenn die Chance erhalten werden soll, dass weiterhin große Teile des Planeten dauerhaft bewohnbar bleiben.

Die vorgestellten Ansätze von Herrmann, Saito und anderen zeigen, dass es Wege und Möglichkeiten gibt, zu einem wie auch immer gearteten, nachhaltigeren und fairen Postkapitalismus zu gelangen. Doch all diese Wege bleiben lediglich Trampelpfade, die sich im Dickicht verlieren, wenn sie nicht von sehr vielen Menschen beschritten werden. Hier kommt die Frage ins Spiel, die Mark Fisher gestellt hat: Gibt es eine postkapitalistische Sehnsucht? Oder anders gesagt: Wollen wir als Gesellschaft gemeinsam den Kapitalismus überwinden? Wollen wir diese Wege gehen?

Wenn der Kapitalismus in seiner aktuellen Form tatsächlich überwunden werden soll, muss eine große Zahl von Menschen die Sehnsucht nach einem postkapitalistischen System teilen. Nur dann können die demokratischen Mehrheiten dafür gewonnen werden. Sehnsucht ist der entscheidende Begriff, denn dass aus rationalen Überlegungen heraus die Notwendigkeit für Alternativen besteht, ist eine Erkenntnis, die relativ gut vermittelbar ist – zu offensichtlich sind die Unzulänglichkeiten unseres heutigen Systems. Das müssten selbst diejenigen erkennen, die kurzfristig davon profitieren. Nicht selten argumentieren auch eingefleischte Befürworter*innen des Kapitalismus schließlich nach der Logik: Es mag kein perfektes System sein, aber immerhin das beste, das wir kennen. Sehnsucht aber siedelt sich anders als vernunftgesteuerte Erwägungen auf einer emotionalen Ebene an, die nicht so leicht mit rationalen Argumenten zu erreichen ist. Um es einmal auf ein simples Beispiel zu bringen: Wir wissen, dass eine gesunde und ausgewogene Ernährung aus rationalen Erwägungen heraus eine Notwendigkeit darstellt, trotzdem überkommt uns immer wieder die Sehnsucht nach ungesundem Essen. Genauso können sie jede Person, die raucht, fragen, ob sie nicht weiß, dass das schädlich ist. Der Kapitalismus und die Kritik, die an ihm geübt wird, machen diese Diskrepanz aus Sollen und

Wollen häufig sichtbar. Daraus entsteht der Vorwurf, dass Menschen auf der einen Seite Kritik am Kapitalismus üben, auf der anderen aber trotzdem die Produkte und die Vorteile, die er hervorbringt, genießen wollen. Louise Mensch, eine ehemalige konservative Abgeordnete des britischen Parlaments, die zuletzt vor allem durch Verschwörungserzählungen auf sich aufmerksam gemacht hat, hat genau das über die Protestierenden der Occupy-Bewegung gesagt. Fisher hat Menschs Vorwurf in wenigen Worten auf den Punkt gebracht – ohne ihn sich zu eigen zu machen: »Ethisch gesehen mögen sie [die Protestierenden] behaupten, dass sie in einer anderen Welt leben wollen, aber libidinös, auf der Ebene des Begehrens [oder der Sehnsucht], streben sie nach einem Leben in der derzeitigen kapitalistischen Welt.«[34]

Genau darin besteht die Herausforderung, mit der dieses Buch endet. Denn dass wir uns auf einer tiefen, emotionalen Ebene nach einem guten, angenehmen und glücklichen Leben sehnen, das mit den Errungenschaften des Kapitalismus in Verbindung steht, ist nicht das Problem. Unsere Wünsche und Sehnsüchte werden von unseren Lebensumständen geprägt, und die meisten von uns sind im Kapitalismus aufgewachsen und haben das System und seine Reize verinnerlicht. Das Problem besteht in der Idee von einem guten Leben, die uns in der Sprache des Kapitalismus erzählt wird. Der Kapitalismus setzt seit Jahrzehnten alles daran, den Eindruck zu vermitteln, dass seine Art zu wirtschaften den ultimativen Weg zu einem guten Leben darstellt. Nur im Kapitalismus, so die Erzählung, ist Wohlstand möglich. Selbst wenn wir nicht alle reich werden, wird uns versprochen, dass wir dennoch zu Wohlstand kommen können. In den Jahrzehnten des Kalten Krieges hat die kapitalistische Welt im Kampf der Ideologien zudem alles darangesetzt, den Eindruck zu vermitteln, dass in sozialistischen Gesellschaften grundsätzlich eine Sehnsucht nach Kapitalismus und seinen Produkten herrscht. Unabhängig davon, ob das stimmt, steckt in dieser Behauptung die zweifelhafte Annahme, dass das vorrangige Streben all dieser Menschen auf den Kapitalismus per se gerichtet gewesen ist und nicht vordergründig auf die Befreiung aus diktatorischen und repressiven Strukturen, die ein gutes und freies Leben unterdrückt haben. Die Kommunikation dieser Zeit war allein auf den Gegensatz zwischen Kapitalismus und Sozialismus ausgerichtet: Wenn Sozialismus nicht funktioniert, muss der Kapitalismus wohl die Lösung sein. Der Apple-Werbespot aus dem Jahr 1984 inszeniert diese Vorstellung außerordentlich gut: Wer nicht im Kapitalismus lebt, lebt in einer grauen Welt ohne Kreativität, in der alle gleich aussehen, Individualität verboten und das Leben ein tristes Trotten im Gleichschritt einer diktatorischen Ideologie ist.

Die Sprache des Kapitalismus hält so seit sehr langer Zeit die Behauptung aufrecht, ein gutes Leben mit all den Vorzügen von Wohlstand, Innovation, Kreativität und Individualität sei ausschließlich im Kapitalismus möglich. Sie ist es, die den Eindruck entstehen lässt, die einzige Alternative sei, dass wir alle graue Einheitskleidung tragen, kein Vergnügen mehr haben dürfen und Kreativität, Individualität und Innovation unterdrückt werden. Kapitalismus oder Diktatur.

Diese Vorstellung ist ein Problem, auf das beinahe alle stoßen, die den Versuch unternehmen, den Kapitalismus als Wirtschaftsform in Frage zu stellen. Wir bekommen gerade hautnah mit, dass in dem Moment, da Wachstum nicht mehr garantiert ist – und eine Abkehr vom Kapitalismus in der aktuellen Form wäre ein solcher Moment –, im öffentlichen und besonders im politischen Diskurs Begriffe auftauchen wie »Wohlstandsverlust«[35] und »Deindustrialisierung«[36]. Insbesondere der Wohlstand und seine Relevanz für die Vorstellung eines guten Lebens sind historisch fest verankert im bundesrepublikanisch-deutschen Selbstbewusstsein. Die Erzählung vom Wirtschaftswunder der 1950er Jahre, das aus einem Land, das in Trümmern lag, innerhalb weniger Jahre einen blühenden Wirtschaftsstandort werden ließ, in dem alle ihr Auskommen und ihr kleines Häuschen hatten, ist nicht weniger als der Gründungsmythos der bundesrepublikanischen Identität der Nachkriegszeit. An diesem Mythos und der Hoffnung, dass alle ihr gutes Auskommen haben, entfaltet sich die bürgerliche Grundidee davon, was ein gutes Leben sein soll. Die Drohung des Wohlstandsverlusts ist deswegen eine ganz grundsätzliche Bedrohung für die Vorstellung eines guten Lebens. Niemand will Wohlstand einbüßen. Dabei ist dieser Begriff so mächtig wie ungenau. Denn kaum jemand kann präzise definieren, was Wohlstand eigentlich bedeutet. Vielmehr steht der Begriff für einen diffusen Lebensstandard, der auf materieller, sozialer und privater Ebene angesiedelt ist. Häufig wird Wohlstand deswegen einfach mit Wirtschaftswachstum gleichgesetzt, was am Ende eine positive Wachstumsrate des Bruttoinlandsproduktes meint. Aus diesem Grund sind so viele politische Maßnahmen auch darauf ausgerichtet, das Wirtschaftswachstum zu maximieren. Auch viele ökonomische Analysen stellen die Entwicklung des BIPs in den Mittelpunkt. Nur gibt es keinen wissenschaftlichen Beweis dafür, dass die Lebenszufriedenheit von Menschen in direkter Verbindung zu einem hohen BIP steht. Die Bevölkerungen in Finnland oder Schweden sind im Schnitt deutlich zufriedener mit ihrem Leben als die Bevölkerung der USA, und das, obwohl die USA eine deutlich höhere Wirtschaftsleistung pro Kopf aufweisen.[37] Ab einem gewissen Level an materiellem Wohlstand hat das Wirtschaftswachstum eines Landes keinen Einfluss mehr auf die Lebensqualität der Menschen.

Ähnlich verhält es sich mit dem Schlagwort der Deindustrialisierung, vor der im Sommer 2023 nicht nur Friedrich Merz warnte. Auch hier greift wieder die Sprache des Kapitalismus. Die Industrialisierung ist im kollektiven Gedächtnis der westlichen Welt gleichbedeutend mit der sogenannten »Industriellen Revolution« des 18. und 19. Jahrhunderts. In einem allgemeinen Verständnis beschreibt der Begriff die grundlegende Veränderung der Produktionsabläufe und -bedingungen, die schließlich zu dem geführt haben, was wir heute als Industrienationen bezeichnen, und die unsere Vorstellung davon geprägt hat, wie eine produzierende Wirtschaft funktioniert. Wenn wir also mit Industrialisierung die Entwicklung meinen, die zur gegenwärtigen Produktionsform geführt hat, dann klingt Deindustrialisierung nach einem Rückschritt in einen Agrarstaat – eine Entwicklung, die sehr unwahrscheinlich bis ausgeschlossen ist. Der Drohkulisse des Begriffs tut das aber keinen Abbruch – niemand will wieder mit Harke und Pferdepflug auf Feldern schuften. Im Gegenteil, die Errungenschaften, die im Kapitalismus gemacht wurden, bleiben natürlich auch über dieses System hinaus erhalten. Niemand will den technologischen Fortschritt der letzten Jahrzehnte rückgängig machen.

Eine Abkehr von der derzeitigen Art und Weise, zu wirtschaften, ist also diskursiv grundsätzlich mit einem sinkenden Lebensstandard verbunden. Dass eine andere Form der Ressourcenverteilung, eine andere Form des Wirtschaftens, kurz gesagt, eine Überwindung des Kapitalismus für viele Menschen mit einem Gewinn an Lebensqualität verbunden sein könnte, ist in dem Narrativ nicht vorgesehen. In kapitalistischen Gesellschaften herrscht ein seltsamer Wachstumsfetisch, der sogar bei denjenigen ausgeprägt ist, die nicht direkt von einer kapitalistischen Wirtschaftsweise profitieren und denen es in einem anderen System wahrscheinlich besser gehen würde. Dass es uns ökologisch gesehen langfristig allen besser gehen würde, steht nicht zur Diskussion.

Gegen die Angst vor einem schlechteren Leben schreibt auch Ulrike Herrmann an. In ihrem Plädoyer für eine andere Wirtschaftsform nach dem Vorbild der britischen Kriegswirtschaft betont sie, dass der Vergleich mit Großbritannien zu Zeiten des Zweiten Weltkriegs nicht bedeuten würde, dass der gleiche Lebensstandard wie damals herrschen würde. Niemand müsste Angst haben, das Leben nicht mehr genießen zu können – im Gegenteil würden wahrscheinlich wesentlich mehr Menschen zu einem entspannteren Alltag kommen. Und auch wenn Kohei Saito sich an einigen Stellen selbst der Sprache des

Kapitalismus bedient und gewisse Schreckensszenarien reproduziert, skizziert auch er die Möglichkeiten einer Überflussgesellschaft, die im Gegensatz zum kapitalistischen Überfluss mit mehr Raum zur eigenen Entfaltung und einer nachhaltigen Lebensweise einhergeht, die die natürlichen Grenzen unseres Planeten berücksichtigt. Eine postkapitalistische Sehnsucht wäre ein berechtigtes Begehren.[38]

Doch um dieses Begehren entstehen zu lassen und zu fördern, bedarf es einer Bewusstseinsänderung. Was wir also brauchen, ist eine postkapitalistische Sprache und Erzählungen von einem guten Leben nach dem Kapitalismus. Eine solche Forderung steht schnell unter einem Propagandaverdacht, der auch nicht von ungefähr kommt. Selbsternannte sozialistische Staaten wie die DDR oder die Sowjetunion kontrollierten nicht nur die Wirtschaft, sondern ganz dezidiert auch die Kultur. Die Führung der DDR stellte immer wieder offiziell oder inoffiziell konkrete Vorgaben und Forderungen an Schriftsteller*innen oder Filmemacher*innen, mit denen der sozialistische Gedanke erzählerisch umgesetzt werden sollte, um so den Sozialismus auch kulturell zu verankern. Die Folge waren nicht nur didaktische Werke, denen man die propagandistische Wirkungsästhetik unangenehm anmerkte, sondern insbesondere auch eine Unterdrückung von Kritik und die Beschattung und Verfolgung von Künstler*innen, die sich dem sozialistischen Diktat nicht unterwerfen wollten. Diese Form der repressiven Sprach- und Kulturkontrolle wird aktuell oft mit dem Bestreben, ein Bewusstsein für sprachliche Diskriminierung und die Spuren diverser Diskriminierungsformen in Kunst und Kultur zu fördern, in Verbindung gebracht. Das eine hat mit dem anderen jedoch nichts zu tun.

Vielmehr sind wir als Gesellschaft glücklicherweise schon längst dabei, uns über die Folgen unserer Sprache klarzuwerden. Die Auseinandersetzung mit inklusiver Sprache und den diskriminierenden Strukturen von Sprache ist die Grundlage dafür, sich auch andere sprachliche Bereiche anzuschauen. Wir sind noch lange nicht an dem Punkt, dass alle Menschen auf die gleiche Weise sprachlich repräsentiert werden. Genauso wenig haben wir den Gebrauch diskriminierender Sprache überwunden. Aber die Ansätze, Entwicklungen und Fortschritte sind unbestreitbar vorhanden. Das Gleiche gilt für eine Auseinandersetzung mit Erzählungen in unterschiedlichen Medien. Die Debatten um Sprache in Kinderbüchern, die kritischen Analysen männlich gelesener Figuren, diversere Filmcasts und eine zunehmende Zahl von Erzählungen, deren Perspektive nicht mehr nur *weiß* und cis-männlich ist, sind Indikatoren für Veränderungen, die unter anderem durch ein Bewusstsein für Sprache und Erzählungen ausgelöst worden sind.

Wir haben in diesem Buch auch versucht zu zeigen, dass im Kapitalismus viele dieser Diskriminierungsformen intersektional auftreten und sich gerade auch in Bildern und Erzählungen finden lassen, die die Sprache des Kapitalismus prägen. Die Sprache des Kapitalismus ist aber nicht in erster Linie eine diskriminierende Sprache, sie verhüllt eher, fördert bestimmte Denkrichtungen, macht andere unsichtbar und versperrt Perspektiven. Ein Bewusstsein für diese Sprache schafft einen klareren Blick auf Zustände und lässt so andere Möglichkeiten sichtbar werden. Genauso wie eine Demokratie das Ziel haben muss, alle Menschen, die in ihr leben, gleichermaßen an ihr teilhaben zu lassen, muss sie in der Lage sein, offen über das Wirtschaftssystem zu streiten, mit dem sie leben will.

Wir hoffen, mit diesem Buch dazu beitragen zu können, ein Bewusstsein dafür zu fördern, dass Alternativen zu einer kapitalistischen Lebensweise (im wahrsten Sinne des Wortes) denkbar sind und dass die Herausforderung, ein gerechteres Wirtschaftssystem zu entwerfen und schließlich umzusetzen, keine Aufgabe ist, die Ökonom*innen, Politiker*innen und Unternehmer*innen überlassen werden kann. Vielmehr sollten wir uns bewusst werden, wie selbstverständlich uns der Kapitalismus erscheint – so sehr, dass wir seine Existenz und sein Wirken wie ein Naturgesetz behandeln. Der Anschein dieser Gesetzmäßigkeit und der kapitalistischen Alternativlosigkeit ist sprachlich konstruiert und kann deswegen auch wieder dekonstruiert werden, um die Folgen der Sprache des Kapitalismus sichtbar zu machen.

Wir plädieren deshalb für eine sprachliche Genauigkeit. Insbesondere Journalist*innen, Wissenschaftler*innen und Politiker*innen sind in der Pflicht, ökonomische Prozesse auch sprachlich so abzubilden, wie sie stattfinden. Wir müssen uns bewusst sein, was es bedeutet, wenn wir das Gehalt, das ein Fußballer und ein Krankenpfleger bekommen, mit »Verdienst« beschreiben, oder was es bedeutet, wenn man eine »Karriere« hat. Wenn ein Finanzminister von *Gratismentalität* schwadroniert, dann sollten Journalist*innen ihn immer und immer wieder darauf festnageln, wer denn angeblich etwas gratis erhält. Und zwar so lange, bis deutlich wird, dass es sich um eine leere Worthülse der Sprache des Kapitalismus handelt. Und wenn Unternehmen von ihren *klimaneutralen* Produkten schwärmen, dann ist es die Aufgabe von Wissenschaftler*innen, klar und deutlich zu sein, wenn diese Behauptung nichts anderes als billiges Greenwashing ist. Wir müssen ökonomische Zusammenhänge genauer beschreiben, Profiteure und Verantwortliche auch sprachlich sichtbar machen und widersprechen, wenn Alternativlosigkeit vorgegaukelt wird. Unser Wirtschaftssystem ist komplex. Wir können es uns angesichts der gigantischen Herausforderungen, vor denen wir im 21. Jahrhundert stehen, nicht mehr leisten, diese Komplexität sprachlich zu ignorieren. Dieses Buch wird den Kapitalismus nicht überwinden. Aber es ist ein Anfang, wenn wir verstehen, welchen unglaublichen Unterschied es macht, ob Preise steigen oder erhöht werden. Deswegen ist unsere Forderung so einfach wie radikal: Wir müssen die Sprache des Kapitalismus überwinden. Und wir müssen jetzt damit anfangen.

Dank

Wir danken

Ein Buch ist niemals allein das Werk seiner Autor*innen. Während der Zeit, in der dieser Text entstand, haben wir viel wertvolles Feedback, Unterstützung und Zuspruch erfahren. Ohne diese Hilfe sehr vieler Menschen sähe dieses Buch anders aus. Wir wissen nicht genau, wie. Wir wissen nur, es wäre schlechter.

Wir danken Alena Schröder dafür, dass Du diejenige warst, die an unser Projekt geglaubt und uns den Weg gewiesen hat.

Wir danken unserer Agentin Barbara Wenner dafür, dass Du gesehen hast, was dieses Buch sein kann, und dafür, dass Du uns mit wenigen, aber präzisen Hinweisen in die richtige Richtung gelenkt hast. Wir könnten nicht glücklicher darüber sein, Dich an unserer Seite zu wissen.

Wir danken Melanie Baumann und Yelenah Frahm für Eure Geduld und Begeisterung und dafür, dass Ihr mit Eurem genauen und kritischen Blick das aus dem Buch herausgeholt habt, was wir noch übersehen hatten. Wir hätten uns den Text in keinen besseren Händen vorstellen können.

Und wir danken einer gewissen Chatgruppe, die uns in den letzten Jahren durch alle Irrungen und Wirrungen des Weltgeschehens begleitet hat und so fest zu unserem Alltag gehört wie unser Kaffee am Morgen.

Simon dankt

Mein erster Dank geht an meine Familie, weil Ihr durch Eure jahrelange Unterstützung auf verschiedenen Ebenen überhaupt erst möglich gemacht habt, dass ich heute Bücher schreiben kann.

Außerdem danke ich dem Redaktionsteam von 54books, namentlich Berit Glanz, Johannes Franzen und Tilman Winterling, für die gemeinsame Arbeit und das Umfeld, in dem immer wieder Gedanken und Texte entstehen können.

Natürlich danke ich auch meinem Hund Miki, der mir zu einem geregelteren Tagesablauf verhilft und der einfach grundsätzlich alles besser macht.

Mein größter Dank geht an Martha Routen, die mich immer wieder pusht, immer Interesse an meinen Projekten hat, stets mitdenkt, wenn ich ihr davon erzähle, und die kritisch nachfragt, wenn ich mir zu sicher bei etwas bin.

Daniel dankt

Mein größter Dank geht an meine Mutter Yvonne. Du hast mir alles mitgegeben, was es mir überhaupt erst ermöglicht hat, dieses Buch zu schreiben. Du wirst mir immer ein Vorbild sein.

Ich danke meinem Stiefvater Edi für Deine bedingungslose Unterstützung in den letzten Jahren. Ich bin froh, dass Du Teil meiner Familie bist.

Ich danke Nikodem Bienia, Christopher Lange und Lukas Schäfer – aka dem Metallischen Quartett – für Eure Freundschaft und Eure Geduld mit mir, wenn ich

Euch mal wieder mit meinen ökonomischen Gedanken malträtiere.

Ich danke meinem ältesten Freund Florian Plewnia dafür, dass Du seit all den Jahren an meiner Seite stehst, auch wenn wir uns nicht mehr jedes Wochenende sehen.

Ich danke Lisa Kaschig und Daniel Scholz für all die Jahre, in denen ich mich auf Euch verlassen konnte.

Ich danke meinen Kolleg*innen von der FernUni in Hagen, insbesondere dem Team meines Lehrstuhls, Hans-Jörg Schmerer, Nadine Kordt, Martin Kleimann und Benjamin Schwanebeck, für Eure Unterstützung in den letzten Jahren und die Flexibilität, die Ihr mir ermöglicht habt.

Ich danke meiner Barcelona-Connection Julia, Henning und Luca dafür, dass Ihr mich mit offenen Armen aufgenommen habt, und für Eure Begeisterung für dieses Buch.

Zum Schluss danke ich Isabella A. Caldart, weil Du nicht nur siehst, was ist, sondern auch, was sein kann. Du bist mein liebster Literati und Glitterati. XOXO

Anmerkungen und Quellen

Alle Weblinks wurden zuletzt abgerufen am 28. November 2023.

Kapitel 1

1 Eigene Übersetzung. Original: »Explanations exist; they have existed for all time; there is always a well-known solution to every human problem – neat, plausible, and wrong.« Henry Louis Mencken: The Divine Afflatus, in: ders.: *Prejudices. Second Series*, London 1921, S. 158.
2 https://news.stanford.edu/2005/06/12/youve-got-find-love-jobs-says/.
3 https://www.tagesschau.de/wirtschaft/verbraucher/zucker-preis-inflation-100.html,
https://www.tagesschau.de/wirtschaft/verbraucher/gasheizungen-waermepumpen-gasbrennwertkessel-oelheizungen-heizungen-holz-pellets-101.html,
https://www.tagesschau.de/wirtschaft/konjunktur/baupreise-wohnhaeuser-neubau-101.html.
4 Der zitierte Text ist seit dem 29.11. nicht mehr abrufbar. Unter https://meta.tagesschau.de/id/167434/wo-sparen-die-deutschen-angesichts-steigender-preise findet sich (Stand 29.11.) aber noch eine Vorschau der entsprechenden Stelle. Der Text »Wo sparen die Deutschen angesichts steigender Preise?« steigt mit der Feststellung »Preisexplosionen überall« ein und wurde erstmals am 24. Juli 2022 online gestellt.
5 https://www.jens-spahn.de/updates-and-news/die-cdu-ist-die-wahre-klimaschutzpartei.
6 https://twitter.com/spdde/status/1439663342659031042.
7 https://www.fdp.de/seite/technologieoffen-die-zukunft-ein-technologiefreiheitsprinzip-gesetzlich-verankern.
8 https://www.rwe.com/.
9 https://www.fdp.de/position/innovation.
10 Das iPhone, die vielleicht wichtigste »Erfindung« von Steve Jobs und Apple, enthält keine technische Neuerung, die nicht von staatlichen Stellen entwickelt wurde. Jobs' Genie liegt nicht in seiner technischen Innovationsgabe, sondern in der Nutzung der Sprache des Kapitalismus. Wir werden in Kapitel 6 genauer darauf eingehen, wieso Staaten so selten Anerkennung für ihre Forschung erhalten.

11 Schon 2016 hat die Philosophin Julie L. Rose gefordert: »Es ist eine Frage der Gerechtigkeit, dass alle Bürger*innen Anspruch auf einen angemessenen Anteil an freier Zeit haben, Zeit, die nicht durch die Erfüllung von Lebensnotwendigkeiten aufgebraucht wird, Zeit, die man für selbst gewählte Zwecke nutzen kann.« Julie Rose: *Free time*, Princeton 2016, S. 1.
12 Eva Illouz: Der Konsum der Romantik. *Liebe und die kulturellen Widersprüche des Kapitalismus*, Frankfurt am Main 2003, S. 25.
13 Es gibt gerade in der jüngeren Vergangenheit zahlreiche Autor*innen, die das Bild, wie wir über unser Wirtschaftssystem denken, verändert haben. Dazu zählen zum Beispiel Ulrike Herrmann: *Das Ende des Kapitalismus. Warum Wachstum und Klimaschutz nicht vereinbar sind – und wie wir in Zukunft leben werden*, Köln 2022; Emmanuel Saez und Gabriel Zucman: *Der Triumph der Ungerechtigkeit. Steuern und Ungleichheit im 21. Jahrhundert*, Berlin 2020; Linda Scott: *Das weibliche Kapital*, München 2020; Felwine Sarr: *Afrotopia*, Berlin 2019; Thomas Piketty: *Das Kapital im 21. Jahrhundert*, München 2014; Joseph Stiglitz: *Der Preis der Ungleichheit. Wie die Spaltung der Gesellschaft unsere Zukunft bedroht*, München 2012; David Graeber: *Revolutions in Reverse. Essays on Politics, Violence, Art, and Imagination*, London/New York 2011; Mark Fisher: *Capitalist Realism. Is there no alternative?*, Alresford 2008.
14 Siehe dazu George Fitzhugh: *Sociology for the South, or the Failure of Free Society*, Richmond 1854, unter anderem S. 245.
15 Thomas Piketty: *Kapital und Ideologie*, München 2020, S. 611 ff.
16 Ulrike Herrmann: *Das Ende des Kapitalismus. Warum Wachstum und Klimaschutz nicht vereinbar sind – und wie wir in Zukunft leben werden*, Köln 2022.
17 Kurz ein paar Worte zu den Begriffen »Kommunismus« und »Sozialismus«. Einfach erläutert besteht der Unterschied darin, dass der Sozialismus die Vorstufe zum Kommunismus darstellt. Der Weg, den Marx skizziert hat, geht vom Kapitalismus über den Sozialismus zum Kommunismus. Letzterer ist die Idealwelt, in der es keine Ungleichheit, keine Klassen und keine Nationalstaaten mehr gibt. Im Sozialismus bestehen die Klassen noch, aber der Staat hat die Steuerung der Produktion übernommen, um die Ungleichheit abzuschaffen. Theoretisch ist der sozialistische Staat auch demokratisch organisiert, was offiziell auch für diktatorische Staaten wie die DDR galt. Der Kommunismus, wie ihn sich Marx gedacht hatte, kam tatsächlich nie zustande, weil die selbst ernannten sozialistischen Staaten diesen Zustand nie erreichten.

Deswegen war die Sowjetunion auch kein kommunistischer Staat, sondern ein sozialistischer auf dem Weg zum Kommunismus. Der Sozialismus war die Wirtschaftsform, der Kommunismus die Ideologie.

18 Noch 2020 veröffentlichte der Zeithistoriker Klaus Schroeder unter dem Titel *Kampf der Systeme* ein Buch über die beiden deutschen Staaten nach dem Zweiten Weltkrieg.

19 Ursprung der These in Francis Fukuyama: »The End of History?«, in: *The National Interest*, Summer 1989, No. 16, S. 3–18, hier S. 4; später ausgeführt in Francis Fukuyama: *The End of History and the Last Man*, New York 1992.

20 David Graeber: *Schulden. Die ersten 5000 Jahre*, Stuttgart 2012, S. 27 ff.

21 Susan Sontag: *Krankheit als Metapher und Aids und seine Metaphern*, Frankfurt am Main 2016, S. 23.

Kapitel 2

1 Eigene Übersetzung. Original: »Economics is metaphorical. The skeptics, however, also have a point. Not *all* of economics' metaphors matter. We cannot say, ›Metaphor is a Metaphor is a Metaphor‹. Some metaphors matter and some don't.« Arjo Klamer und Thomas C. Leonard: »So what's an economic metaphor?«, in: *Natural Images in Economic Thought*, herausgegeben von Philip Mirowski, Cambridge 1994, S. 21.

2 Der *Economist* nahm die Frage, ob Deutschland wieder der kranke Mann Europas ist, sogar auf das Cover seiner Ausgabe vom 19. August 2023.
https://www.welt.de/print-welt/article326383/Deutschland-ist-inzwischen-der-kranke-Mann-Europas.html,
https://www.stuttgarter-zeitung.de/inhalt.schwache-konjunktur-wird-deutschland-wieder-der-kranke-mann-europas.8d5b0513-04d3-4cfa-95bd-e1e5b17dc81e.html,
https://www.handelsblatt.com/meinung/kommentare/kommentar-deutschland-ist-wieder-der-kranke-mann-europas/28742398.html,
https://www.handelsblatt.com/politik/international/wirtschaftseinbruch-warum-grossbritannien-der-kranke-mann-europas-ist/28484400.html,
https://www.focus.de/finanzen/boerse/warum-italien-nicht-in-die-gaenge-kommt_id_10655659.html,

https://www.welt.de/wirtschaft/plus246466544/Schweden-Der-wahre-kranke-Mann-Europas.html,
https://internationalepolitik.de/de/im-sprung-gestoppt.
3 https://www.spiegel.de/wirtschaft/energiekrise-kommunen-draengen-auf-rettungsschirm-fuer-stadtwerke-a-75b56181-30e5-40b4-837c-121cebedc9c1.
4 https://www.dkgev.de/dkg/presse/details/gesundheitsminister-lauterbach-sorgt-fuer-schnelle-auszahlung-der-energiehilfen-an-die-krankenhaeuser/,
https://background.tagesspiegel.de/mobilitaet/autobanken-wollen-unter-den-rettungsschirm.
5 https://www.bpb.de/kurz-knapp/lexika/das-junge-politik-lexikon/320141/eu-rettungsschirm/.
6 https://www.welt.de/wirtschaft/energie/plus240746129/Energiepreise-Deshalb-ist-jetzt-auch-Strom-3000-Prozent-teurer.html,
https://www.imf.org/external/pubs/ft/fandd/2009/06/pdf/blanchard.pdf.
7 https://www.businessinsider.de/wirtschaft/handel/wirtschaftsverband-warnt-auf-mittelstand-rollt-energie-tsunami-zu-habeck-wird-zum-handeln-aufgefordert/.
8 https://www.tagesspiegel.de/wirtschaft/was-auf-verbraucher-beim-gas-zukommt-im-einfamilienhaus-bis-zu-4000-euro-mehr-525285.html.
9 George Lakoff: *The Political Mind. A Cognitive Scientist's Guide to your Brain and its Politics*, New York City 2009, S. 82 ff.
10 https://www.cnbc.com/2022/06/01/jamie-dimon-says-brace-yourself-for-an-economic-hurricane-caused-by-the-fed-and-ukraine-war.html.
11 Hans Georg Coenen: *Analogie und Metapher. Grundlegung einer Theorie der bildlichen Rede*, Berlin/Boston 2013, S. 62.
12 https://www.imf.org/external/pubs/ft/fandd/2009/06/blanchard.htm.
13 Sebastian Junger: *The Perfect Storm. A True Story of Men Against Sea*, New York City 1997.
14 Im deutschen Sprachgebrauch wird bei staatlichen Hilfsaktionen während Finanz- und Wirtschaftskrisen häufig von Rettungsschirmen gesprochen. Insbesondere das Maßnahmenpaket während der Euro-Schuldenkrise läuft umgangssprachlich unter dem Namen EU- oder Euro-Rettungsschirm(https://www.bpb.de/kurz-knapp/lexika/das-junge-politik-lexikon/320141/eu-rettungsschirm/). Aber auch während der globalen Finanzkrise 2007/2008 wurden die staatlichen Maßnahmen von einigen Medien bereits als Rettungsschirme bezeichnet (siehe z. B. hier:

https://www.dw.com/de/von-der-kreditklemme-zum-rettungsschirm-ein-verr%C3%BCcktes-wirtschaftsjahr-2008/a-3856969). Im englischsprachigen Raum ist dieser Ausdruck nicht geläufig. Dort wird eher klassisch vom staatlichen *Bailout* gesprochen.

15 Imad Moosa: »The Myth of Too Big to Fail«, in: *Journal of banking regulation* (11) 2010, S. 319–333.

16 Pro Quest, U. S. Major Dailies Database, Zeitungen: *Chicago Tribune, New York Times, Washington Post, Wall Street Journal* und *LA Times.*

17 https://www.forbes.com/sites/mayrarodriguezvalladares/2023/03/12/how-trumps-deregulation-sowed-the-seeds-for-silicon-valley-banks-demise/.

18 https://www.theguardian.com/commentisfree/2023/mar/15/silicon-valley-bank-failure-conservatives-blame-wokeness.

19 https://www.dw.com/en/are-germanys-fossil-fuel-companies-too-big-to-fail/a-62410112,
https://www.wiwo.de/unternehmen/energie/too-big-to-fail-unipers-milliardenverlust-zeigt-deutschlands-not/28605462.html,
https://www.tagesschau.de/wirtschaft/unternehmen/uniper-rettung-kosten-101.html.

Kapitel 3

1 Eigene Übersetzung. Original: »In economic terms, growth is down and inflation is up. In human terms, people's incomes are down and hardship is up.« Kristalina Georgieva sagte diesen Satz in einer Rede aus dem Jahr 2022, in der sie den Umgang des Internationalen Währungsfonds mit den multiplen Krisen erklärte. https://www.imf.org/en/News/Articles/2022/04/14/sp041422-curtain-raiser-sm2022.

2 Hartmut Berghoff und Ingo Köhler: *Familienunternehmen in Deutschland und den USA seit der Industrialisierung. Eine historische Langzeitstudie*, München 2019, S. 195 f.

3 Im gleichen Gespräch mit der *Bild*-Zeitung gestand Merz, dass er Millionär ist. »Ich liege jedenfalls nicht darunter«, entgegnete er auf die Frage, ob er ein Millionenvermögen besäße. https://www.bild.de/politik/inland/politik-inland/friedrich-merz-der-millionaer-der-sich-zur-oberen-mittelschicht-zaehlt-58420590.bild.html.

4 https://www.uni-konstanz.de/universitaet/aktuelles-und-medien/aktuelle-meldungen/aktuelles-1/verzerrte-perspektiven-mittelschicht-und-wohlstand/.

5 Laut des World Wealth Report der Unternehmensberatung Capgemini gab es im Jahr 2022 ca. 1,5 Mio. Vermögensmillionär*innen in Deutschland. https://www.faz.net/aktuell/finanzen/zahl-der-millionaere-in-deutschland-ist-deutlich-gestiegen-18100060.html.

6 https://www.statista.com/statistics/1224844/monthly-pay-of-employees-uk/.

7 https://www.zeit.de/arbeit/2020-11/chefarzt-gehalt-chirurg-corona-krise-arbeitsalltag-kontoauszug.

8 Auf der Seite der World Inequality Database (wid), einer öffentlich verfügbaren Datenbank über die historische Entwicklung der globalen, ökonomischen Ungleichheit, kann man mit einem Rechner anhand des eigenen Familienstandes, Einkommens und Vermögens berechnen lassen, wo man persönlich im deutschen, europäischen oder globalen Vergleich in der Einkommens-/Vermögensverteilung steht: https://wid.world/income-comparator/.

9 Eigene Übersetzung. Original siehe Douglas Rushkoff: *Survival of the Richest. Escape Fantasies of the Tech Billionaires*, New York 2022, S. 5.

10 https://www.oxfam.org/en/research/confronting-carbon-inequality. Und auch 2023 kam Oxfam wieder zu dem Schluss, dass das reichste ein Prozent für mehr klimaschädliche Emissionen verantwortlich ist, als die ärmsten zwei Drittel der Weltbevölkerung, https://policy-practice.oxfam.org/resources/climate-equality-a-planet-for-the-99-621551/.

11 Marlene Engelhorn: *Geld*, Wien 2022; Martin Schürz: *Überreichtum*, Frankfurt am Main 2019.

12 Mareile Pfannebecker/James A. Smith: *Alles ist Arbeit. Mühe und Lust am Ende des Kapitalismus*, Hamburg 2022, S. 17ff.

13 Sara Weber: *Die Welt geht unter, und ich muss trotzdem arbeiten?*, Köln 2023.

14 Scott steht damit in einer Reihe Ökonominnen, die seit den 1970er Jahren mit ihrer Forschung dazu beitragen, unsere Vorstellung von der Rolle der Frauen und Care-Arbeit in unserem Wirtschaftssystem grundlegend zu verändern. Dazu zählen unter anderem Claudia Goldin, die 2023 den Alfred-Nobel-Gedächtnispreis in Wirtschaftswissenschaften erhielt, Marilyn Warin oder Ester Boserup. Claudia Goldin: *Career & Family. Women's Century-Long Journey toward Equity*,

Princeton 2021; Linda Scott: *Das weibliche Kapital*, München 2020; Marilyn Waring: *If Women Counted*, New York 1988; Ester Boserup: *Woman's Role in Economic Development*, Milton Park 2007 (eine überarbeitete Neuauflage des 1970er-Originals).

15 Diese Zitate stammen der Reihe nach von der Oberbürgermeisterin Gelsenkirchens Karin Welge (SPD), der wirtschaftspolitischen Sprecherin der Union Bundestagsfraktion Julia Klöckner und Friedrich Merz. Sie stammen alle aus den Jahren 2022 oder 2023.

16 Detailliert nachzulesen bei Roland Karassek: »›Arbeitgeber‹ und ›Arbeitnehmer‹. Eine begriffsgeschichtliche Spurensuche«, in: *Arbeit. Bewegung. Geschichte – Zeitschrift für historische Studien*, Mai 2017, S. 106–127.

17 Bertolt Brecht: Dreigroschenoper, in: ders.: *Die Stücke von Bertolt Brecht in einem Band*, Frankfurt am Main 1982, S. 191.

18 David Graeber: *Schulden. Die ersten 5 000 Jahre*, Stuttgart 2012, S. 9.

19 Ebd.

20 https://www.dw.com/de/athen-gesundheitswesen-kann-zusammenbrechen/a-18556282.

21 https://www.badische-zeitung.de/warum-verdienen-fussballer-so-viel-geld--213401027.html.

22 https://www.zdf.de/kinder/logo/influencer-geld-verdienen-100.html.

23 https://gehaltsreporter.de/gehaltsstudie_2023_das_verdienen_pflegekraefte/.

24 https://twitter.com/katjadler/status/1676169672713011202.

25 https://www.youtube.com/shorts/IRiSNFyJejI.

26 https://www.nzz.ch/wirtschaft/credit-suisse-uebernahme-durch-die-ubs-beruhigt-asiens-maerkte-kaum-ld.1731289.

27 https://www.spiegel.de/wirtschaft/unternehmen/rettung-von-credit-suisse-maerkte-in-asien-reagieren-abwartend-a-69ce2c40-a2a8-41fa-9710-195032a9f546.

28 https://www.tagesschau.de/wirtschaft/finanzen/marktberichte/dax-credit-suisse-bankenkrise-finanzkrise-dow-gold-oel-commerzbank-101.html.

29 https://www.tagesschau.de/wirtschaft/immobilienpreise-sinken-mieten-steigen-101.html#:~:text=W%C3%A4hrend%20die%20Immobilienpreise%20Experten%20zufolge,auf%20die%20Miete%20umgelegt%20werden.

30 Auf dieses Beispiel verweist auch David Graeber in *Schulden. Die ersten 5 000 Jahre*.

31 http://thesaurus.altervista.org/dict/de/Karriere.

32 https://www.dwds.de/wb/Urlaub.

33 Wobei insbesondere für Menschen ohne Lohnarbeit, die vom Arbeitslosengeld der Bundesagentur für Arbeit abhängen, noch Regeln gelten, die sehr an die Situation von Leibeigenen erinnern. Nur 21 Tage im Jahr dürfen Menschen, die Arbeitslosengeld beziehen, von ihrem Wohnort wegbleiben, wenn sie ihren Anspruch auf Arbeitslosengeld nicht verwirken wollen. Die Wochenenden zählen explizit dazu.

34 https://www.faz.net/aktuell/politik/gesellschaftsstudie-prekariat-statt-unterschicht-1385650.html.

35 Der Duden definiert »prekär« als »in einer Weise geartet, die es äußerst schwer macht, die richtigen Maßnahmen, Entscheidungen zu treffen, aus einer schwierigen Lage herauszukommen; schwierig, heikel, misslich«.

36 https://www.faz.net/aktuell/politik/studie-acht-prozent-der-bevoelkerung-gehoeren-zur-unterschicht-1382554.html.

37 https://www.welt.de/print-welt/article159954/Studie-Sechs-Millionen-Deutsche-gehoeren-zur-neuen-Unterschicht.html.

38 https://www.sueddeutsche.de/politik/armut-6-5-millionen-deutsche-gehoeren-zur-neuen-unterschicht-1.777646.

39 https://taz.de/Eine-arme-Debatte/!363561/.

40 https://www.faz.net/aktuell/politik/unterschicht-debatte-klassenpanik-1387020.html.

41 Auch wenn die Studie der Friedrich-Ebert-Stiftung diese Begrifflichkeiten nicht angewendet hatte, so hatte sie doch von einer »Drei-Drittel-Gesellschaft« gesprochen, einem unteren, einem mittleren und einem oberen Drittel, wobei zu jedem Drittel mehrere Milieus gehörten.

42 https://www.wsi.de/de/soziale-ungleichheit-fragen-und-antworten-15098-frage-1-waechst-die-ungleichheit-der-einkommen-15236.htm.

43 Beispielsweise titelte die *Süddeutsche Zeitung* unter dem Stichwort *Armut* »6,5 Millionen Deutsche gehören zur neuen Unterschicht« und verwies in dem Artikel auf die Studie, in der der Begriff des »abgehängten Prekariats« geprägt wurde. https://www.sueddeutsche.de/politik/armut-6-5-millionen-deutsche-gehoeren-zur-neuen-unterschicht-1.777646.

44 Felwine Sarr: *Afrotopia*, Berlin 2019, S. 27 f.

45 Themrise Khan, Seye Abimbola, Catherine Kyobutungi, & Madhukar Pai: »How we classify countries and people—and why it matters«, in: *BMJ Global Health*, 7 (6), 2022.

Kapitel 4

1 Eigene Übersetzung. Original: »The language speaks, not the human speaker. Someone who thinks of a market as an »invisible hand« and the organization of work as a »production function« and her coefficients as being »significant«, as an economist does, is giving the language a lot of responsibility. It seems a good idea to look hard at the language.« Deirdre N. McCloskey: *The rhetoric of economics* (2nd edition), Madison 1998, S. XIX.
2 Ludwig Wittgenstein: *Tractatus logico-philosophicus. Logisch-philosophische Abhandlung*, Satz 5.6, Frankfurt am Main 2021, S. 89.
3 https://www.bundesfinanzministerium.de/Content/DE/Pressemitteilungen/Finanzpolitik/2022/02/2022-02-14-lars-feld-persoenlicher-beauftragter-bundesfinanzminister.html.
4 Eigene Übersetzung. Original: »Looking at them side by side, it dawned on me that I would be able to read the *American Political Science Review* with a PhD in economics, but much of the *American Economic Review* would be inaccessible to me with a PhD in political science« Dani Rodrik: *Economics Rules*, Oxford 2015, S. 30–31. Am Ende dieses Absatzes stellt Rodrik dann aber fest, dass er mit seiner Einschätzung wohl nicht ganz richtiglag und auch die politikwissenschaftlichen Aufsätze nicht so leicht zu verstehen sind, wie es zunächst scheint.
5 Diese *Bleistift*-Analogie stammt von Milton Friedman, und er nutzte sie, mit Verweis auf Adam Smith, um seinen Studierenden und jedem anderen Menschen, der ihm zuhören wollte, die Vorzüge des freien Marktes gegenüber allen anderen Wirtschaftsformen zu erklären. https://www.youtube.com/watch?v=67tHtpac5ws.
6 Das Standardwerk des Keynesianismus ist John Maynard Keynes: *The General Theory of Employment, Interest and Money*, London 1936.
7 Im Gegensatz zum Keynesianismus gibt es in der Neoklassik kein eindeutig identifizierbares Standardwerk. Eines der frühesten Bücher, das enorm zur Formalisierung der Wirtschaftswissenschaften beigetragen hat, ist Léon Walras: Éléments *d'Économie Politique Pure, ou Théorie de la richesse sociale*, Paris 1874. (Die neueste Übersetzung ins Englische ist: Léon Walras: *Elements of Theoretical Economics. Or, The Theory of Social Wealth*, Cambridge 2019.) Als wichtiges Werk des 20. Jahrhunderts und direkte Kritik am neu entstandenen Keynesianismus lässt sich Milton

Friedman: *A Theory of the Consumption Function*, Princeton 1957, betrachten. Einflussreicher war jedoch sicher Milton Friedman: *Capitalism and Freedom*, Chicago 1962, das sich nicht ausschließlich an ein Fachpublikum richtete.

8 Auf diese Idee, dass sich in der langen Frist ein Gleichgewicht einstellt, hat Keynes mit einem berühmt gewordenen Satz reagiert: »The long run is a misleading guide to current affairs. In the long run we are all dead.« – In der langen Frist sind wir alle tot. Weswegen er sich für staatliche Eingriffe einsetzte, die kurz- und mittelfristig die Ökonomien stabilisieren sollen. Ursprünglich stammt dieses Zitat aus dem Jahr 1923. Für den gesamten Kontext des Zitats siehe: John Maynard Keynes: *A Tract on Monetary Reform*, New York City 2021, S. 80-82.

9 Thomas Piketty: *Kapital und Ideologie*, München 2020, S. 13.

10 Eigene Übersetzung. Original: »You found a flaw in the reality? / A flaw in the model that I perceived is the critical functioning structure that defines how the world works, so to speak. / In other words, you found that your view of the world, your ideology was not right, it was not working. / Precisely, that is precisely the reason I was shocked because I was going for 40 years or more with very considerable evidence that it was working exceptionally well.«, https://www.npr.org/2008/10/24/96070766/greenspan-admits-free-market-ideology-flawed.

11 Im Original erschien das Werk als Adam Smith: *An Inquiry into the Nature and Causes of the Wealth of Nations*, London 1776.

12 Adam Smith: *Der Wohlstand der Nationen*, München 1978, S. 370 f.

13 Die erste Verwendung findet sich in seinem *History of Astronomy*, das zwar erst 1795 posthum veröffentlicht wurde, aber in den 1750ern geschrieben wurde. Adam Smith: *Essays on Philosophical Subjects*, Oxford 1980. Die zweite Verwendung findet sich in *The Theory of Moral Sentiments*, das ursprünglich 1759 erschien. Für eine weiterführende Interpretation der *Unsichtbaren Hand* bei Adam Smith ist der sehr hellsichtige Essay *Adam Smith and the Invisible Hand* von Emma Rothschild zu empfehlen. Emma Rothschild: »Adam Smith and the invisible hand«, in: *The American Economic Review*, 84.2, 1994, S. 319–322.

14 Adam Smith: *Theorie der ethischen Gefühle*, Hamburg 2010, S. 296 f.

15 Glory M. Liu: *Adam Smith's America. How a Scottish Philosopher Became an Icon of American Capitalism*, Princeton 2022.

16 Ein überwiegender Anteil derjenigen Ökonom*innen, die zu wachsender Ungleichheit forschen, identifiziert die neoliberalen Politikmaßnahmen von Ronald Reagan und Margaret Thatcher als wichtigen Ursprung der Entwicklung. Einige Beiträge dazu stammen unter anderem von Emmanuel Saez und Gabriel Zucman in: *Der Triumph der Ungerechtigkeit*, Berlin 2020; Thomas Piketty in: *Kapital und Ideologie*, München 2020; Andrew Newell in: »Thatcher, Reagan and Robin Hood. A history of modern wealth inequality«, *The Conversation*, 2017, https://theconversation.com/thatcher-reagan-and-robin-hood-a-history-of-modern-wealth-inequality-75634; Branko Milanovic: »An Inequality Tax«, in: *Project Syndicate*, 2005, https://www.project-syndicate.org/commentary/an-inequality-tax.

17 Die University of Chicago war nicht die einzige Universität, die an diesem Programm teilnahm, auch das MIT oder Harvard nahmen chilenische Akademiker*innen auf. Aber die überwiegende Mehrheit erhielt ihre Ausbildung in Illinois.

18 Milton Friedman und Rose D. Friedman: *Two Lucky People. Memoirs*, Chicago 1998, S. 318 ff. und S. 601.

19 Sebastian Edwards und Leonidas Montes: »Milton Friedman in Chile. Shock Therapy, Economic Freedom, and Exchange Rates«, in: *Journal of the History of Economic Thought* (42.1) 2020, S. 105–132.

20 Dass es 1973 tatsächlich großen Handlungsbedarf in Chile gab, ist dabei unbestritten. Die Inflation betrug in jenem Jahr über 400 Prozent.

21 Uns ist tatsächlich nur ein einziges *Chicago Girl* bekannt, das sich eindeutig diesem Austauschprogramm zuordnen lässt. Die Ökonomin María Teresa Infante Barros war von 1989 bis 1990 die letzte Arbeitsministerin der Pinochet-Diktatur.

22 Nicht alle, wenn auch die meisten, derjenigen, die aus Chile in die USA geschickt wurden, zählen auch zu den Chicago Boys. Das prominenteste Gegenbeispiel ist Ricardo Ffrench-Davis, der zwar Teil des Programms war, aber bis heute kritisch gegenüber den neoliberalen Ansichten seiner Zeitgenossen ist.

23 https://www.washingtonpost.com/world/the_americas/agustin-edwards-eastman-chilean-publisher-who-backed-pinochet-dies-at-89/2017/04/27/0a99021e-2a88-11e7-b605-33413c691853_story.html.

24 Juan Gabriel Valdés: *Pinochet's Economists. The Chicago School in Chile*, Cambridge 1995, S. 149 ff.

25 Valerie Brender: »Economic transformations in Chile. The formation of the Chicago Boys«, in: *The American Economist*, 55.1 2010, S. 111–122.

26 Insbesondere die Privatisierung zeigt die ganze Heuchelei des Ansatzes. Von 300 staatlichen Unternehmen, die es 1973 gab, waren

1980 noch 24 übrig. Viele der privatisierten Unternehmen gingen in die Hände von Pinochet-Vertrauten. So fiel der Lithium-Produzent SQM an Pinochets Schwiegersohn Julio Ponce Lerou, der ihn für den Bruchteil seines eigentlichen Wertes erwerben konnte.

27 Offizielle Weltbank-Daten, World Development Indicators, GDP Growth (annual %) – Chile (Letztes Update: 26.10.2023). Empfehlenswert zu der Frage der ökonomischen Entwicklung Chiles ist auch Ricardo Ffrench-Davis: *Economic Reforms in Chile. From Dictatorship to Democracy*, London 2010. Der Ökonom Ricardo Ffrench-Davis war selbst Teil des Austauschprogramms mit der University of Chicago, aber ist bis heute einer der schärfsten Kritiker der politischen Maßnahmen der Chicago Boys.

28 https://www.reuters.com/world/americas/former-protest-leader-boric-seeks-bury-chiles-neoliberal-past-2021-11-17/.

29 Der Begriff *Schocktherapie* hat im Jahr 2023 in Südamerika ein Comeback hingelegt. Nachdem der marktradikale Ökonom Javier Milei, ein selbsternannter Anarchokapitalist, zum argentinischen Präsidenten gewählt wurde, kündigte er für sein Land eine ökonomisches »Schocktherapie« an. https://www.reuters.com/world/americas/theres-no-money-argentinas-milei-doubles-down-economic-shock-therapy-2023-11-22/.

30 George A. Akerlof: »The Market for Lemons. Quality Uncertainty and the Market Mechanism«, in: *Quarterly Journal of Economics*, 84, 1970.

31 Deirdre N. McCloskey: *The rhetoric of economics* (2nd edition), Madison 1998. Eine erste Version des Buches erschien bereits 1985, diese zweite Ausgabe ist allerdings die populärere.

32 Ebd. S. XX. Eigene Übersetzung. Original: »Rhetoric is an economics of language, the study of how scarce means are allocated to the insatiable desires of people to be heard.«

33 Ein ähnliches Bild nutzt auch der Ökonom Dani Rodrik. Er vergleicht Modelle mit Fabeln und hält fest, dass Fabeln, genau wie ökonomische Modelle, Realismus und Uneindeutigkeit zugunsten ihrer Geschichte opfern. Dani Rodrik, *Economics Rules*, Oxford 2015, S. 19.

34 William S. Gosset in einem Brief an Egon S. Pearson. Aus E. S. Pearson: »›Student‹ as Statistician«, *Biometrika*, 30, Nummer 3/4, S. 248.

35 Bartoš, František, et al: *Footprint of Publication Selection Bias on Meta-analyses in Medicine, Economics, and Psychology*, Preprint 2022, (*arXiv preprint arXiv:2208.12334*).

36 Eigene Übersetzung. Original: »It's time to talk about ditching statistical significance«, https://www.nature.com/articles/d41586-019-00874-8.
37 *Can »It« Happen Again* erschien ursprünglich 1982 und *Stabilizing an Unstable Economy* 1986. Beide Bücher wurden inzwischen mit großem Erfolg neu aufgelegt und haben extrem zur Verbreitung von Minskys Ideen beigetragen. Hyman Minsky: *Can »It« Happen Again? Essays on Instability and Finance*, Milton Park 2016; Hyman Minsky: *Stabilizing an Unstable Economy*, New York City 2008.
38 Diese Theorie hat Minsky explizit als Financial-Instability-Hypothese aufgestellt. In dieser beschreibt er, wie der Nicht-Regierungssektor sich nach oben beschriebenem Muster immer stärker verschuldet, um riskantere Investments durchzuführen. Unsere Vereinfachung stellt den grundlegenden Mechanismus aber etwas verständlicher dar.
39 Geprägt wurde der Begriff »Minsky-Moment« mutmaßlich von dem Ökonomen Paul McCulley, der ihn verwendete, um die Russlandkrise 1998 zu beschreiben (https://www.bloomberg.com/news/articles/2023-03-21/explainer-what-s-a-minsky-moment-and-why-markets-worry-about-one). Populär wurde er aber erst zehn Jahre später, nachdem im *New Yorker* ein Artikel von John Cassidy unter dem Titel *The Minsky Moment* erschien, der die Subprime-Krise und ihre ersten Auswirkungen beschrieb (https://www.newyorker.com/magazine/2008/02/04/the-minsky-moment).
40 *Boom Bust Boom*, United Kingdom 2016, Regie: Terry Jones und Theo Kocken.
41 Eigene Übersetzung. Original: »As recovery approaches full employment [...] soothsayers will proclaim that the business cycle has been banished [and] debts can be taken on [...] But in truth neither the boom, nor the debt deflation [...] and certainly not a recovery can go on forever. Each state nurtures forces that lead to its own destruction.« Wie die anderen Bücher von Minsky wurde auch seine Keynes-Biographie, die ursprünglich 1976 erschien, nach der Finanzkrise neu herausgegeben. Hyman Minsky: *John Maynard Keynes*, New York City 2008, S. 126.
42 Am 10. März 2023 ging die Silicon Valley Bank pleite. Es war die zweitgrößte Bankenpleite in der Geschichte der USA: https://www.nytimes.com/2023/03/10/business/silicon-valley-bank-stock.html. Im Juni desselben Jahres musste die Credit Suisse von der größten Schweizer Bank UBS geschluckt werden, um einen Kollaps des dortigen Banken-

systems zu verhindern: https://www.tagesschau.de/wirtschaft/unternehmen/ubs-credit-suisse-uebernahme-100.html.

43 Im Original sagte Krugman »truly stupid«: https://www.newyorker.com/news/persons-of-interest/what-if-were-thinking-about-inflation-all-wrong.

44 Isabella M. Weber und Evan Wasner: »Sellers' inflation, profits and conflict: why can large firms hike prices in an emergency?«, in: *Review of Keynesian Economics*, 11.2 2023, S. 183–213.

45 Carmen M. Reinhart und Kenneth S. Rogoff: »Growth in a Time of Debt«, in: *American Economic Review*, 100.2 2010, S. 573–578.

46 Eine erste Version der Arbeit von Herndon, Ash und Pollin erschien als Working Paper 2013. Ein Jahr später wurde der offizielle Fachaufsatz veröffentlicht. Thomas Herndon, Michael Ash und Robert Pollin: »Does high public debt consistently stifle economic growth? A critique of Reinhart and Rogoff«, in: *Cambridge Journal of Economics* 38.2 2014, S. 257–279.

47 Zu diesen Entscheidungen zählten beispielsweise das bewusste Weglassen alternativer, verfügbarer Daten oder auch die eher unkonventionelle Gewichtung bestimmter Werte. Zu guter Letzt ist der größte Kritikpunkt an der Arbeit aber vor allem die Frage nach der Richtung der Kausalität. Reinhart und Rogoff liefern keinen Beweis dafür, dass hohe Staatsverschuldungen tatsächlich zu einem geringeren Wirtschaftswachstum führen, oder ob es nicht eher andersherum ist. Staaten, die ein geringeres Wirtschaftswachstum haben, müssen sich höher verschulden, um international wettbewerbsfähig zu bleiben.

48 Scott R. Baker, Nicholas Bloom und Steven J. Davis haben eine gesamte Website erstellt, auf der sie verschiedenste Indizes, die sich aus der Berichterstattung in Zeitungen ergeben, sammeln. Dort findet sich auch die genaue Methodik und weiterführende Quellen: https://www.policyuncertainty.com/.

49 Alejandro Lopez-Lira und Yuehua Tang: *Can ChatGPT Forecast Stock Price Movements? Return Predictability and Large Language Models*, Working Paper 2023, abrufbar unter SSRN: https://ssrn.com/abstract=4412788.

50 Für Laffer und die marktliberalen Anhänger*innen seiner Theorie, ist natürlich die Seite der Laffer-Kurve mit den höheren Steuern die *falsche* Seite.

51 Erstmals erzählte Jude Wanniski die Anekdote in seinem Artikel *Taxes, Revenues and the Laffer-Curve* im *Public Interest*, 1978 (eine archivierte Version des Textes findet sich hier: https://www.nationalaffairs.com/public_interest/detail/taxes-revenues-and-the-laffer-curve) und in seinem Buch, das im gleichen Jahr erschien (Jude Wanniski: *The Way the World Works. How Economies Fail – and Succeed*, New York City 1978). 2005 veröffentlichte er schließlich eine aktualisierte Version der Geschichte auf seinem privaten Blog: http://www.polyconomics.com/memos/mm-050614.htm.

52 Eigene Übersetzung. Original: »I personally do not remember the details of that evening, but Wanniski's version could well be true. [...] My only question about Wanniski's version of the story is that the restaurant used cloth napkins and my mother had raised me not to desecrate nice things.« https://www.heritage.org/taxes/report/the-laffer-curve-past-present-and-future.

53 https://www.nytimes.com/2017/10/13/us/politics/arthur-laffer-napkin-tax-curve.html.

54 Mathias Trabandt und Harald Uhlig: »The Laffer curve revisited«, in: *Journal of Monetary Economics* (58.4) 2011, S. 305–327.

Kapitel 5

1 *The Wolf of Wall Street*, USA 2013, Regie: Martin Scorsese.

2 https://nymag.com/news/features/jordan-belfort-2013-12/.

3 Joan Didion: *Das weiße Album*, Berlin 2022, S. 11.

4 https://www.theatlantic.com/culture/archive/2013/12/what-wolf-wall-streets-victims-think-wolf-wall-streets-movie/356530/.

5 *Apocalypse Now*, USA 1979, Regie: Francis Ford Coppola.

6 Gene Siskel: »The Touch that transcends Violence and Death«, in: *Chicago Tribune*, 11. November 1973, S. 3.

7 *Wall Street*, USA 1987, Regie: Oliver Stone.

8 Robert Shiller: *Narrative Economics. How Stories Go Viral and Drive Major Economic Events*, Princeton 2019, S. 136 ff.

9 Daran ist natürlich nicht nur die Reagan-Regierung alleine schuld, auch seine Nachfolger, George Bush Sr., Bill Clinton und George W. Bush unternahmen nichts, um diesen Trend zu stoppen. Aber Ronald Reagan hat die institutionelle Grundlage für die Auswüchse des modernen Finanzkapitalismus gelegt. Ein Indikator, der das Verhältnis aller gehandelten Aktien der USA zur Wirtschaftsleistung misst, ist

der *Buffet-Index*, der vom berühmten Investor Warren Buffet entwickelt wurde.
https://www.longtermtrends.net/market-cap-to-gdp-the-buffett-indicator/.

10 Das ist immer noch eine extreme Ungleichverteilung von Einkommen. Stellen Sie sich einen Raum mit hundert Menschen vor. Diese erhalten insgesamt nun 1 000 000 €. In dem gerade genannten Beispiel oben, würde der reichste Mensch davon 100 000 € erhalten und die ärmsten 50 jeweils 4 000 €. Der reichste Mensch erhält also das 25-fache im Vergleich zu den 50 ärmsten. Nachschlagen kann man die historische Entwicklung der Ungleichheit hier: https://wid.world/country/usa/.

11 Wir blicken hier aus zwei Gründen so genau auf die USA und lassen die Entwicklung in Deutschland etwas außen vor. Zum einen entstand der moderne Finanzkapitalismus in den USA. Zum anderen werden die modernen Geschichten, die wir alle kennen, zu einem großen Teil in den USA, genauer gesagt in Hollywood, produziert. Deswegen ist es so wichtig zu verstehen, welche sozioökonomischen Prozesse hier am Wirken waren.

12 https://www.bpb.de/themen/medien-journalismus/krieg-in-den-medien/130650/definition-kriegsfilm/.

13 *Platoon*, USA 1986, Regie: Oliver Stone.

14 Auch die deutsche Synchronfassung versucht, diese Ebene zu erhalten, auch wenn die Redewendung »to make a killing« nicht wortgetreu übersetzt werden kann. Stattdessen sagt Fox auf Deutsch: »Marv, ich hab' so das Gefühl, dass wir heute jemanden abschießen!«, Marv antwortet: »Ach ja? Und wo hast du deine Knarre?«.

15 Die militärstrategische Schrift aus China um die Zeit 500 vor Christus hat in Managerkreisen Kultstatus erlangt. Die Strategien werden in Managementkursen gelehrt, und Bücher wie *Sun Tzu – The Art of War for Managers: 50 Strategic Rules Updated for Today's Business* von Gerald und Steve Michaelson haben die Anwendung in der Finanzwelt weiter popularisiert.

16 *The Big Short*, USA 2015, Regie: Adam McKay.

17 *Rogue Trader*, UK 1999, Regie: James Dearden.

18 *American Psycho*, USA 2000, Regie: Mary Harron.

19 https://www.dailymail.co.uk/news/article-2543619/How-Wolf-Wall-Street-folk-hero-Britains-bankers-City-traders-dress-honour-sleazy-crook-story-hit-film.html.

20 https://www.theguardian.com/film/2013/dec/31/leonardo-dicaprio-defends-wolf-of-wall-street.
21 Wir werden im Folgenden immer wieder den Begriff »Figuren« verwenden, auch wenn es sich genau genommen nicht immer um Figuren handelt. Erzähltheoretisch gesehen ist eine Figur ein erfundenes, handelndes Wesen innerhalb einer fiktionalen Erzählung. Auch wenn einige der hier genannten Personen wie Jordan Belfort oder Steve Jobs keine erfundenen Figuren, sondern reale Menschen sind, nehmen sie in dem, was wir beschreiben, die Funktion einer Figur ein. Sie erscheinen als Protagonisten einer Erzählung und werden von uns – den Rezipient*innen – und den Erzähler*innen auch so behandelt. Ein weiterer Grund für diese Bezeichnung besteht darin, dass sie in der öffentlichen Wahrnehmung als Typenfiguren erscheinen. Eine Typenfigur ist eine Figur, die verschiedene charakterliche und äußerliche Eigenschaften vereint, die wir mit einer bestimmten Art von Figur verbinden. Der Cowboy ist zum Beispiel eine Typenfigur, ebenso wie der Superheld – sie vereinen stereotype Merkmale einer bestimmten Gruppe und nehmen in Erzählungen dementsprechend eine sich stets wiederholende Rolle ein.
22 Economic Policy Institute: »Aggregated CEO-to-worker compensation ratio for the 350 largest publicly owned companies in the United States from 1965 to 2021«, veröffentlicht 2022 in *Statista*, verfügbar unter: https://www.statista.com/statistics/261463/ceo-to-worker-compensation-ratio-of-top-firms-in-the-us/.
23 Die Aussage stammt aus der Dokumentation *Triumph of the Nerds*, USA 1996, Regie: Paul Sen.
24 »Ohne auch nur eine Sekunde nachzudenken, antwortete Elizabeth: ›[Ich will] Milliardärin [werden].‹, ›Möchtest du nicht lieber Präsidentin werden?‹, fragte die Verwandte. ›Nein, aber der Präsident wird mich heiraten, weil ich Milliardärin bin.‹«
John Carreyrou: *Bad Blood. Die wahre Geschichte des größten Betrugs im Silicon Valley*, München 2020, S. 19.
25 John Carreyrou: *Bad Blood. Die wahre Geschichte des größten Betrugs im Silicon Valley*, München 2020, S. 96.
26 https://www.zeit.de/kultur/2023-04/genie-elon-musk-walter-isaacson-glass-onion-steve-jobs/komplettansicht.
27 https://www.youtube.com/watch?v=IOs6hnTI4lw&t=2257s.
28 https://www.youtube.com/watch?v=trrY2SzFzGw.

29 https://www.nytimes.com/2023/05/07/business/elizabeth-holmes-theranos-interview.html.

30 Ein anderes Beispiel dafür ist Anna Wintour, die in der Modewelt äußerst einflussreiche Chefredakteurin der *Vogue*. Der Film *Der Teufel trägt Prada* (USA 2006, Regie: David Frankel), in dem Meryl Streep die an Wintour angelehnte Figur der Amanda Priestley spielt, arbeitet mit ähnlichen Mitteln. Priestley wird dort als kühle und berechnende Frau dargestellt, die es aufgrund ebenjener Eigenschaften an die Spitze der Modewelt geschafft hat. Wintour lobte in Interviews nicht nur den Film, sondern insbesondere Streeps Darstellung.

31 *Triangle of Sadness*, Schweden, UK, USA et. al. 2022, Regie: Ruben Östlund; *The Menu*, USA 2022, Regie: Mark Mylod; *Parasite*, Südkorea 2019, Regie: Bong Joon-ho; *Glass Onion – A Knives Out Mystery*, USA 2022, Regie: Rian Johnson; *The White Lotus*, USA seit 2021, Regie: Mike White; *Succession*, USA 2018–2023, Produktion: Regina Heyman, Dara Schnapper et. al.

32 Mark Fisher: *Capitalist Realism. Is there no alternative?*, Alresford 2008, S. 29.

33 In dieser Form erstmals ausgearbeitet in dem Band Robert Pfaller (Hrsg.): *Interpassivität. Studien über delegiertes Genießen*, Berlin u. a. 2000.

34 Mark Fisher: *Capitalist Realism. Is there no alternative?*, Alresford 2008, S. 41.

35 Mark Fisher: *Postcapitalist Desire. The Final Lectures*, hrsg. v. Matt Colquhoun, London 2020, S. 49 f.

36 Die Rezeption des Wortes Sozialismus kann dabei von Land zu Land äußerst unterschiedlich sein. Wo in den USA Politiker*innen bereits als Sozialist*innen gebrandmarkt werden, die in Deutschland eher zentrale Positionen vergleichbar mit denen der SPD verfolgen, stellte die Sozialistische Partei in Frankreich (Parti socialiste) bis 2012 mit François Hollande noch den Staatspräsidenten. So plädiert der Ökonom Thomas Piketty bspw. auch für einen marktwirtschaftlichen Sozialismus, um den Kapitalismus abzulösen.

37 Franz Kafka: *Der Verschollene*, Stuttgart 2010, S. 271 ff.

38 Kim Stanley Robinson: *Das Ministerium für die Zukunft*, München 2021, S. 413.

39 Die neueste Auflage des Romans ist Ursula K. Le Guin: *Freie Geister: Eine zwiespältige Utopie*, Frankfurt am Main 2017.

40 https://www.spacex.com/mission/.

Kapitel 6

1 Eigene Übersetzung. Original: »We had a bad banking situation. Some of our bankers had shown themselves either incompetent or dishonest in their handling of the people's funds. They had used the money entrusted to them in speculations and unwise loans. This was of course not true in the vast majority of our banks. It was the Government's job to straighten out this situation and do it as quickly as possible – and the job is being performed.« Dieser Auszug stammt aus einer Rede des 32. Präsidenten der Vereinigten Staaten Franklin D. Roosevelt, die er am 12. März 1933 an die US-amerikanische Bevölkerung richtete. Komplett nachzulesen hier: https://www.presidency.ucsb.edu/documents/fireside-chat-banking.

2 Eigene Übersetzung. Original: »The trouble with capitalism is capitalists; they're too damn greedy.« Solche einprägsamen Zitate, die vermeintlich von berühmten Personen stammen, sollten in der Regel kritisch betrachtet werden, was ihren Wahrheitsgehalt angeht. In diesem Fall sieht die Beweislage, dass das entsprechende Zitat tatsächlich von Herbert Hoover stammt, aber gut aus. 1929 hat er es zu Mark Sullivan jr., dem Sohn eines engen Freundes, auf einem gemeinsamen Fischtrip gesagt. Aufzeichnungen von Mark Sullivan jr. in der Herbert Hoover Presidential Library belegen dies. https://www.nytimes.com/1992/08/10/opinion/editorial-notebook-remembering-herbert-hoover.html.

3 Aus Hans Magnus Enzensbergers Gedicht *Über die Schwierigkeiten der Umerziehung*, das er 1969 schrieb. Hans Magnus Enzensberger: *Gedichte 1950–2015*, Suhrkamp 2014, S. 38.

4 Victor Klemperer: *LTI. Notizbuch eines Philologen*, Ditzingen 2010.

5 Orwell beendete den Roman 1948, und er wurde im folgenden Jahr in London erstmals veröffentlicht. Auf Deutsch sind heute zahlreiche Ausgaben verfügbar. George Orwell: *1984*, Frankfurt am Main 1984.

6 Eigene Übersetzung. Original: »In our time, political speech and writing are largely the defense of the indefensible.« Der Essay erschien erstmals im Jahr 1946. George Orwell: *Politics and the English Language*, London 2021, S. 38.

7 John Wilson: »Political Discourse«, in: *The Handbook of Discourse Analysis*, herausgegeben von Deborah Tannen, Heidi E. Hamilton und Deborah Schiffrin, Hoboken 2015, S. 786. Robert J. Podesva, Lauren

Hall-Lew, Jason Brenier, Rebecca Starr und Stacy Lewis: »Condoleezza Rice and the sociophonetic construction of identity«, in: *Style-Shifting in Public. New perspectives on stylistic variation*, herausgegeben von Juan Manuel und Juan Antonio Cutillas-Espinosa, Amsterdam 2012, S. 78.

8 Robert J. Podesva, Lauren Hall-Lew, Jason Brenier, Rebecca Starr und Stacy Lewis: »Condoleezza Rice and the sociophonetic construction of identity«, in: *Style-Shifting in Public. New perspectives on stylistic variation*, herausgegeben von Juan Manuel und Juan Antonio Cutillas-Espinosa, Amsterdam 2012, S. 78.

9 https://www.die-linke.de/fileadmin/user_upload/Jahresauftakt_Papier.pdf.

10 Susan C. Stokes: »Political parties and democracy«, in: *Annual Review of Political Science*, 2.1 1999, S. 243–267.

11 https://www.bundestag.de/webarchiv/textarchiv/2010/29826227_kw20_de_stabilisierungsmechanismus-201760.

12 https://www.spiegel.de/wirtschaft/merkel-und-steinbrueck-im-wortlaut-die-spareinlagen-sind-sicher-a-582305.html.

13 Benjamin M. Franklin: *Religion and the Rise of Capitalism*, New York City 2021, S. 63 ff.

14 Ebd. S. 105.

15 Eigene Übersetzung. Original: »Under the right kind of Government, people are free and willing to accept personal responsibility. That's what helps people grow and mature; it strengthens the family, it leads to a tolerant and generous society.« Margaret Thatcher hielt diese Rede ein Jahr nach ihrer ersten Wahl zur Premierministerin auf der Conservative Women's Conference. https://www.margaretthatcher.org/document/104368.

16 Beide Forderungen finden sich in derselben Rede.

17 Robert Habeck sagte das in einem Interview vor einer Sondersitzung der EU-Energieminister im Dezember 2022: https://www.youtube.com/watch?v=YXplAfnK45A.

18 https://twitter.com/c_lindner/status/1603366639793311744.

19 Das gesamte Zitat lautet: »[The] government should be a referee, not an active player.« (»Die Regierung sollte die Rolle des Schiedsrichters übernehmen, nicht die eines aktiven Spielers«.) Friedman nutzte diese Metapher in einer Talkshow mit dem bekannten Talkshowmoderator Phil Donahue, mit dem er sich einige legendäre Diskussionen lieferte, um die Aufgaben von Regierungen in unserem Wirtschaftssystem zu beschreiben. https://www.forbes.com/sites/realspin/2014/07/31/milton-friedmans-property-rights-legacy/.

20 Mariana Mazzucato: *Das Kapital des Staates*, Frankfurt am Main 2023, S. 10 und S. 142 ff.

21 Tatsächlich zeigt Mazzucato, wie schlecht private Firmen darin sind, Risiken auf sich zu nehmen, und wie sehr sie auf kurzfristigen Erfolg aus sind. Bahnbrechende neue Technologien oder Verfahren zu entwickeln braucht aber Zeit, und die Gefahr, dass am Ende nichts dabei herauskommt, ist enorm hoch. So kommt dem Staat die Rolle zu, diese Forschung zu finanzieren. Erst kurz vor der Zielgerade, wenn sich Technologien als profitabel erweisen, springen private Unternehmen ein, vermarkten die Innovationen und erhalten die Anerkennung.

22 Rupert Russel: *Price Wars. How Chaotic Markets are Creating a Chaotic World*, London 2022.

23 Es ist in der Wirtschaftswissenschaft auch unbestritten, dass der Staat bei Fragen wie Umweltverschmutzung in den Markt eingreifen muss, weil niemand die Kosten, die dadurch entstehen, direkt bezahlen muss. Diese Form des Marktversagens nennt sich *negative Externalität*. Angesichts der Klimakatastrophe sind die staatlichen Bemühungen, die zukünftigen Kosten in den Preis für CO_2 zu integrieren, aber geradezu vernachlässigbar.

24 Katharina Pistor: *Der Code des Kapitals. Wie das Recht Reichtum und Ungleichheit schafft*, Berlin 2020.

25 https://www.welt.de/debatte/article6347490/An-die-deutsche-Mittelschicht-denkt-niemand.html.

26 https://www.welt.de/politik/deutschland/article246867816/Haushalt-XXL-Bundestag-XXL-Ampel-XXL-Ministerien-Politik-muss-bei-sich-selbst-sparen.html.

27 Ashley Southall: »Joe the Plumber May Be Joe the Candidate«, in: *New York Times*, 2010. https://archive.nytimes.com/thecaucus.blogs.nytimes.com/2011/10/10/joe-the-plumber-may-be-joe-the-candidate/.

Joe the Plumber hat seit 2008 auch Einzug in die Wissenschaft gehalten. In den Rechtswissenschaften (Gillian Lester: »Can Joe the Plumber Support Redistribution-Law, Social Preferences, and Sustainable Policy Design«, in: *Tax L. Rev.*, 64, 2010), den Wirtschaftswissenschaften (Gregory N. Mankiw: »Spreading the wealth around. Reflections inspired by Joe the Plumber«, in: *Eastern Economic Journal*, 36, 2010) oder den Politikwissenschaften (Gholamreza Haddad: »Mediatized politics, Comparative case study of Joe the Plumber and Mirza Agha«, in: *New Media Studies*, 4.13, 2018) finden sich Arbeiten, die sich explizit mit dieser Figur beschäftigen.

28 Josh Levin: *The Queen*, London 2019, S. 55

29 Ebd. S. 219.

30 Ebd. S. 255 ff.

31 Am 16. August 2003 fragte die *Bild* empört: »Sind die völlig bescheuert? Sozialamt zahlt Wohnung am Strand in Florida!« Siehe dazu Bernhard Rieger: »›Florida-Rolf‹ lässt grüßen: Soziale Dämonen, Auslandssozialhilfe und die Debatte um den Wohlfahrtsstaat in der Ära Schröder«, in: *Vierteljahrshefte* für Zeitgeschichte, 70.2 2022, S. 361.

32 Diese beiden Beispiele illustrieren das überstrapazierte Bild der hart arbeitenden Mitte der Gesellschaft sehr gut. In einem Fall kritisiert die *Bild* das Entlastungspaket der Ampel, im anderen lobt Finanzminister Christian Lindner es: Beide mit Verweis auf ebenjene hart arbeitende Mitte der Gesellschaft. https://www.bild.de/bild-plus/politik/inland/wirtschaft/experten-kritisieren-entlastungspaket-der-ampel-als-ungerecht-der-fleissige-ist-81233324.bild.html,
https://twitter.com/c_lindner/status/1566399877889884163.

33 Zunächst sprach Lindner gegenüber der Augsburger Allgemeinen von *Gratismentalität*, ehe er das Wort auch vermehrt auf seinen Social-Media-Kanälen verwendete. https://www.augsburger-allgemeine.de/politik/neun-euro-ticket-finanzminister-lindner-will-neun-euro-ticket-nicht-finanzieren-id63556451.html, https://twitter.com/c_lindner/status/1556574226106171394.

34 Carly Hayden Foster: »The welfare queen. Race, gender, class, and public opinion«, in: *Race, Gender & Class*, 2008, S. 162–179.

35 https://www.spiegel.de/politik/deutschland/kinder-statt-inder-ruettgers-verteidigt-verbalen-ausrutscher-a-68369.html.

36 Schon in seinem Jahresgutachten 2017/18 hielt der Sachverständigenrat zur Begutachtung der gesamtwirtschaftlichen Entwicklung (besser bekannt als die fünf Wirtschaftsweisen – noch so ein Bild der Sprache des Kapitalismus) fest: »Damit das Erwerbspersonenpotenzial langfristig auf seinem heutigen Niveau verbleiben würde, müssten dauerhaft jährlich 400 000 Personen mehr nach Deutschland einwandern als auswandern.« Die Zahl 400 000 stammt dabei aus einer Studie des Instituts für Arbeitsmarkt- und Berufsforschung der Agentur für Arbeit (kurz IAB). Siehe dazu Johann Fuchs, Doris Söhnlein und Brigitte

Weber: »Projektion des Erwerbspersonenpotenzials bis 2060: Arbeitskräfteangebot sinkt auch bei hoher Zuwanderung«, No. 6/2017, IAB-Kurzbericht 2017.

37 Detlef Scheele äußert das gegenüber der *Süddeutschen Zeitung*. In diesem Interview spielte er ebenfalls auf die 400 000 zugewanderten Personen an, die Deutschland pro Jahr braucht. https://www.sueddeutsche.de/karriere/arbeitsmarkt-arbeitsagentur-chef-brauchen-400-000-zuwanderer-pro-jahr-dpa.urn-newsml-dpa-com-20090101-210824-99-946632.

38 https://www.tagesschau.de/inland/fachkraefte-zuwanderung-107.html.

39 Theodore W. Schultz: »Investment in human capital«, in: *American Economic Review*, 51.1, 1961, S. 1–17.

40 Thomas Piketty: *Kapital und Ideologie*, München 202, S. 281 ff.

41 Betrachtet man nur die 112 Millionen Francs Reparationszahlungen, die Haiti an Frankreich leisten musste, entspräche dies heute circa 525 Millionen Euro. Allerdings bleibt bei dieser einfachen Rechnung unberücksichtigt, welches Wachstum Haiti durch die enorme finanzielle Belastung entgangen ist. Die Schätzungen über den tatsächlichen ökonomischen Verlust reichen von 40 Milliarden Euro (Piketty siehe oben) bis hin zu 105 Milliarden Euro, auf Basis von Schätzungen der *New York Times*. https://www.nytimes.com/interactive/2022/05/20/world/americas/enslaved-haiti-debt-timeline.html.

42 https://www.deutschlandfunk.de/der-westafrikanische-franc-frankreich-und-der-unsichtbare-100.html.

43 https://www.bpb.de/kurz-knapp/hintergrund-aktuell/335257/voelkermord-an-herero-und-nama-abkommen-zwischen-deutschland-und-namibia/.

44 https://www.deutschlandfunk.de/der-westafrikanische-franc-frankreich-und-der-unsichtbare-100.html.

45 Original: »›It made our job easier‹ to dismiss the reparations claims without Mr. Aristide in office, Mr. Burkard noted.« https://www.nytimes.com/2022/05/20/world/americas/haiti-aristide-reparations-france.html.

Kapitel 7

1 Eigene Übersetzung. Original siehe Mark Fisher: *Postcapitalist Desire. The Final Lectures*, hrsg. v. Matt Colquhoun, London 2020, S. 40.

2 https://footprint.wwf.org.uk/.

3 https://www.nytimes.com/interactive/projects/cp/climate/2015-paris-climate-talks/how-can-we-slow-climate-change.

4 Mathis Wackernagel und William Rees: *Our Ecological Footprint. Reducing Human Impact on the Earth*, Gabriola Island 1996.

5 https://www.ardalpha.de/wissen/umwelt/nachhaltigkeit/co2-fussabdruck-carbon-footprint-shell-exxon-bp-taeuschung-klima-100.html.

6 https://www.theguardian.com/environment/2019/oct/09/revealed-20-firms-third-carbon-emissions.

7 Kaufmans Text setzt mit der Beschreibung einer US-amerikanischen Werbung aus dem Jahr 1971 ein, die heute selbst ikonischen Status genießt (sie wurde unter anderem bei den *Simpsons* aufgegriffen). Dabei sieht ein Native American, wie aus einem vorbeifahrenden Auto Müll geworfen wird. Während er dem Auto nachblickt, sehen wir eine Träne auf seiner Wange. Der Slogan der Werbung? *People start pollution, people stop pollution.* Es ist ein frühes Beispiel dafür, Verantwortung für Umweltschutz auf den Einzelnen abzuladen: https://mashable.com/feature/carbon-footprint-pr-campaign-sham.

8 https://www.zdf.de/nachrichten/wirtschaft/klimaneutral-herstellung-umwelt-100.html.

9 https://germany.representation.ec.europa.eu/news/gegen-greenwashing-kommission-pocht-auf-verlasslichere-umweltangaben-fur-produkte-und-2023-03-22_de#:~:text=Studie%3A%20%C3%9Cber%20die%20H%C3%A4lfte%20der,der%20Aussagen%20waren%20nicht%20belegt.

10 »dice« ist außerdem der englische Begriff für »Würfel«.

11 Martin C. Hänsel, Moritz A. Drupp, Daniel J. A. Johansson, Frikk Nesje, Christian Azar, Mark C. Freeman, Ben Groom und Thomas Sterner: »Climate economics support for the UN climate targets«, in: *Nature Climate Change*, 10.8, 2020, S. 781–789.

12 https://www.pik-potsdam.de/de/aktuelles/nachrichten/un-klimaziele-sind-oekonomisch-sinnvoll-ambitionierter-klimaschutz-zahlt-sich-aus.

13 »Gott würfelt nicht – aber Bill Nordhaus tut es!« – Dieser Kommentar spielt sowohl mit Einsteins berühmtem Zitat »Gott würfelt nicht« als auch mit dem Namen der von Nordhaus entwickelten Modellgruppe. https://blogs.egu.eu/divisions/cl/2018/12/03/god-does-not-play-dice-but-bill-nordhaus-does-what-can-models-tell-us-about-the-economics-of-climate-change/.

14 Neben einigen komplexeren Anpassungen entscheidender Modellparameter, waren es insbesondere zwei Updates, die sie zu diesem Resultat brachten. Zum einen korrigierten sie die Schätzungen der künftigen Umweltschäden, die durch die Klimakatastrophe verursacht werden, drastisch nach oben. Man könnte auch sagen, sie nutzten realistischere Schätzungen dazu, als Nordhaus es tat. Zum anderen wurden die Ansichten von Expert*innen bezüglich der ethischen Aspekte der Klimakrise stärker berücksichtigt. Was nichts anderes bedeutet, als dass die Forschenden den Belangen künftiger Generationen mehr Gewicht im Modell zugestanden. Martin C. Hänsel, Moritz A. Drupp, Daniel J.A. Johansson, Frikk Nesje, Christian Azar, Mark C. Freeman, Ben Groom und Thomas Sterner: »Climate economics support for the UN climate targets«, in: *Nature Climate Change*, 10.8, 2020, S. 781–789.
15 Wenn wir ehrlich sind, ist es in den meisten Fällen die einzige Waffe, die sie haben.
16 Tatsächlich sprach Nordhaus davon, dass die pauschale Begrenzung des globalen Temperaturanstiegs auf 2 °C unwissenschaftlich und suboptimal sei. Siehe dazu William Nordhaus: *The Climate Casino*, Yale 2015.
17 https://www.zeit.de/2023/18/friedrich-merz-letzte-generation-klimaschutz/komplettansicht.
18 Wir wollen an dieser Stelle nicht auf die wissenschaftlichen Details dieser Debatte eingehen, obwohl es zahlreiche Menschen gibt, die Decoupling für einen Mythos halten. Der schwedische Klimaforscher Johan Rockström, der vor allem für das Konzept der planetaren Grenzen bekannt wurde und lange Zeit selbst als Verfechter eines grünen Wachstums galt, sprach 2019 in einem Artikel im *Svenska Dagbladet* explizit davon, wie unrealistisch dieses Konzept sei. Der Titel des Artikels lautete: »Grünes Wachstum ist eine Wunschvorstellung – Wir müssen handeln!« In diesem Text bezeichnete er sogar viele Prognosen des IPCC als »akademische Gymnastik« und »realitätsfern«. Deutlicher hätte seine Warnung nicht ausfallen können.
Siehe dazu auch folgenden, vom *European Environmental Bureau* veröffentlichten, Bericht: Timothée Parrique, Jonathan Barth, Francois Briens, Christian Kerschner, Alejo Kraus-Polk, Anna Kuokkanen, Joachim H. Spangenberg: *Evidence and arguments against green growth as a sole strategy for sustainability*, 2019.
19 https://www.tagesschau.de/multimedia/video/video-1187008.html.

20 https://www.youtube.com/watch?v=GOIx38IAWLE.
21 https://www.fdp.de/technologieoffenheit-ist-fuer-uns-ein-zentraler-wert.
22 Um einer Kritik zuvorzukommen: Dass der Kapitalismus die Hauptschuld an der Klimakatastrophe trägt, bedeutet im Umkehrschluss nicht, dass die sozialistischen Länder im 20. Jahrhundert klimafreundlich gewesen wären – ganz im Gegenteil. Aber auch dort waren es Wachstumsbestrebungen der Regierungen, die für die katastrophale Umweltbilanz gesorgt haben. Heute steht es außer Frage, dass es die USA, Europa und seit dem Übergang zu einem Staatskapitalismus auch China sind, die mit ihren Handlungen hauptursächlich für die Klimakrise sind. Es ist das dem Kapitalismus inhärente Wirtschaftswachstum, das unseren Planeten an seine Grenzen bringt.
23 Ulrike Herrmann: *Das Ende des Kapitalismus. Warum Wachstum und Klimaschutz nicht vereinbar sind – und wie wir in Zukunft leben werden*, Köln 2022, S. 249 ff.
24 Kohei Saito: *Systemsturz. Der Sieg der Natur über den Kapitalismus*, München 2023.
25 Sowohl Saito als auch Herrmann zeigen durchaus überzeugend, worin die Schwierigkeiten liegen, die Klimakatastrophe innerhalb unserer kapitalistischen Strukturen zu verhindern. Die Vielzahl an technischen, natur- und wirtschaftswissenschaftlichen Argumenten können wir an dieser Stelle nicht wiederholen und empfehlen allen, diese Texte direkt zu lesen.
26 Siehe Kohei Saito: *Systemsturz. Der Sieg der Natur über den Kapitalismus*, München 2023, S. 112 ff.
27 Leigh Phillips und Michael Rozworski: *People's Republic of Wal-Mart. How the World's Biggest Corporations are Laying the Foundation for Socialism*, London/ New York City 2019.
28 Ulrike Herrmann: *Das Ende des Kapitalismus. Warum Wachstum und Klimaschutz nicht vereinbar sind – und wie wir in Zukunft leben werden*, Köln 2022, S. 259.
29 Kohei Saito: *Systemsturz. Der Sieg der Natur über den Kapitalismus*, München 2023, S. 95.
30 https://www.sueddeutsche.de/politik/barcelona-buergermeister-jaume-collboni-ada-colau-separatisten-1.5947378.
31 Die Umbenennung der Washingtoner Football-Mannschaft ist das Resultat eines mehrere Jahrzehnte andauernden Prozesses, in dem vor

allem Organisationen von Native Americans aufzeigten wie rassistisch und respektlos der vorige Name und das dazugehörige Maskottchen waren. Die Umbenennung ist das Resultat einer reflektierteren Wahrnehmung von Sprache und ihrer Wirkung.

32 https://www.youtube.com/watch?v=ErwS24cBZPc.

33 https://www.youtube.com/watch?v=Z3pe-3ZnL8Y.

34 Mark Fisher: *Postcapitalist Desire. The Final Lectures*, hrsg. v. Matt Colquhoun, London 2020, S. 39.

35 https://www.rnd.de/wirtschaft/wohlstandsverlust-in-deutschland-dhk-warnt-bip-sinkt-bis-ende-2023-um-voraussichtlich-vier-prozent-HV5RDXUITD7XORZUTVS2ADGPUA.html,
https://www.deutschlandfunk.de/heil-warnt-vor-wohlstandsverlust-ohne-mehr-einwanderung-100.html,
https://www.wiwo.de/politik/deutschland/konjunktur-prognose-deutschland-droht-gewaltiger-wohlstandsverlust/28866334.html.

36 https://www.welt.de/politik/deutschland/article246652496/Friedrich-Merz-sieht-schleichenden-Prozess-der-Deindustrialisierung-in-Deutschland.html,
https://www.br.de/nachrichten/wirtschaft/ifo-chef-deutschland-droht-eine-art-deindustrialisierung,TleqHdR.

37 https://wisevoter.com/country-rankings/happiest-countries-in-the-world/.

38 Ulrike Herrmann: *Das Ende des Kapitalismus. Warum Wachstum und Klimaschutz nicht vereinbar sind – und wie wir in Zukunft leben werden*, Köln 2022, S. 203 f und S. 253 f; Kohei Saito: *Systemsturz. Der Sieg der Natur über den Kapitalismus*, München 2023, S. 200 ff.

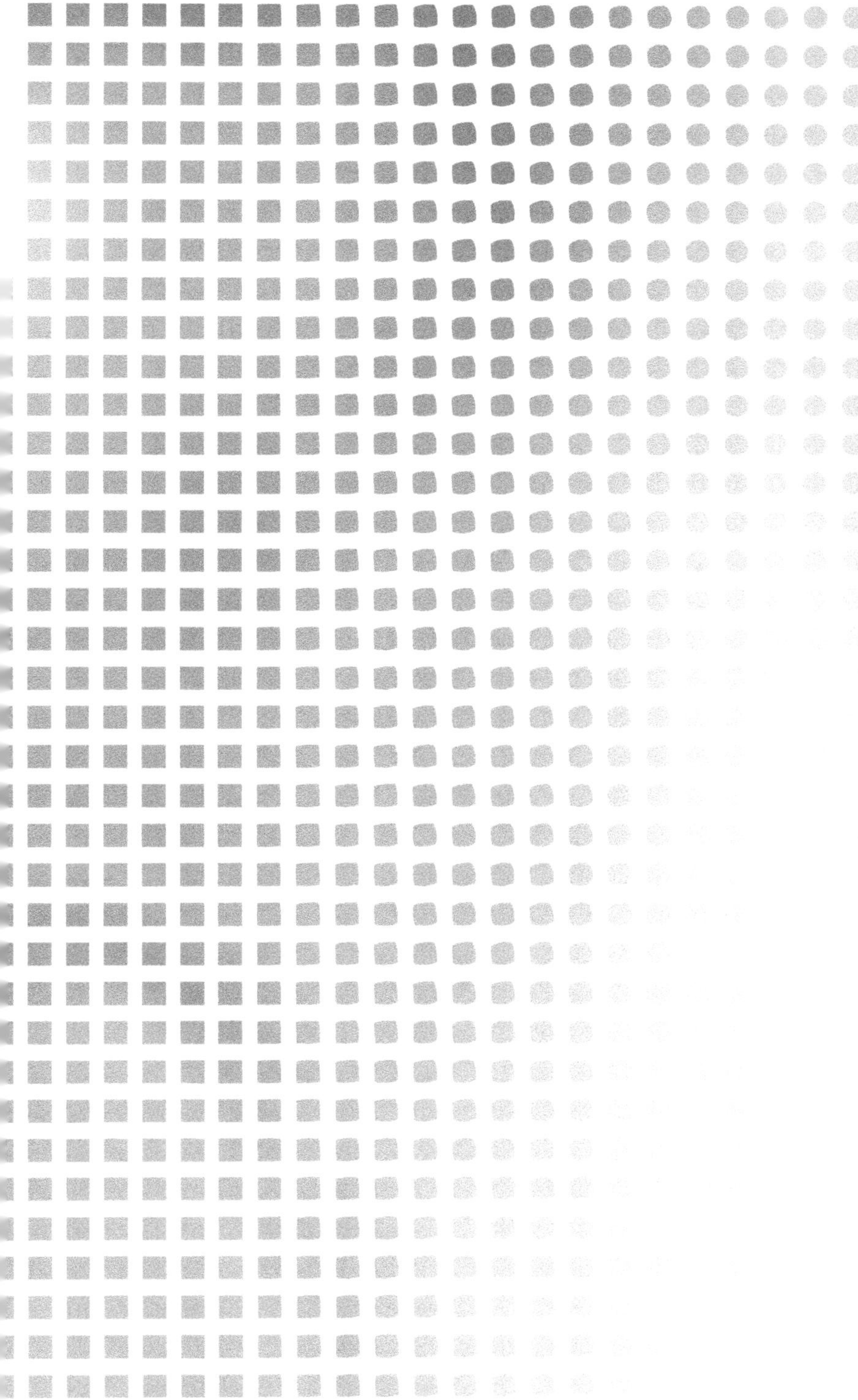